Siedler

Buch

Das immerwährende Liebesglück in der Ehe ist schon seit langem mehr Wunsch als Wirklichkeit. Das Leben ist kompliziert geworden und mit ihm die Verwirklichung von Liebe und Zweisamkeit. Wir sind auf der Suche nach brauchbaren Beziehungsmodellen – mit oder ohne Sex, mit Kindern oder ohne, auf ewig oder bis auf weiteres.

Schon immer waren die Menschen besonders erfinderisch, wenn es um Liebe und Leidenschaft ging. Wieweit man seinem Herzen folgen kann und darf, diese Frage ist von der Antike bis zur Gegenwart immer wieder neu gestellt und beantwortet worden. Tristan und Isolde, die erst durch einen Zaubertrank einander verfallen, Werther, den das Liebesleid in den Tod treibt, und die träumerische Madame Bovary, die der Tristesse ihres Ehealltags entfliehen will, sind berühmte Beispiele aus der Literatur. Daß Liebesspiele auch Machtspiele sein können, beweisen die barocken Verhältnisse am französischen Hof, wo Mätressen wie die Montespan oder die Pompadour die Fäden in der Hand halten. Um 1800 brechen die selbstbewußten Frauen der ›romantischen Revolution‹ erstmals mit den bürgerlichen Konventionen und verlieben und verheiraten sich, wie es ihnen beliebt. Doch der Weg zur sexuellen Revolution in unserem Jahrhundert ist noch weit …

Wolfgang Rath zeigt, wie unsere Vorfahren geliebt haben, und untersucht, welche Modelle und Arrangements brauchbare Antworten geben können auf die Liebesnöte der Menschen von heute.

Autor

Wolfgang Rath lebt als freier Schriftsteller und Dozent der Literaturwissenschaft in Berlin.

Bisherige Veröffentlichungen: Wünsche an einen andern Tag (1979), Fremd im Fremden (1985), Not am Mann (1987), Ludwig Tieck: Das vergessene Genie (1996).

Wolfgang Rath

Liebe

Die Geschichte eines Dilemmas

Siedler

Umwelthinweis:
Alle bedruckten Materialien dieses Taschenbuches sind chlorfrei und umweltschonend.

Siedler Taschenbücher erscheinen im Goldmann Verlag, einem Unternehmen der Verlagsgruppe Bertelsmann.

1. Auflage Juli 1998

Lektorat: Anette Selg, Berlin
Bildredaktion: Ditta Ahmadi, Berlin
Literaturhinweise: Thomas Gerhardt, Berlin
Satz: Ditta Ahmadi, Berlin
Reproduktionen: Michael Dittberner, Berlin
Umschlaggestaltung: Design Team München
Umschlagfoto: Archiv für Kunst und Geschichte, Berlin
Made in Germany 1998
ISBN 3-442-75510-7

Inhalt

Für Dörte

Einleitung

Liebende haben Nähe oder Distanz, sie regulieren den Abstand zwischen sich. Sie gehen eng umschlungen, Hand in Hand oder eigene Wege. Vertrautheit spricht daraus, Verbundenheit, in der jeder er selbst sein kann. Diese Freiheit unterscheidet das Triebverhalten des Tieres von der Liebe. Während Tiere augenblicklich zueinander drängen, verfügen Menschen über eine »Auslassung« zwischen Reiz und Reaktion: was stimuliert, braucht nicht vollzogen zu werden. Der Mensch hat die Freiheit, sich auf etwas einzulassen oder nicht, er kann lieben.

Treue, Seitensprung, Affären, kurzfristige Spaßbeziehungen oder Familienprojekte stehen jedem zur freien Wahl. Doch wer sich auf das, was er macht, nicht einläßt, liefert sich aus. Wer fremdgeht, ohne sich dafür zu entscheiden und vorbehaltlos zu lieben, läuft Gefahr, daß ihn die Liebe einholt und ihn verliebt macht.

Die Freiheit zwischen Gedanke und Tat ist der Zustand, in dem alle Möglichkeiten offen sind, ein Schwebezustand. Er kann sich ins Unermeßliche, Grenzenlose und Unendliche steigern. Sein Name ist dann: verliebt sein. Nicht umsonst diese Faszination. Wer verliebt ist, will und hat noch nicht, er steht im Lebensentwurf zwischen Planung und Ausführung, ein aufregender Zustand, aufgeladen, voller Spannungen.

Wenn Verliebte sich berühren, spüren sie manchmal einen kleinen elektrischen Schlag. Dieses Kraftpotential kennen sie als magnetische Anziehung, als Magie ihrer Verbindung. In der Verzückung kann diese Kraft, einem Fahrstuhl gleich, den Menschen auf das Dach seiner Existenz bringen, zum »fool on the hill« machen. Verliebte sind närrisch und wollen auf dem Kopf tanzen. Sie nehmen ihr »Frühstück bei Tiffany« ein und lieben das Sinnlose, Absurde. Sie bringen es fertig, gewohnte Dinge in die Hand zu nehmen und zu betrachten wie zum ersten Mal. Unterwegs schenken sie Unbekannten eine Blume oder ein Lachen. Lieben macht einen anderen Menschen. Es ist verständlich, daß fast jeder, der diesen Zustand kennt, ihn festhalten und verewigen will. Spätestens dann merkt er, wie die Weite enger wird und ein unermeßlicher Raum in ihm schrumpft. Die Gewohnheit wird wieder ihren Gang gehen, doch die Erfahrung bleibt. Und so oder so wird der Hunger nach Wiederholung kommen.

Die Lust, den Zustand des Verliebtseins zu verewigen, führt zu konventionalisierten Liebesformen, zum Zusammenleben oder zur Institution Ehe. Sie entspringen dem Bedürfnis, ein anderer zu bleiben. Unendliche Möglichkeiten sind dafür denkbar. Doch was erfüllbar ist, entscheiden in jeder Zeit die historischen Bedingungen. Heute hat der Mensch Chancen wie nie zuvor. Er kann über die Ränder der eigenen Epoche auf frühere Zeiten und Kulturen sehen. Das Panorama der Geschichte liegt offen. Die Moderne hat aus einer Jahrhunderte währenden Beschränktheit im Zeitbedingten erlöst. Sie macht das Unmögliche machbar: eine freie Wahl. Niemand braucht heute so zu lieben wie seine Eltern, Großeltern oder Nachbarn. Das Maß an Selbstbestimmung ist größer denn je. Die vielfältigsten Liebesformen kursieren, und dies nicht nur in den Metropolen. Längst haben die Medien alle Mühe, in Sachen Liebe auf dem Stand der Dinge zu bleiben. Spektakuläre Trendmeldungen sind längst Gewohnheit, genauso unaufhörliche Katastrophenmeldungen. Irgendwo hat immer irgendwer irgendwen aus Liebe ermordet, zerstückelt und in mythischer Akkuratesse ein Herz gebraten und gegessen. Die freie Wahl hat ihre Kehrseite.

In den USA wird die Hälfte der Ehen, in Deutschland ein Drittel in den ersten drei Jahren geschieden. Die Tendenz ist steigend, und eine geläufige Präventivmaßnahme ist, erst gar nicht zu heiraten. Die Mobilität in der Liebe hält den gesellschaftlichen Geschwindigkeiten stand. Steigerung, Verbesserung, Optimierung, das noch Ergiebigere bestimmt auch die Liebe. Der heutige Mensch findet vielfach nur noch kurzzeitig Geborgenheit, Heimat und Vertrautheit. Er ist unterwegs, ein Reisender, oft überrascht, schon da zu sein, und manchmal genervt in der Hoffnung, endlich anzukommen. Der gemeinsame Lebensweg mit dem Du ist absehbar geworden. In der Soziologie steht dafür inzwischen das monströse Wort vom Lebensabschnittsgefährten.

Der großen Freiheit heute steht Ernüchterung zur Seite. Jeder fünfte hat in Deutschland die Hoffnung auf ein Leben zu zweit aufgegeben. Gesellschaftlich zeichnet sich das Ende der Liebe mit einem Menschen ab, der Liebesehe. Sosehr in den abendländischen Gesellschaften der eine Mensch der Wunschtraum ist, so statistisch gewiß ist das Scheitern. Einem mächtigen Ideal hat historisch die Stunde geschlagen.

Um so heftiger sind die Phantasien. Der Verlust steigert die Wünsche und macht die romantische Liebe zum weitverbreiteten Credo. Schwärmereien gehen um, Chimären, Märchen vom Prinzen, von der schönen Prinzessin, von erfüllten Sterntalerträumen. Diese Übersteigerung der Liebeserwartungen verantwortet nach Expertenmeinung gerade das heutige Liebesdilemma. Zu hoch gesteckte Erwartungen zeitigen Katastrophen – ein Teufelskreis von Illusion und Desillusionierung.

Die romantische Liebe ist erst zweihundertfünfzig Jahre alt. Erst seit dem achtzehnten Jahrhundert werden Liebe und Ehe in eins gesetzt, wird lebenslanges Glück mit einem Partner verheißen. Der Anspruch der Liebesehe könnte höher nicht sein. Genauer betrachtet, hat er psychologisch weitsichtige Qualitäten. Sein Leben mit einem Menschen zu verbringen ist eine große Sache. Man stelle sich das vor: Du und Ich, die Seele im Menschen verkörpert, als Du lebendig da!

Im gängigen Ideal der romantischen Liebe wird der Mensch in das Paradies zurückgeführt, in emotionale Ureinheit, tiefste Geborgenheit. In guten und in schlechten Zeiten, in Gesundheit und Krankheit, Freude und Leid darf sich der Mensch auf existentielle Solidarität verlassen, auf eine Kraftquelle für die Selbsterhaltung. Wie immer die Stürme im Leben wüten, es gibt die Trutzburg des Einen, Geehelichten, die Seeleneinheit und Vitalenergie. Was für eine Utopie verwirklicht die Liebesehe!

Historisch ist sie daher nicht umsonst mit den Sozialutopien verwandt. Mit dem Entwurf eines privaten Paradieses auf Erden geht jener eines öffentlichen, politischen einher. Liebesehe und Sozialutopie, beide sind Ausdruck einer Zeit, in der der Abendländer zu sich selbst aufbricht und seine Träume als machbar einklagt. Er begreift die Welt als eigene, macht sich eine innere und äußere Natur dienstbar und untertan. Er will eine beste aller möglichen Welten, will den Fortschritt und Herr aller Verhältnisse sein. In dieser glückverheißenden Periode der Geschichte setzt sich die Vorstellung der Liebesehe durch, der Mensch greift nach den Sternen. Was Wunder, wenn mit dem Ausverkauf der Idee des Kommunismus auch das Ideal der romantischen Liebe auf den Ramschtischen der Geschichte landet? Wir erleben den Kehraus der Ideale, das Entschwinden der Werte. Was ist von der Liebe noch übrig?

Die Lebensumstände sind ernüchternd, und der Abschied von der Vorstellung immerwährenden Glücks ist inzwischen für jedermann denkbar. Den gesellschaftlichen Erfahrungen nach muß heute jeder mit dem voraussehbaren oder plötzlichen Ende seines gegenwärtigen Liebestraumes rechnen. Mit der Ehe lassen sich zwar Steuern sparen, aber Liebe ist damit nur in seltenen Fällen verbunden, jedenfalls nicht auf Dauer. Liebe paßt nicht in diese Zeit. Der Mensch im Medienzeitalter lebt in hochkomplizierten, funktionellen Zusammenhängen. Ellenbogen braucht er, Durchsetzungsfähigkeit, Distanz zu allen Bedürfnissen, die den Ansprüchen des Augenblicks entgegenwirken. Wer vorwärtskommen will, muß beweglich sein. Und Verbindlichkeit kann sich ein gewissenhafter Zeitgenosse nur seinem Ehrgeiz gegenüber leisten.

Die beruflichen Konditionen haben sich seit dem bürgerlichen Zeitalter genauso verändert wie die Liebe. Die Liebesehe des neunzehnten Jahrhunderts sicherte einen lebenslangen beruflichen Aufstieg. Wenn nicht die Eltern das Paar zusammenführten, so doch die geselligen Veranstaltungen, die sie arrangierten. Standespflicht und persönliche Neigung fanden in eins, Heirat war Zukunftsplanung. Inzwischen muß man die Steigleitern ins gesellschaftliche Glück mit großer Geschicklichkeit selbst entdecken. Wer zusieht, wo er bleibt, braucht alle Möglichkeiten. Er braucht nicht nur die *eine*, die vordem sein Fortkommen sicherte. Eine offene Gesellschaft will eine offene Liebe.

Allein das Gefühl hinkt der Kalkulation der eigenen Lebensgeschichte hinterher. Die Funktionalität, zu der man heute erzogen wird, ruft die vielbeschworenen »Weltallgefühle« hervor. Einsam, ohne Zugehörigkeit und austauschbar empfindet sich der moderne Mensch, sehnt sich um so mehr nach Verbindlichkeit, Aufmerksamkeit und Geborgenheit, kurz nach Liebe. Kein Gott, kein Vater und keine Mutter helfen in der heutigen schnellebigen Zeit, unberaten ist ein jeder auf sich gestellt, seinem zerrissenen Herzen ausgeliefert und seinen heißen Tränen in der Einsamkeit mit Sissi, Scarlett oder ... Wie immer sie heißen, sie beweisen, wie sehr Liebe Hingabe verlangt, Einfühlung und streckenweise Selbstverleugnung. Eigenschaften, die in unserer Gesellschaft ganz unten rangieren und jede berufliche Karriere in den Sand setzen.

Pragmatisch gesehen bietet sich ein Liebesentwurf heute an. Wer seinen Gefühlen gegenüber nicht kleinlich ist, lebt das Prinzip des LAG (Lebensabschnittsgefährten). Also: Genuß des Sexuallebens, wechselnde Partner und Streichung des kindlichen Glaubens an den Mythos der dauerhaften Liebe. Die wettbewerbsorientierte Gesellschaft läßt sich bis in die persönlichste Beziehung umsetzen. Und wenn es mit dem Gegenüber einmal nicht mehr recht funktionieren sollte, dann gibt es im heutigen Konsumexzeß immer noch bessere, noch optimalere Modelle. Entscheidend ist nur, die positive Lebenshaltung zu bewahren und zu allem, was ist, ja zu sagen.

Am anderen Pol der heutigen Möglichkeiten gibt es sie natürlich noch, die altmodischen Werte: Verbindlichkeit, Empathie und Treue. Doch wie bemerkte schon Erich Fromm: Liebe ist eine willentliche Entscheidung und erfordert Arbeit am eigenen Selbst. Konkret heißt das, den Alltag mit noch jemandem zu verbringen und alle drei, erstens sich selbst, zweitens den andern und drittens auch noch seinen Alltag, so zu nehmen, wie sie eben sind. Nachlassende Libido, Charakterschwächen und Launen gilt es zu ertragen. Geht das Prinzip der Gegenseitigkeit auf, dann könnte zumindest das Glück einer Bedürfnisbefriedigung entstehen, kurz und gut: Liebe. Allerdings auch hier ohne Bestandsgarantie.

Zwischen absolutem Pragmatismus und pragmatischem Selbstentwurf finden sich viele Möglichkeiten im Umgang mit der Liebe. Jeder hat in der offenen Gesellschaft die Wahl. Kreative Intelligenz und Findigkeit sind gefragt. Doch so offen die Wahl der Liebesformen heute ist, so eigen und wesenhaft ist die Liebe selbst. Bekanntlich ist sie ein anderer Zustand als das, was von Staats wegen durch die Ehe als Institution vorgetäuscht wird: ein Besitz kraft Rechts für die Ewigkeit. Liebe erfordert die Anstrengung, sie immer wieder neu zu entdecken, sie ist »ein Funke aus einem seltenen Edelstein im Leben«. Maler, Dichter und Philosophen sagen, »daß es so was gibt und zugleich nicht gibt«. Urbild ist der Strahl, der aus dem Auge des Du kommt. Er ist der Pfeil, der unter die Haut geht und wehmütig und sehnsüchtig macht.

Kann das Gift dieses Pfeils ein Leben lang anhalten, die Liebe in der Ehe währen? Zweihundertfünfzig Jahre wurde so getan als ob. Vielfältig nachweisbar ist die Phantasieproduktion. Die Liebenden haben ein Doppelleben geführt und ihre Ideale in imaginären Zuständen evakuiert. Die Romane und Dokumente des neunzehnten Jahrhunderts sind voll von der Analyse dieses Kunstgriffs, das eine zu leben und das andere zu denken. Norm und Wirklichkeit in den Zeiten der Liebesehe klaffen weit auseinander und haben, insgeheim, viele zusätzliche Liebesmodelle in Umlauf gesetzt. Unter dem Deckmantel der Liebesehe wird – immens gesteigert durch die sexuellen Revolutionen der zwanziger und sechziger Jahre – das historische Spektrum der Liebesangebote abendländischer Kultur mitgelebt. Die Überforderung des Menschen, ein Leben lang in der Ehe zumindest annähernd verliebt zu bleiben, zeitigt Folgen. Sie haben sich zugespitzt nicht zuletzt durch die Medienkultur, die dem vormals verborgen Gelebten eine Öffentlichkeit und auch Gesellschaftsfähigkeit verschafft hat. Die Frage, welche Form ein jeder seiner Liebe gibt, steht zur Diskussion; damit auch die Nachfrage an die Geschichte und an das Wesenhafte der Liebe.

Das wesentliche Dilemma der Liebe – jeder weiß es – ist neben ihrer Vergänglichkeit die Eigenart des Menschen, daß er vom Objekt seiner Wahl nicht ablassen will, bis es beständig neben ihm, bei ihm und um ihn ist. Bis das gemeinsame Nest gebaut ist, das Klima von Nähe und Vertrauen, ein unaufhörliches Beieinandersein und die bekannten Probleme da sind. Soziologisch nennt sich dies, sein Leben »in der Körperzone des andern« zu führen und meint »Intimität«. Der Soziologe Günter Dux hat sich für eine genauere Bestimmung dieses Phänomens von der Anthropologie anregen lassen. Vor diesem Hintergund definiert Dux die Liebe als eine untrennbare Verkoppelung von Sexualität und Intimität. Sie zielt seiner Meinung nach insbesondere auf die Schaffung einer Sphäre, in der der Mensch die Gesellschaft los und doch nicht einsam ist; in der er reden oder schweigen kann und doch angenommen ist; in der er sich nicht beweisen muß und seine Identität dennoch gesichert ist. Liebe ermöglicht also, neben Nachwuchs, auch die Regeneration für den gesellschaftlichen Alltag, Bestätigung und Schutz. Selbstvertrauen sollte also hier gefunden werden anstatt in Beruf und Karriere. Jedenfalls könnte dann die Liebe als soziales Element Utopien ersetzen und sogar Produktivitätsfaktor sein.

Liebe und unsere Kultur- und Sozialgeschichte – das Thema lohnte, ein Leben damit zu verbringen. Kafkaeske Materialienstöße sind zu sichten, zu kategorisieren, etikettieren und numerieren. Man verstirbt darüber, ohne zum Lieben selbst zu kommen. Max Frisch hat die Pointe der Liebe bündig ausgedrückt. Er meint, es sei gerade »das Erregende, das Abenteuerliche, das eigentlich Spannende, daß wir mit den Menschen, die wir lieben, nicht fertig werden: weil wir sie lieben; solang wir sie lieben«. Liebe ist stets neu, anders und uns auslassend. Wir nähern uns ihr stets als ein uns selber Unbekannter, Fremder. Und ohne Neugierde übersehen wir sie womöglich. Immer wieder unverbraucht und wie zum ersten Mal entzieht sich das Lieben erfrischend dem Wissen. Das Nachdenken darüber ist ein unaufhörlicher Prozeß mit Ergebnissen, die allemal fragmentarisch sind.

Im Schreiben nachvollziehbar sind gerade die Überraschungen, Sprünge und das Unvereinbare, das dem Lieben eigen ist. Die Geschichten davon haben oft Geschichte gemacht: Aphrodite und Ares, Tristan und Isolde, Beatrice oder Laura, Sophia oder Dorian Gray. Ob Happy-End oder Katastrophe, Tod oder Verzücken: gemeinsam ist Liebenden, daß ihre Befriedigung nie die Wünsche einholt und ein unerklärlicher Rest zum Glück bleibt. Im Lieben liegt ein unaufhebbares Dilemma. Ob als geschlechtliche oder sublim geistige, Liebe will immer mehr und bleibt bedürftig.

Liebende kennen jedenfalls die Erfahrung, daß es etwas Stärkeres in ihnen als ihren Willen gibt. Dieses Unbekannte ist immer wieder als etwas Heiliges verehrt worden, in Tempeln, Ritualen, mit Kunstwerken – und Mythen.

Die Antike: Eros und Selbstliebe

Am Anfang ist die Urgöttin der Liebe. Nackt erscheint sie im Chaos. Um Halt zu finden, scheidet sie Meer und Himmel und tanzt auf den Wellen. Eurynome tanzt, um sich zu erwärmen, sie tanzt nach Süden und spürt den Wind, der hinter ihr herkommt. Neugierig dreht sie sich um, erfaßt ihn und reibt ihn zwischen ihren Händen zu einer Schlange. Es entsteht der Nordwind Boreas in Gestalt der Schlange Ophion. In der Kälte tanzt Eurynome wilder und wilder, bis Ophion lüstern wird, sich um ihren Körper schlingt und sich mit ihr paart. So wird das Weltei gezeugt. Aus ihm fällt alles, was ist: Sonne, Mond, Sterne, die Erde und das Leben. Auf dem höchsten Punkt der Welt, auf dem Berg Olymp, lassen sich Eurynome und Ophion nieder. Aber Ophion behauptet, daß er der Schöpfer der Welt sei. Im Zorn schlägt ihm die Göttin die Zähne mit der Ferse ein und verbannt ihn ins Innere der Erde.

Schon im pelasgischen Schöpfungsmythos zerstören Selbstherrlichkeit und Machtgier die Liebe. Sie sind seither ihre Bedrohung. Wenn die Mutter aller Dinge auf dem Meer tanzt, dann spürt sie in ihrer Einsamkeit nur sich und den Wind, den sie um sich macht. Eurynome ist Figur der Selbstliebe. Ihre Gefahr jedoch verkörpert Ophion: Selbstverliebtheit als der Wille zur Macht.

Der Urgrund des Lebens ist eine bestimmte Liebe: sie ist zuerst Liebe zu sich selbst, bevor sie Liebe zum andern wird. Nur wer sich selbst liebt, wie Eurynome, kann sich verlieben und wird geliebt. Das Lebensrad beginnt mit dem Kuß von Himmel und Erde. Die Winde befruchten, statt Vaterschaft herrscht Anonymität. Die Männer haben noch lange nicht das Sagen und das Recht, Namen zu geben. Männliche Erbfolge ist unbekannt, es gibt die Gruppenehe und matriarchale Verhältnisse.

Der Urgrund des Lebens ist die Liebe – der Eros beginnt mit der Selbstliebe. Aphrodite, die griechische Göttin der Liebe, versunken im Tanz um sich selbst.

Der Beginn des Patriarchats ist der Beginn von Herrschaft überhaupt. Die Vorstellung von Dynastien kommt auf. Sie werden auf die Zeit vor dem Menschen zurückdatiert, werden als naturgegeben betrachtet, so daß Herrschaft von nun an unabänderlich wirkt. Jetzt erscheinen Monstren, Titanen, hundertarmige und hundertköpfige Riesen, einäugige Naturgewalten als Zyklopen. Drei Generationen umfaßt diese Vorzeit, entsprechend der Geschlechterfolge, an die sich der Mensch erinnert: Urgroßvater, Großvater und Vater. Im Mythos sind es die Göttergeschlechter vor der Erschaffung des Menschen: die Dynastien von Zeus, Kronos und dem uralten Uranos.

Uranos ist die Naturgewalt selbst, der zyklopische Himmel und Horizont. Er wirft seine aufständischen Söhne in den Tartaros, der so tief in der Unterwelt liegt, daß ein Amboß neun Tage brauchte, bis er aufprallt. Aus Rache verleitet seine Gattin, die Mutter Erde Gaia, die zweite Generation ihrer Söhne zum vernichtenden Schlag. Sie gibt ihrem Jüngsten, Kronos, eine Sichel und schickt ihn zusammen mit seinen Brüdern los. Im Schlaf überraschen sie den Vater, und Kronos macht sich an sein Werk. Mit der Linken, der dämonischen Seite, entmannt er seinen Vater und wirft die Genitalien mit der Sichel ins Meer. Dort, wo die Blutstropfen auf Mutter Erde fallen, gebiert diese die drei Rachegöttinnen, die Erinyen. Dort aber, wo die Genitalien ins Meer fallen und vom göttlichen Samen das Wasser aufschäumt, entsteigt den Fluten die Göttin der Liebe, Aphrodite. Ihr Name wurde daher häufig als »die Schaumgeborene« übersetzt. Doch vorerst bleibt die Traumfrau vom Weltgeschehen ausgeschlossen.

Auch mit dem Vatermörder Kronos herrschen männliche Gewalt und physische Kraft: das Geschlecht der Titanen. Kronos, auch Chronos geschrieben, bedeutet ›die Zeit‹. Mit seinem Werkzeug, der Sichel, vergegenwärtigt er den Neumond und das Werdende. Er ist die Figur der sich durchsetzenden Zeit und ihrer furchtbaren Gesetze. Kronos steht im Bann der Rachegöttinen, der Erinyen. Er ist die ewige Wiederholung, die nichts Neues zuläßt. Kronos ist die Erstarrung, die verhärtete Zeit, die versteinte Zeit. Deshalb verschlingt er seine Kinder gleich nach der Geburt. Er löscht das Lebendige aus und kennt nur die Liebe zum Toten. Nekrophil nennt

Erich Fromm diesen Typus. Kronos ist die Zeitfalle. In ihr findet keine Erneuerung statt, der Mensch wird zu Stein. Es gilt die Macht des Herrschenden. In Selbstverliebtheit bangt Kronos um sich: ein Gott der Machtbesessenheit und Zwangsherrschaft. Die Römer werden ihn später unter dem Namen Saturn verehren und unter seinem Sternzeichen die Melancholie sehen. Schwermut herrscht im Zeitalter der Titanen. Wie könnte es auch anders sein, wenn die Liebe zum Werdenden und Neuen, zum Augenblick aus dem Leben verbannt ist? Ein neues Göttergeschlecht erzählt davon, es entmachtet die Titanen und errichtet die Herrschaft des Abwechslungsreichen, des Lebenstrotzenden und Biophilen.

Den Vatermörder und Kinderfresser Kronos richtet wiederum die eigene Gattin, Rhea. Sie verbirgt ihre letzte Geburt vor dem Monstergatten und läßt den Knaben in der Diktäischen Höhle auf Kreta aufwachsen. Als er herangewachsen ist, schmuggelt sie ihn in den Palast und macht ihn zum Mundschenk seines Vaters. Da mischt er Senf und Salz in den königlichen Honigtrunk und läßt Kronos erbrechen, was er einmal frevelhaft gefressen hat. Mühsam würgt der Zeitgott seine Kinder wieder hervor. Zusammen entthronen sie den Vater in einem zehnjährigen unerbittlichen Krieg gegen das Titanengeschlecht. Ein neues Zeitalter beginnt damit: das Liebestreiben der olympischen Götter. An ihrer Spitze steht der listige Jüngste, Zeus.

Die Götter beweisen es: in der Liebe entschwindet die Zeit. Lieben ist ein Moment von zeitlosem Empfinden. Nur wo die Macht der Zeit gebrochen ist, können Liebe und lebenswerte Verhältnisse sein. Die Zeit ist der Erbfeind der Liebe. Mit ihrer Abschaffung als der titanischen Macht von Kronos ist der neue Göttervater Zeus der Revolutionär im Mythos. Niedergedrücktheit schlägt in Lebensleichtigkeit um. Ein Lebemann ist unterwegs und lehrt die Frauen das Grausen.

Allzeit lüstern und bereit ist Zeus. Unendliche Trieblust ist die Größe dieses Gottes. Er ist Figur gewordener Trieb des Naturgeschehens und als solcher mit dem männlichen Prinzip in eins gesetzt. Ist Kronos die Verkörperung einer nekrophilen Männerherrschaft, so Zeus die Gestalt ihrer lebendigen, biophilen Möglichkeit. Sein Attribut des Blitzes kennzeichnet den Einschlag des Augenblicklichen und seine momentane Evidenz, auch Frauen gegenüber. Der berüchtigte ›Donnerer‹ ist zugleich ›Vergewaltiger‹. Er schlägt ›wie der Blitz‹ bei Frauen ein und vergewaltigt sie als übermächtige Naturkraft. Als Muskelprotz läßt ihn Homer mit seiner Stärke prahlen.

Was für ein gesellschaftliches Vorbild! Noch in den Urgesängen Homers vom Krieg um Troja rühmen sich die Achäer, vergewaltigend durchs Land zu ziehen. Am Anfang der europäischen Kultur besteht Herrschaft gemäß der griechisch gedachten ›arché‹, womit zugleich ›Anfang‹ und ›Macht‹ gemeint ist. In der Liebe heißt das: im Geschlechterkampf von allem Anfang an setzt sich der Mann durch.

Die Göttinnen veranschaulichen in der Dynastienfolge den Prozeß der Unterwerfung der Frau. Die Geschlechterfolge von Eurynome, Gaia, Rhea und Hera zeigt eindrücklich, wie die Urgöttin Eurynome vom Horizont auf die Erde herabsteigt und zur Erdmutter Gaia wird, auf kultischem Terrain beschränkt wird als die Eichengöttin Rhea, um dann vom gesellschaftlichen Leben ausgeschlossen und ins Wohnhaus verbannt zu werden. Diese letzte Stufe verkörpert die Zeussche Hera, die für Ehe, Jungfernschaft, Hochzeit und Geburt steht. Als Göttin der Treue, die die beständigen Eskapaden ihres Göttergatten zu ertragen hat, erneuert sie sogar noch einmal die Intrigen ihrer Vorgängerinnen und zettelt wie diese den Aufstand gegen den Mann an, doch erfolglos. Das Aufbegehren der mythischen Frau ist kraftlos geworden, die patriarchale Herrschaft stabil.

Klüger als seine Ahnen Uranos und Kronos organisiert Zeus seine männliche Macht. Er führt ein neues Amt auf der Welt ein: die Verwaltung der Liebe. Von nun an herrscht die Liebesgöttin. Die Umstände ihrer Geburt zeigen deutlich, welcher Interessengruppe Zeus entgegenkommt, wenn er Aphrodite mit diesem Amt betraut. Sie hat bei ihrer Geburt auf den Wellen getanzt wie vormals die Urgöttin Eurynome am Beginn der Welt. Aphrodite ist die Erneuerung der mythischen Frau, die einst dem Mann die Zähne eingeschlagen und seine Selbstverliebtheit gebändigt hat. Zeus setzt die Liebesgöttin über alle anderen Götter seiner Regierung. Sie hat uneingeschränkte Befugnisse und ist allzeit und überall in den Lüften der Ägäis unterwegs. Da die Götter der Griechen keine unumschränkte Gewalt haben, sondern sogar noch Zeus von höheren Mächten bestimmt wird, ist Aphrodite auch ihm überlegen, vielleicht die einzige Göttin, die er nicht zu vergewaltigen wagt. Die Erbin der Urgöttin ist für Zeus tabu. Um seine Herrschaft zu sichern, hat der lebenskluge Männergott dem naturhaften Prinzip einen unantastbaren Bereich eingeräumt.

Das Bild der Frau zeigt sich so verdoppelt; aus der Urgöttin sind zwei Verkörperungen des Weiblichen geworden: Hera, die Göttergattin, und Aphrodite, die Göttin des Liebesaugenblicks. Erstmals in der abendländischen Kulturgeschichte zeichnet sich hier das männliche Frauenbild ab, wie es Sigmund Freud in ausgereifter Form beschreiben wird, charakterisiert durch die Trennung zwischen der Mutter und der Hure, der Gebärenden und der Begehrten.

Nur einmal verstößt Zeus gegen sein Gesetz und vergeht sich an Aphrodite. Doch selbst da wagt er nicht, sie zu berühren und der aberwitzigen Versuchung ihrer Schönheit nachzugeben. Statt dessen beschließt er, sie zu erniedrigen. Er schlägt sie mit blinder Liebe zu einem Sterblichen. Der Auserwählte ist der schöne Anchises, der König der Dardaner. Aphrodite besucht ihn eines Nachts, als er im Gebirge in der Hütte seiner Hirten schläft. Sie trägt das funkelnd rote Gewand einer phrygischen Prinzessin und gibt sich ihm auf einem Lager von Bären- und Löwenfellen hin, Bienen summen um die Liebenden herum. Beim Abschied im Morgengrauen lüftet sie das Geheimnis ihrer Identität und verlangt tiefstes Stillschweigen. Als Anchises das Versprechen einige Tage später bricht, entrüstet sich Zeus über die Prahlerei und schleudert seinen Blitz nach ihm. Nur knapp kann Aphrodite verhindern, daß der Geliebte tödlich getroffen wird. Die Gewalt des Blitzes bewirkt, daß Anchises nie wieder aufrecht stehen kann. Nach der Geburt ihres Sohnes Aeneas, des späteren trojanischen Helden, verläßt ihn Aphrodite.

In diesem Mythos zwingt Zeus die Liebesgöttin, wenigstens ein Mal der unbändigen Hingerissenheit ausgeliefert zu sein, die er selbst verkörpert. Doch auch diese Erniedrigung nötigt Aphrodite nicht das Zeussche Machtgebaren auf. Sie betört Anchises in gebührender Weise, bemächtigt sich seiner im Schlaf und erfüllt ihm gleichsam den eigenen Wunsch im Traum. Die Liebesgeschichte vom Anfang der Welt wiederholt sich hier in der olympischen Gesellschaft. Die Gewalt selbstverliebter Liebe (Ophion, Zeus) ist das eine, das andere aber die wunschgetriebene Hingabe und die Selbstliebe (Eurynome, Aphrodite).

Wenn mit Zeus auch das Prinzip der Selbstverliebtheit die Welt erobert hat, so ist doch das Prinzip der Selbstliebe geblieben: in der magischen Figur der Aphrodite. Die Vorrangstellung, die sie den übrigen Göttern gegenüber einnimmt, verschafft ihr der berüchtigte Liebesgürtel. Jeder, der ihn sieht, wird verzückt. Er wird von den Griechen oft dargestellt als zwei sich liebende Schlangen, die sich um die Hüfte der Nackten winden und sich in die Augen schauen. Sie versinnbildlichen die Vereinigung mit einem gleichberechtigten Gegenüber, Leidenschaft sieht sich in Leidenschaft wieder. Dieser Gürtel ist jene Schlange, den die erste Göttin aus dem Wind um sich selbst gemacht hat: die Magie der Selbstliebe. Aphrodite wird geliebt, weil sie Aphrodite ist und eine Frau, die durch ihre Selbstliebe das Lieben weitergeben kann. Lieben ist Geliebtwerden um der Selbsterfüllung willen: ein Schlangenring als das unendliche Band der Liebe zwischen Ich und Du.

Der weise Sokrates wird noch klarstellen, daß es eine Liebe schlechthin nicht gibt, sondern immer nur »Liebe zu jemandem oder zu etwas«. Liebe ist Sehnsucht nach etwas, das man selbst nicht hat. Sie ist deshalb spannungsreich und muß es auch sein. Denn sobald man das Gewünschte zu besitzen glaubt, läßt die Spannung nach und die Sehnsucht erlischt.

Aphrodite ist deshalb eine treulose Gattin. Zeus hat sie ausgerechnet mit dem rohen, tumben und lahmen Schmiedegott, mit Hephaistos, verheiratet. Sie gebiert ihm drei Kinder, die gleichwohl von ihrem Liebhaber, dem Kriegsgott Ares, sind. Doch erst als Aphrodite und Ares einmal verschlafen und Helios, der Gott der Sonne, die beiden sieht und verrät, wird Hephaistos aufmerksam. Er schmiedet ein bronzenes Netz, fein und tückisch wie Spinnweben, spannt es um die Pfosten seines Ehebetts und täuscht vor, einen Kurzurlaub auf Lemnos zu machen. Statt ihn zu begleiten, schickt die Gattin eiligst nach ihrem Geliebten. Nach einer glücklichen Nacht erkennt sie sich morgens, in der Dämmerung, mit dem Liebhaber nackt gefangen. So führt Hephaistos sein Ehebett der gesamten Götterschaft vor und verlangt seine kostbaren Heiratsgaben zurück. Die Situation ist weniger für Aphrodite als für ihren gehörnten Gatten peinlich. Denn ihr Anblick läßt sogar Poseidon, den kalten Meeresgott und Erderschütterer, in Liebe entbrennen. Der geflügelte Götterbote Hermes aber schwört: Ihm wäre nichts lieber, als in diesem Netz auf solche Weise gefangen zu sein. Für sein offenes Wort wird Hermes, der mythologische Überbringer von Wahrheit, belohnt. Aphrodite verbringt eine Nacht mit ihm. Die Verbindung zu Hermes deutet an, woran es Hephaistos fehlen läßt. Er bedient nicht die Selbstliebe seiner Gattin. Aphrodite hat sich nicht nur einem Wahrheitsboten hingegeben, sondern auch Hermes als dem Gott der Kaufleute, Reisenden, Diebe und Lügner. Die Geschichte zeigt, wozu eine Liebe fähig ist, wenn der eine dem andern schmeichelt, die Selbstliebe kitzelt und keine Ansprüche auf Dauer, Ehe und Wahrheit vorliegen. Ihr gemeinsames Kind, der Name dokumentiert es, ist Hermaphroditos. Er ist der Gott, der Mann und Frau in einem ist und höchstes Ideal in der Antike. Mit beiden Geschlechtsmerkmalen in Vollkommenheit ausgestattet, zeigt er, was sein könnte und manchmal ist: das Verschmelzen der Sehnsüchte zur stillen Zufriedenheit der vereinten Hälften.

Hermaphroditos ist die Summe alles Unterscheidbaren im Geschlechtlichen. In seinem Bild kristallisiert sich heraus, was das ursprünglich antike Denken ausmacht: ein Eines in sich Unterschiedenes, Heraklits – und der Dichter Schiller und Hölderlin vielgerühmtes – ›Hen kai pan‹ (griech. ›eins und alles‹). Die Figur des Hermaphroditen ist sprechend. Sie weist in der Einheit der Geschlechtsunterschiede auf ein menschliches Ganzes hin, auf eine Ureinheit, das Androgyne.

Hermaphrodit ist ein vergangenes Bild von der Einheit in der Liebe. Heute spricht man von Zwittergeburten und behandelt sie operativ. Die Vorstellung von Einheit hat sich tief gewandelt. Hermaphroditos ist die Summe der Geschlechtsmerkmale, heute dagegen herrscht das Bild eines geschlechtslosen Einheitswesens. Geradezu gegensätzlich sind die Denkweisen. Das mythische

Liebespaar – römisches Mosaik 3./4. Jh. n. Chr.
Für die Griechen war die Liebe Selbstbeherrschung, der Eros eine Kulturleistung. Rom, der antike Schmelztiegel der Kulturen, übernimmt das Liebesverständnis der Hellenen. Doch bald verliert es sich in Maßlosigkeit und Beliebigkeit, die Kaiserzeit ist berüchtigt für ihre Orgien und sexuellen Ausschweifungen.

Denken summiert, das moderne Denken nivelliert. Einheit ist heute das, was alle Unterschiede in sich aufhebt. In der Antike ist sie die Zusammenstellung aller Unterschiede.

Die Folgen für die Lebenseinstellungen sind beträchtlich. Der mythische Mensch lebt Vorstellungen, die heute widersprüchlich, willkürlich und konfus erscheinen. Er läßt das Gegensätzliche, das zusammengehört, zusammen. Er hierarchisiert nicht. Tatsächlich beherrscht er damit die Kunst, das Erlebte und Wahrgenommene unterschiedlos zu akzeptieren und auszuleben.

Die Götter helfen ihm dabei. In ihrer Vielheit garantieren sie die Mannigfaltigkeit und Einfalt aller möglichen Empfindungen. Zeus läßt Traum und Alptraum, Tragik und Komik gleichermaßen bestehen. Er steht für die andere Welt des Gedachten ein. Indem die Götter das Mögliche verkörpern, lassen sie eine solche gedachte Welt zu. Wahr ist nur das Erlebte, und das ist womöglich der Gott oder die Göttin, denen man alltäglich begegnen kann, die einen plötzlich überkommen. Nicht der Mensch handelt, sondern der Gott, der in den Menschen gefahren ist. Es gibt noch keine Selbstverantwortung. Zu rechtfertigen hat die vollendete Tat der, der sie veranlaßt hat. Und wer könnte dem Zauber einer Aphrodite widerstehen und ihr zuwider der Gattin treu bleiben?

Göttliche Ordnung erleichtert in der Antike das Lieben. Wo ein Gott zur Sünde führt, da ist das ›Sündigen‹ geradezu Moral. Sittliches Handeln folgt dem Lebenstrieb und der lebenspendenden Triebökonomie des Eros, des Genius von Aphrodite. Was bedeutet die Liebe im Namen dieser Göttin? Aischylos läßt Aphrodite im einzigen erhaltenen Fragment der Danaidentrilogie sagen:

»Es treibt den heiligen Himmel, sich der Erd' zu nahen,
Und Trieb ergreift die Erde, zu empfangen ihn;
So fällt der Regen aus des Himmels Liebesschlaf,
Und schwängert Gaia; sie gebärt den Menschen dann,
Der Bäume Frühlingsblüte reifet aus dem Naß
Der Zeugung; all dessen bin die Urkraft ich.«

Aphrodite ist also die »Urkraft«. In der griechischen Antike basiert auf dieser Urkraft das gesellschaftliche Leben. Nichts ist somit bedeutsamer, als sich des Eros zu bemächtigen und sich von ihm kraftvoll durch das Leben tragen zu lassen. Die gesellschaftliche Wertepalette baut auf dieser Einsicht auf.

Sie ist von heute aus gesehen leicht mißverständlich. Triebhaft leben heißt heute, sich hinreißen zu lassen und im Triebfluß zu sein. Im antiken Denken ist die Lebensfülle an den Aspekt der Bemächtigung gebunden. Nur wer die eigene Triebkraft auszuhalten vermag, lebt im Einklang mit den Göttern. Nur wer den Trieb beherrscht, lebt triebhaft.

Naturbeherrschung ist für antike Menschen noch reale Erfahrung. Und an erster Stelle ist sie die Erfahrung von Selbstbeherrschung als Triebbeherrschung. Das bedeutet keineswegs, die Triebkraft zu unterdrücken und Askese zu üben. Die Natur zu beherrschen heißt vielmehr, sie sich dienstbar zu machen und sie in allen Zügen für sich und für das eigene Wohlbefinden zu gebrauchen. Konkret bedeutet das: Sexus und Eros, die Liebeskräfte auszuleben.

Diese Selbstbeherrschung heißt auf griechisch ›enkrateia‹ und ist die höchste Tugend. Sie bezeichnet ursprünglich bejahende Triebbeherrschung. Denn Herrschen kann nur, wer sich selbst beherrscht, wer Lebenstrieb und Eros beherrscht und die Kraft des Liebens lebt.

Natürlich läßt sich über dieses Verständnis von Selbstbeherrschung streiten. Vielleicht weisen es Gräzisten sogar empört zurück, sich als Modell von Selbstbeherrschung, von ›enkrateia‹, eine orgiastische Situation vorzustellen, in der die Lust bis zum Höhepunkt kontrolliert ausgekostet wird. Traditionell wird antike Selbstbeherrschung bis heute als persönliche Mäßigung begriffen. Aber was bedeutet das schon angesichts ihrer kuriosen Formen in der griechischen Antike? In Sparta ist Selbstbeherrschung durch aggressive Erziehungspraktiken erlernt worden, in Athen dagegen durch Liebespraktiken. Diese Variante illustriert Perikles, der legendäre Herrscher der Blütezeit Athens, dessen zweite Frau die berühmte Hetäre Aspasia ist. Das Paar veranschaulicht eine antike Werteinheit, die durch die Erziehung selbstverständlich gewesen ist: die Bindung der Selbstbeherrschung an die Erotik.

Sich selbst zu beherrschen, hat der Athener homoerotisch erlernt, durch die Knabenliebe. Sie beginnt mit der einsetzenden Pu-

Achilles verbindet seinen Freund Patroklos – Schale des Töpfers Sosias um 500 v. Chr.
Im antiken Griechenland war die Liebe zwischen ›freien Männern‹ Grundlage der Gesellschaft, sie diente der Erziehung und der Einweisung in die Regeln der Polis. Tapferkeit, vor allem im Kampfe, machte einen Mann für einen anderen liebenswürdig, und so galt eine Armee, bestehend aus lauter Liebespaaren, als wahrlich unschlagbar.

bertät, wenn der Bartwuchs sich entwickelt und der Knabe als »Knospe des Mannes« erscheint. Im Gymnasion, wo die Knaben unter Anleitung eines Turnlehrers zu musikalischer Begleitung ihren Körper zum Krieger schulen, treffen sich auch die freien Männer Athens. Sie haben so genügend Gelegenheit, die nackten Körper ihrer potentiellen Geliebten zu begutachten und anzubändeln. Die Werbung geht also öffentlich vor sich, an einem Mittelpunkt gesellschaftlichen Lebens. Sie ist nach dem Sozialstatus geregelt und entscheidend für die künftige Laufbahn des Heranwachsenden. Auf dem Spiel steht eine lebenslange Protektion, die sich nach dem Wert des Knaben bemißt: nach seiner Schönheit, nach seinem Stil im Umgang mit dem Werber, nach seiner Kunst, sich kostspielig zu machen. Diese Kunst ist, sich nicht vorschnell herzugeben und doch den Bewerber zu halten, mit kleinen Annäherungen das Begehren zu steigern und doch nicht das Letzte zu verschmähen. Dies alles ohne Verstellung und getragen von der eigenen Lust. Die Werbung dient also der Einübung der Knaben in die Triebökonomie. Und den höchsten Wert hat der, der am besten seinen Trieb zu beherrschen weiß, der Selbstbeherrschung unter Triebdruck beweist. Michel Foucault hat gezeigt, daß die Knabenliebe in Athen ein feinsinnig verlängerter Initiationsritus ist, in dem der Mann den Knaben in die Gesellschaft einführt, in seine Rolle als ›freier Mann‹ und Krieger mit der Verantwortung für die Staatsgeschäfte. In der Liebe hat der Knabe den gesellschaftlichen Umgang gelernt, als Erwachsener wird er wieder Knaben lieben und sich so lebenslang im Zirkel des griechischen Persönlichkeitsideals bewegen: in der Souveränität. Als Knabe ist er durch den Liebhaber und seinen Schutz schon ›frei‹, als freier Mann wird er durch die Knabenliebe selbst wieder jung. Gelebt wird der eigene Lebenskreis und die Selbsterfüllung, die Aristoteles als die ›philautía‹, die Selbstliebe, bezeichnet.

Die griechische Männergesellschaft lebt sich in ihrem eigenen Kreis aus und schult dabei ihr Selbstbewußtsein. Nur wer sich selbst liebt, kann sich beherrschen und ist gefeit gegen Attacken querschlagender Gefühle. Persönliche ›Zerrissenheit‹ ist ein Thema viel späterer Zeiten. In der Antike zielt die Erziehung auf absolutes Selbstvertrauen. Über die Natur kann nur herrschen, wer sich kennt und vertraulichen Umgang mit sich hat, also bei sich ist.

Die Selbstliebe des Knaben ist in Athen nur an eines gebunden: an die Hochschätzung von Aktivität und aktiver Sexualrolle. Passive Hingabe zeugt von Unterlegenheit und gilt als gesellschaftlich minderwertig. Den freien Mann kennzeichnet ein überlegenes Handeln auch in der Sexualität. Passiv haben Sklaven zu sein, die zur sexuellen Befriedigung leicht zugänglich sind. Zur Einführung in diese Verhaltensnorm dient ebenfalls die Knabenliebe. Da der Liebhaber des Heranwachsenden für gewöhnlich sozial höher steht, kann die Einweisung in das Lieben ohne Kränkung verlaufen, auch wenn der Knabe erst allmählich zur aktiven Rolle findet. Die Beziehung zu Männern dominiert, doch leben Jünglinge selbstverständlich das Spektrum ihrer Möglichkeiten aus. Sie haben zumeist auch eine Konkubine, für die geistige Veredelung des Liebesspiels eine Hetäre, weniger angesehen sind die Beziehungen zu Sklavinnen und Sklaven. Moralische Schranken gibt es neben der Norm von Aktivität fast keine, wenn auch die öffentliche Onanie des Diogenes auf dem Markplatz – um ein Bedürfnis wie Essen und Trinken asketisch zu befriedigen – als stillos gilt. Private Akte solcher Art werden in der antiken Medizin jedoch als ›sexuelle Diät‹ angesehen.

So offen in der Antike mit männlichem Trieb und Triebökonomie umgegangen wird, so geheim werden die Statthalterinnen des Familiengeschlechts, die zukünftigen Gattinnen, gehalten. Sie leben im inneren Teil des Hauses, während der Mann seine Räume zur Straßenseite hat. Gewöhnlich verlassen bürgerliche Mädchen und Frauen das Haus in männlicher Begleitung. Sie sind nur bei Kultfeiern zu sehen, wovon es allerdings – in Anbetracht der vielen Götter – genügend gibt. Im Alltag sind die Frauen den Männeraugen entzogen. Eine strikte Trennung von Privatem und Öffentlichem besteht. Nur in Sparta nehmen die Mädchen an den Sportübungen teil und sind dort nackt zu taxieren. Im übrigen Griechenland, wo die Frau vom Kriegshandwerk ausgeschlossen bleibt, gibt es für sie weithin nur das Haus.

Verheiratet werden die Töchter im angeblich fruchtbarsten Alter von achtzehn Jahren. Der künftige Gatte ist gewöhnlich um die dreißig Jahre alt, er verfügt über einen eigenen Hausstand mit Ländereien, Sklaven, Metöken und ist selbständig. Gleichberechtigt verhandelt er die Mitgift mit dem Vater seiner Erwählten. Diesem faktischen Handelsabkommen folgt mit Festakten die Überführung der Tochter durch die Mutter vom einen Haus ins andere. Sowenig die Gattin an ihrer Bestimmung beteiligt ist, so bedeutsam ist sie doch im Hauswesen ihres Mannes, dem sogenannten ›oikos‹. Ein Mann, der auf sich hält, wird seine Frau in die Leitung seines Hauses einführen und sie lehren, seinen Besitz zu verwalten. Denn nur durch sie vermag er, dem höchsten griechischen Ideal entsprechend, ein freier Mann zu werden. Nur wenn seine Frau die häuslichen Geschäfte betreibt, ist er freigestellt für die öffentlichen Ämter und die Belange der Politik, für die Polis und ihre Kriege. Die Existenz des griechischen Mannes ist daher entscheidend von der Gattin abhängig. Als Verwalterin seines Vermögens ist sie ihm weit mehr als nur Mutter seiner Kinder, als jene ›Gebärmaschine‹, als die die Frau im orientalischen Raum weithin gesehen wird.

Trotzdem schenkt der griechische Besitzbürger seine Liebe am allerwenigsten seiner Gattin. Seine Ehe ist sachlich. Von der übermächtigen Gewalt der Liebe bis zum feinen Spiel des Zärtlichen berichten die antiken Denkmäler. In allen Nuancen zeigen die antiken Liebessagen, Vasenbilder oder Grabstelen den persönlichen Gefühlsreichtum der griechischen Männer. Doch diese hüten sich davor, ihre Gattinnen damit zu beschenken. Zumindest im klassischen Zeitalter gilt die Liebe allgemein nicht als ein Geschenk, sondern, im Gegenteil, als das Geschick, das Verstand und Willen verwirrt. Hüte sich also jeder davor, diesen Wahn ins eigene Haus zu holen! Liebesleidenschaft ist Krankheit.

Den blinden Rausch der Liebe, die Begeisterung, Ekstase und Liebesglut, diesen Enthusiasmus verkörpert der berüchtigte Dionysos, der Gott des Weines – und der Vegetation überhaupt. Zu seinem tobenden Gefolge gehören entstellte Kreaturen, Nymphen und pferdeartige Männergestalten, Satyrn und Silene. Kurios ist seine krakeelende und lustwandelnde Schar, mit dem bocksbeinigen Pan, dem Vater des ›panischen‹ Schreckens, dem weisen alten Silen und den sogenannten Mänaden. Diese Frauen haben ihre

Pflichten nicht erfüllt, sie haben hochmütig ihre Freier abgewiesen, sich gegen Mutterschaft oder Familienehre vergangen. Sie büßen eine Strafe ab und veranschaulichen die Wandlung vom Opfer zum blindwütenden Henker. Die Taten, die Zeus in seiner Kriegszeit gegen die Titanen vollbracht hat, muß sein Sohn Dionysos wiederholen, so daß er mit einem blutrünstigen Kriegshaufen unterwegs ist, der, Schafe und Menschen reißend, dem Wahnsinn frönt.

Es ist bezeichnend, daß sich die Bedeutung von Dionysos in der Geschichte der Antike zunehmend steigert. Je weiter der Kulturprozeß fortschreitet, desto wichtiger werden die Rituale der Reinigung und der Läuterung. Dionysos befreit den Menschen als ›Löser‹ (Lysios, Lyaios) von seinen Bedrängnissen und Ängsten. Er sprengt Fesseln, läßt Mauern einstürzen und vernichtet jeden, der sich gegen seine Verehrung wendet.

Geweiht ist ihm das zweijährliche Fest der Dionysien. Obwohl der Olympiade ebenbürtig, haben die Dionysien – abgesehen von der Geschichte des Theaters – nie für eine europäische Übernahme zur Diskussion gestanden. Sie hätten auf kommende Schrecken, denen das Abendland ausgeliefert war, vorbereitet. Dionysos trug den Beinamen ›Dithyrambos‹, ›die doppelte Tür‹, er verweist darauf, daß zu jedem Leben noch ein zweites gehört, eine Regeneration. Ursprünglich vergegenwärtigte Dionysos die Neugeburt der Triebe im Frühling, das Erwachen der Natur aus ihrer winterlichen Totenstarre. Dieser Grenzbereich ist in ihm Figur geworden, er ist die griechische Auferstehungsgestalt.

Der liebestolle Zeus aufersteht in Dionysos als Vorankündigung des christlichen Satans. Doch die beiden stehen für völlig konträre Perspektiven. Während mit Satan das Orgiastische aus dem Erleben verbannt wird, ist in der Antike mit Dionysos die Grenzbegehung ausdrücklich institutionalisiert worden. Eine christlich-europäische, schon triebkontrollierte Form der Dionysien sind Fastnacht und Karneval mit jener Eigenheit, die unter dem Begriff der ›Ventilfunktion‹ bekannt ist: als Befreiung von den Zwängen, die jeder sich selbst und die Gesellschaft allen antut. Zeus hat diese ›Hirnwäsche‹ in den Saturnalien, dem Erbrechen von Kronos/Saturn begründet. Dionysos erneuert sie als Dionysien, eine rituelle

Reinigung durch Rauschmittel, die antike Medizin hat sie als ›Katharsis‹ festgeschrieben.

Gerade die Geschichte der Dionysien macht die Unterwerfung der Frau, die sich in den Mythen bereits abzeichnet, historisch nachvollziehbar. Diese Orgien sind ursprünglich Sache der Frauen. Sie geraten dann unter männliche Leitung, als der Staat sie übernimmt. Wie auch in anderen Mysterienfeiern ist die Frau im staatlichen Götterdienst der Polis, außer in den Frauenkulten, zur bloßen Mitwirkenden geworden. So läßt sich sagen: mit dem Prozeß der Politisierung der griechischen Gesellschaften geht die Erniedrigung der Frau einher. Dieser tiefgreifende Wandel setzt ein, als sich die stadtstaatliche Organisation der Polis allmählich über die Familien, Geschlechter und Sippenverbände erhebt. Die Frau wird aus dem politischen Leben ausgeschlossen. Sie ist zum »pflanzlichen Vegetieren« bestimmt, wie Nietzsche es ausdrückt. Als Verwalterin des Hauswesens und als Gebärende hat sie sich auf die Sorge um den männlichen Besitzstand zu beschränken. Verweigert sie sich dieser Rolle, droht ihr die gesellschaftliche Verbannung und jener Wahnwitz, von dem die rasenden Mänaden künden. Rechte hat sie fast keine. Zwar kann sie sich scheiden lassen, aber dies gelingt ihr nur unter Zustimmung des Gatten. Meist ergeht es ihr jedoch so wie Hipparete, der Frau des berühmten Redners, Feldherrn und antiken Liebesidols Alkibiades. Als diese die Eskapaden ihres Gatten satt hat, seine ausgiebigen Gelage mit männlichen Geliebten, Hetären und attischen Bürgerinnen, verläßt sie ihn. Da dies Alkibiades, den angeblich schönsten Mann der Antike, nicht weiter in seinem, so der Historiker Plutarch, »anstößigen Lebenswandel« zu kümmern scheint, reicht Hipparete den Scheidebrief beim Archon ein. Das Gesetz sieht für diesen Fall vor, daß die Frau persönlich erscheint, einer ihrer seltenen Auftritte in der Öffentlichkeit. Diese Bestimmung hat ihren Hintersinn. Hipparete ist zu ihrem Bruder geflohen und in seinem Haus sicher. Doch in der Öffentlichkeit, im Vollzug der Scheidung vor dem Archon tritt ihr Alkibiades entgegen, packt sie und schleift sie quer über den Marktplatz nach Hause.

Trotz dieser schändlichen Demütigung dokumentiert das Verhalten von Hipparete ein ungewöhnliches Selbstbewußtsein für eine attische Frau. Als Tochter des reichsten Atheners glaubt sie, daß sich der vielumworbene Alkibiades nach ihrer Heirat allein um sie kümmere. Sie steht damit für ein neues Frauenbild, das in der klassischen Zeit aufkommt. In dieser Periode – die Tragödien dokumentieren es – gewinnt die Frau an Bedeutung. Damals greift das Ideal um sich, daß der Mann im reiferen Alter, wenn die Triebe sich beruhigen, seine Liebe auf die Gattin oder auf den langjährigen Freund beschränken soll. Der Mann beweist sich damit seine höchste Selbständigkeit als freier Mann, der ökonomischen Unabhängigkeit entspricht die triebökonomische. Doch bleibt in der griechischen Antike auch dann noch die Wahl der Liebe jedem einzelnen freigestellt. Der Vorrang der zweigeschlechtlichen Liebe wird sich erst in der römischen Zeit durchsetzen und mit dem Christentum zum Dogma werden. Noch gibt es keine Normierung. Der angeführte Kreis der Selbstliebe, den der Mann homosexuell auslebt, umfaßt als Kreis der Liebe das Spektrum des Möglichen. Der Sophist Protagoras wird sogar als eine Art Transvestit überliefert. Nur zwei Forderungen bestehen. Erstens die Gegenliebe; sie begleitet Eros stets und heißt Anteros. Und zweitens vorgegebene Liebespraktiken.

Sie richten sich nach den gesellschaftlichen Idealen, zu herrschen, aktiv zu sein, zu penetrieren und sich durchzusetzen. Die Beziehungen sind geprägt von der Polarität zwischen aktiv und passiv, Herrschendem und Beherrschtem, Sieger und Besiegtem, Überlegenem und Unterlegenem. Dem Herrn ist der Sklave Sexualobjekt und jeder Mitbürger schändlich, der sich willfährig wie ein Sklave gebrauchen läßt. Auch die Liebe ist Kampfterrain. Von dieser historisch bedingten Wertigkeit zeugt bis heute ein mächtiger Alltagsmythos: der ewige Kampf der Geschlechter. Der politische Charakter dieser Vorstellung zeigt sich in der unterschiedlichen gesellschaftlichen Stellung der Frau im klassischen Zeitalter und der Herrin in der homerischen Gesellschaft. Die Unterwerfung der Frau geht einher mit dem Aufkommen der Staatlichkeit.

»Der Krieg ist der Vater aller Dinge«, sagt der Naturphilosoph Heraklit. Krieg bestimmt bei den Griechen weit mehr als nur die Beziehung der Geschlechter. Im klassischen Zeitalter herrscht er mit nur kurzen Unterbrechungen in Athen. Durchschnittlich alle zwei bis drei Jahre bricht ein neuer Krieg aus, keine Friedenszeit dauert auch nur zehn Jahre. Die griechischen Stadtstaaten sind Kriegsvölker. Eine Gesellschaft, die sich Sklaven hält und mittels Sklaven den Müßiggang pflegt, hat die Kosten dafür zu zahlen. Allgegenwärtige Risikobereitschaft herrscht: um Sklaven zu bekommen, um sich gegen Versklavung zu schützen, um Sklavenaufstände niederzuschlagen. Die Spartaner erklären ihren Sklaven bekanntlich alljährlich offiziell den Krieg. Der Feind ist innen wie außen. Und die Lebenskunst ist: Berechnung. Nur ein anderer Ausdruck dafür ist die hohe Tugend des griechischen Maßdenkens, der lebensnützlichen ›Mäßigung‹ oder ›sophrosyne‹. Sie steht für den Balanceakt zwischen dem noch Möglichen und dem schon Übermäßigen, dem Risiko und der Kunst, sich zu beherrschen, um zu herrschen. Wo könnte das besser und wirksamer geschult werden als im Umgang mit dem Geschlechtstrieb, in der Beherrschung des sexuellen Akts?

So beherrscht der Krieg auch den gesellschaftlichen Alltag, als die persönliche Kräfte- und Triebregulierung. Deshalb sind Krieg und Liebe in der Antike Wahlverwandte: Ares und Aphrodite, der Kriegsgott und die Liebesgöttin sind das Traumpaar. Sexualität ist die tägliche Übung zum Krieg, sie ist die Kunst, sich in der Überlegenheit zu schulen. Wichtig ist die intime Kenntnis der Grenze, an der der Liebende die Ekstase erreicht und der Krieger einen Trancezustand, in dem sich der Kampf wie von selbst kämpft.

Krieg und Liebe vergegenwärtigen auch den Spielraum im Selbstumgang. Ihren Extremen ist der Mensch ausgeliefert, weil er nach antikem Denken seine Ureinheit verloren hat. Platon läßt den Komödiendichter Aristophanes davon erzählen.

Ursprünglich, so heißt es, war der Mensch ein Kugelwesen aus zwei Menschen. Diese waren miteinander verschmolzen, mit zwei Gesichtern als Doppelkopf, einem Kugelkörper und kreisförmig angeordneten Gliedern in doppelter Anzahl. Weil es auch zwei Geschlechtsteile hatte, gab es männliche, weibliche und zweigeschlechtliche Wesen. Dieser Kugelmensch war enorm schnell, kräftig und überschlug sich geradezu vor Übermut. Als er gegen die Götter rebellierte, schnitt ihn Zeus zur Strafe in der Mitte durch und machte aus dem einen zwei. Da kam über diese Wesen

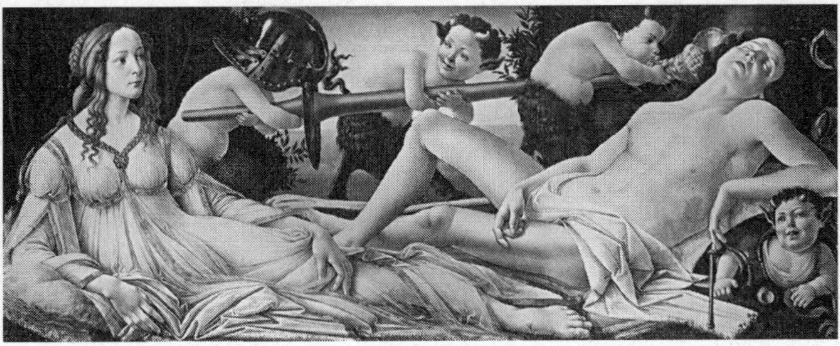

Ares und Aphrodite, der Kriegsgott und die Liebesgöttin, waren in der Antike untrennbar. Disziplin und Körperbeherrschung waren die Prinzipien der Liebe wie des Krieges. In der Renaissance erinnert man sich an diesen Dualismus und sehnt sich zugleich nach der friedenstiftenden Liebe: Venus und der schlafende Mars (Sandro Botticelli um 1483).

eine maßlose Sehnsucht nach ihrer anderen Hälfte. Aus Untätigkeit verhungerten sie, und Zeus bekam Mitleid. Er verpflanzte ihre Geschlechtsteile, die sich nach der Teilung auf der Rückenseite befanden, nach vorne, so daß ihnen nun eine Vereinigung mit einem anderen Wesen möglich wurde. Seither aber suchen die Menschen nach ihrer anderen Hälfte, ob gleichgeschlechtlich oder doppeltgeschlechtlich. Sie sind der Sehnsucht und dem Schmerz der Liebe ausgeliefert.

Liebe ist nach dieser Lesart Wiedergutmachung, Aussöhnung, wenn auch nur für Augenblicke. Für Platon, für die Griechen ist das Leben eine beständige Verlustrechnung, da es unweigerlich in den Tod führt. Eine Entschädigung bietet die Liebe, und das zunächst ohne alle Metaphysik: sie ermöglicht Nachkommen und verleiht dem einzelnen damit einen Funken Unsterblichkeit. Das ist Lebensgesetz und der Trieb dazu zweifelsfrei schön und gut und einer besseren Welt zugehörig.

Indes geht es keineswegs allein um die Leidensgeschichte von der menschlichen Vergänglichkeit. Man kann nämlich auch, so meint Platon, mit bester körperlicher Konstitution und vielen Kindern keinen Funken Unsterblichkeit besitzen. Man kann sein Leben vertun, scheinlebendig vegetieren und derart geistesabwesend seine Tage verbringen, als hätte man, gleichsam wie Rettiche oder Möhren, schon einige Zentimeter Humus über sich. Platon und die antike Ethik machen darauf aufmerksam, daß es schon schwierig genug ist, im Leben lebendig zu bleiben. »Sorge um sich« nennt Demosthenes diesen Anspruch. Er meint damit das Wagnis, an sich selbst zu denken, indem man *sich selbst* denkt und Selbstliebe auch im Denken pflegt.

In der Liebe ist solche Sorge um sich die Botschaft der platonischen Liebe. Die fleischliche Liebe wird von Platon jedoch nicht abgelehnt, wie das in ihrem herkömmlichen Verständnis verbrieft zu sein scheint. Heute wird unter ›platonischer Liebe‹ die geistige Liebe verstanden, die in der körperlichen Enthaltsamkeit das Verliebtsein steigert und ›sublimierte Liebe‹ ist. Zwar kennt die Antike solche Umleitungen des Sexualtriebs bestens. Aber selbst der Geistesakrobat Platon will seine Liebesphilosophie nicht auf Wolken bauen und ist Realist mit einer Liebe aus Fleisch und Blut. Platonische Liebe im ursprünglichen Sinn ist keine Abstraktion. Sie meint vielmehr das Spiel der Kräfte zwischen körperlicher und geistiger Befriedigung. Körper und Geist entsprechen sich, in ihrer Balance liegt die beste Befriedigung.

Wie seine Zeitgenossen hat auch Platon gesehen, daß der Liebestrieb zunächst nicht mehr als ein anderer Trieb ist. Liebe braucht man wie Essen und Trinken. Wer aber Liebe rein fleischlich nimmt, vergißt die Pointe des Genusses: daß sie sich im Kopf ereignet und das Geistige eine bedeutsame Rolle bei jeder Befriedigung spielt. Zu sinnlichen Bedürfnissen gehört als tieferes Glück das geistige Miterleben, das Genießen. Deshalb entwickelt Platon seinen Liebesbegriff in der Nacherzählung eines *Gastmahls*. Es geht ihm darum zu zeigen, wie man im doppelten Sinn ›richtig leben‹ könnte, in Saus und Braus und doch natürlich. Die Botschaft dieses vitalen Philosophen heißt: »Es lohnte nicht zu leben, wenn ich so bliebe, wie ich wäre.« Platonische Liebe will mehr vom Leben haben und das Leben lieben lernen. Wenn ich also das Wesen der Liebe verstehe, kann ich besser leben und den Funken Unsterblichkeit, den die Liebe biologisch durch die Nachkommen beweist, auch geistig erleben. Deshalb stellt Platon also die Frage nach dem Wesen der Liebe: Weil Eros seit mythischem Anbeginn der Welt den Kosmos umtreibt, weist er auch den Weg zu einem erfüllten Dasein.

Tatsächlich können zwischen Genuß und Genuß Welten liegen. Manchmal kann sogar die körperliche Lust, die einem in den Kopf schießt und eine bloße Idee ist, viel genußvoller sein als ihre prompte körperliche Befriedigung. Sex kann durchaus Mühsal statt Genuß sein. Hätte ich bloß nicht, denkt man, und mit einem Satz hat man die ›Ideenlehre‹ des Platon verstanden und weiß, daß es zwischem dem Fleischlich-Sinnlichen und Geistig-Ideellen Graduationen von Befriedigung gibt, die zu kennen und zu leben sich lohnt.

Gleichsam in der Höhle des Körpers brennt das Feuer und erdrückt als Begierde fast die Lebensgeister. Wer klug ist, meint Platons Lehrer Sokrates, der nimmt sich etwas Leichtigkeit mit in die Lust. Er hat eventuell den Mut, dem ersten Anfall zu widerstehen, und ermöglicht so dem Denken, die Bewegungen seines Körpers einzuholen und zu begleiten. Das Geistige hebt die Trieblust und läßt schweben. Jedes Verlangen entzündet zunächst eine Idee, die sich erst über sich klarwerden will, bevor sie dem Trieb Genugtuung verschafft. Jeder Lebensimpuls läßt sich bewußt leben. Verlangen will sich in Vollendung, als verantwortetes, bewußtes Lieben verzehren.

Herr seiner Triebe zu sein, Sokrates macht es vor. Obwohl der begehrteste aller Schönen, der Menschengott Alkibiades, ihn verführen will, schläft er neben ihm »wie der Bruder neben dem Bruder«. Nach durchzechten Stunden und guten Gesprächen will Sokrates nicht und sein Geist läßt ihn. Dieser Weise macht sich nicht zum Dieb der Gelegenheit, zum Sklaven des günstigen Moments. Aber unterdrückt er deshalb seinen Körper, seine Triebe und seine Lust? Lebt er in dieser Situation nicht gerade die Freiheit, sich von ihnen beherrschen zu lassen? In diesem Fall, sich die Befriedigung des Schlafs zu gönnen?

Platon entwickelt sein legendäres Verständnis von Liebe im Dialog feiernder Freunde und läßt es von seinem Lehrer Sokrates erklären. Doch nicht einmal den Gesprächspartnern des Sokrates, den Aristokraten des Geistes der damaligen Zeit, ist es leichtgefallen, diese platonische Liebe einzusehen: daß der Eros, in dem sich die Liebenden nahe sind, ineinander verschmelzen, eins werden, daß diese Lust an einer Rückkehr zum Kugelmenschen gerade *nicht* die wahre Liebe sei. Liebende, die sich allmählich so gleichen wie der Hund seinem Herrn oder umgekehrt, verachtet Platon. Er attackiert damit eine bis heute mächtige Liebesvorstellung: das Ideal der Symbiose von Liebenden. Sie hat sich vor allem unter dem mächtigen Einfluß der Stoiker verbreitet, die sich einseitig auf die triebkontrollierenden Argumente des Sokrates gestützt und die Lustfeindlichkeit proklamiert haben. Kein Wunder daher, daß sie die Symbiose der Liebenden als festen Lehrbestand hatten, wo sich die Liebenden wie ein Ei dem andern gleichen und keine Spannung in der Beziehung herrscht: nur Langeweile, Lustlosigkeit und Sittlichkeit.

Vor seinem hohen Anspruch, das Wesen der Liebe zu erklären, flüchtet sich sogar Platon aus der Logik und komplimentiert statt dessen eine Fachkraft aus dem Metier herbei. Sie heißt Diotima, soll Sokrates das Lieben gelehrt haben und gilt als der erdichtete Name einer Priesterin und als Verkörperung der Mystik des Liebens. Noch Hölderlin wird nach ihr seine verherrlichte Geliebte nennen, eine verheiratete Kaufmannsgattin namens Susette Gontard. Diotima ist der Inbegriff der Liebesweisen geworden. Platon macht das einzig Mögliche. Er überläßt die Rede von der Liebe den Nachfolgerinnen von Aphrodite und einem durch alle Gesellschaft und Kultur hindurchsprechenden ›Heiligen‹. Diese berühmte »Rede der Diotima« drückt im Kern folgendes aus: »Dieser und jeder andere Begehrende begehrt das noch nicht Vorhandene und nicht Fertige und was er nicht hat und nicht selber ist und wessen er bedürftig ist.« Der wahre Liebende sucht nicht das ihm Ähnliche, sondern das Fehlende und noch Unbekannte. Wahre Liebe ist immer Triebbewegung und Suche nach einem anderen, dem Ich Fremden.

Eros, der Sohn von Aphrodite, ist deshalb für Platon kein Gott. Er ist ein bedürftiger, elender Junge unterwegs auf der Straße, die Paläste bleiben ihm verschlossen. Aber er hat einen unermeßlichen Reichtum, die Kraft des Begehrens und einen Willen. Platon nennt ihn einen »Daimon« und meint damit nichts anderes als das, was heute damit bezeichnet wird: »Daimon-Duracell«, eine Batterie. Eros, der Dämon, ist unsere Lebensbatterie auf dem Weg in ein Unbekanntes, das wir als jene Erfüllung träumen, die Platon noch das Gute und Schöne genannt hat.

Die weitere geschichtliche Entwicklung verheißt wenig Sokratisches. In der Kindheit der abendländischen Kultur und bei Sokrates, vor dem Spätwerk Platons, werden sinnliche Freuden verherrlicht, insofern sie genußvoll erlebt werden. Ideal ist das Begehren des freien Mannes. Erst wenn der Mensch zum Sklaven der Lüste wird, setzt die antike Moral ein. Tabu ist es, den Sinnenfreuden zu verfallen. Die Liebe steht unter dem Diktat der Selbstbeherrschung und dient sogar ihrer Erlernung und Einübung. Nur wer Herr über sich ist, hat nach der damaligen Ethik Anspruch darauf, Herr über andere zu werden, zu heiraten und in öffentlichen Ämtern seine Vaterlandsliebe zu beweisen.

Solche Kunst, durch die Liebe leben zu lernen, geht im Verlauf von Hellenismus und römischer Weltherrschaft weitgehend verloren. Wichtig bleibt nur das Ergebnis der persönlichkeitsformenden Kraft der Liebe: ihre soziale Wirkung. Wenn Alexander der Große die damalige Welt zwar unterwirft, aber den fremden Gottheiten huldigt, Königstöchter heiratet und seinen Soldaten dasselbe befiehlt, dann handelt dieser erste Europäer im Geist der antiken Liebe, er wendet sie staatspolitisch an. Er verleiht der Liebe, die das soziale Leben in den griechischen Städten beseelt, Weltformat und bewährt sich als gelehriger Schüler seines Erziehers Aristoteles. Alexander bestellt sein Reich wie der griechische Herr sein Haus.

Die Umkehrung davon unterläuft den Römern: Sie wenden Alexanders Großmachtstrategie innenpolitisch an und ›verwahrlosen‹. Liebe wird zum Mittel gegen soziale Spannungen, zum Bestandteil der berühmten Politik von ›Brot und Spielen‹. Das Kriegsglück der Römer und ihr Beutereichtum macht aus Rom die »Stadt der Venus«. Die griechische Liebeskunst wird hier wie alles, was aus Griechenland kommt, im wesentlichen modisch aufgebraucht. Wie schon die Etrusker entwickeln auch die Römer ihre Lebensgewohnheiten und Bräuche im Austausch mit anderen Ländern; in der Aneignung, Erprobung, Verwerfung und Korrektur fremder Lebensformen. Rom ist Schmelztiegel der Lebensformen anderer Völker. Hat zum Aufbruch der Großmacht das militante Sparta Rom seine Regierungsform geliehen, so kommen nach den Entbehrungen der Punischen Kriege aus Athen und Korinth die Liebeslüste und Aphrodisiaka nach Rom. Allein die Eroberung von Korinth – berühmt als der »Mittelpunkt der Liebe« mit den Hetären des Aphrodite-Tempels – hat Rom tausend Frauen zugeführt. Sie werden den Wirten der Bordellkneipen verkauft und verschwinden in den sogenannten Lupanaren, deren Pforten mächtige bronzene Phalli zieren, das Sinnbild des Gottes Priapus. Als die Plebs in den römischen Landen die Einführung der Bacchanalien durchsetzt, der römischen Dionysien, werden diese nicht auf die wenigen vorgeschriebenen Tage beschränkt, sondern zum täglichen Dauervergnügen gemacht. Liebesbünde entstehen, die Liebe des Augenblicks wird in unbekümmerten Paarungen und exzessiven Orgien vollzogen. Wenn sie auch vom Senat verboten werden, die Ausschweifungen im römischen Alltag sind vielgestaltig. Und als Kai-

In der Spätantike gewinnt mit dem Christentum das lustfeindliche, weltabgewandte Prinzip die Oberhand. Die Liebe ist nicht mehr das ekstatische Aufgehen im Augenblick, sondern die ewige Liebe zu Gott. Askese, Selbstverleugnung, Rückzug von allem Irdischen werden zum Ideal. Inbegriff dieser Haltung sind die Säulenheiligen, die wie der Heilige Symeon Stylites ihr Leben betend und predigend auf einer Säule verbringen.

ser Augustus sich endgültig genötigt sieht, die Sittenstrenge der römischen Frühzeit wieder einzuführen und dafür sogar seine laszive Lieblingstochter Julia und ihre gleichnamige Tochter auf einsame Inseln verbannt, verlagert sich der römische Liebesrausch nur in die Badeorte und Villen am Meer, nach Baiae oder Pompeji. Das vom Tod überraschte Liebespaar in Pompeji steht für den Geist der römischen Antike genauso wie die dortigen Fresken mit Liebesszenen. Kurioserweise wird gerade Ovid, der den griechischen Geist der Liebe wachzuhalten sucht, Opfer der römisch-antiken Moral. Man verbannt ihn ans Schwarze Meer, verbietet seine Werke und versucht damit zum ersten Mal, den antiken Lebensnerv abzutöten: die Ökonomie der Liebe als Lebensvulkan. Dafür steht Ovids lebensbeschwingtes Buch der Liebeskunst, der »Ars amatoria«. Es wiederbelebt am Ende der sinnenfreudigen Geschichte der antiken Liebe deren ursprüngliche Beweggründe. Noch einmal wird die Einzigartigkeit des Begehrens gefeiert, eingekleidet in Tips zum Anbändeln und Anweisungen zu akrobatischen Stellungen, die heiter den Genuß des Augenblicks als Erfüllung eines ganzen Menschen lehren.

Mit dem Kaisertum des Augustus und der ›Pax Augusta‹ erreicht Rom seine Blüte, die Geschichte der Liebe im Abendland jedoch einen entscheidenden Wendepunkt. Von nun an befindet sich die Sittenstrenge auf dem Vormarsch. Die andere Seite der europäischen Liebe rückt nach und nach in den Vordergrund, die bisher kulturabgewandte Seite des östlichen Mittelmeerraums, die Philosophien der Wüste, der Askese und eines sinnenfeindlichen Mönchtums.

Liebesleid und Verzückung im Mittelalter

In seiner Biographie über König Robert den Frommen überliefert der Mönch Helgaud eine aufschlußreiche Szene aus dem Liebesalltag im Mittelalter. Er erzählt, wie Hugo Capet, der Vater des Königs, durch seine Burg geht und ein Paar auf dem Boden sich lieben sieht. Der Ritter zieht seinen Mantel aus, wirft ihn über sie und geht weiter.

Sexualität ist im Mittelalter nicht anstößig. Doch sie hat unter dem Mantel der Verschwiegenheit stattzufinden. Die Nacht ist die Zeit des Liebens geworden. Am hellichten Tag, mittags unter schattigen Zypressen wie in römischen Landen oder inmitten summender Bienen nach der Art von Aphrodite ist das Lieben verboten.

Was war los im Mittelalter? Hat Eros alle seine Glückspfeile in der Antike verschossen? War es etwa eine Epoche, in der das christliche Verdikt, lustlos und nur der Zeugung von Kindern Gottes wegen zu lieben, gegriffen hat? Die Quellen und Dokumente weisen noch in eine andere Richtung. Ungezügeltes Triebleben herrscht, Vergewaltigungen sind an der Tagesordnung. Vor diesem Hintergrund ist der Minnedienst, die Verehrung der hohen Frau, die Zähmung der Triebe, eine kulturelle Notwendigkeit. Das Hohelied der Liebe dient als ein zivilisatorischer Akt. Aus ungehobelten, saufenden und vergewaltigenden Kriegern werden im Lauf der Zeit die ›edlen Ritter‹, die ihre sexuellen Triebe beherrschen.

Erst durch einen Zivilisationsschub entsteht nach dem Frühmittelalter, nach Jahrhunderten tiefster Bedürftigkeit, Hungersnöten und Invasionen brandschatzender Barbaren eine Gesellschaft, die gefestigt und reich genug ist, um Liebe zu zelebrieren. Und noch eine wichtige Funktion erfüllt die Liebeserziehung in der mittelalterlichen Kultur: Sie domestiziert nicht nur das individuelle Verhalten, sondern bringt die Ansprüche von Gesellschaft, Kirche und Individuum ins Zusammenspiel und ins Gleichgewicht. Um dieser gesellschaftlichen Balance willen ist der Liebesdiskurs damals hochbrisant und in einer Vielzahl von Modellen aktuell.

Im wesentlichen lassen sich drei mittelalterliche Liebestypen unterscheiden. Erstens die an den Ansprüchen der Gesellschaft orientierte Minneliebe; sie proklamiert den Triebverzicht und lehrt, daß in der Überwindung der sexuellen Not eine Freude entsteht, die als höfischer Wert das ritterliche Lebensideal im Artusroman oder im Parzival bestimmt. Das zweite Liebesmodell richtet sich an den Ansprüchen der Kirche aus und umfaßt die ›Agape‹, die christliche Liebe. Im dritten Liebestyp werden die Interessen des Individuums vertreten, es ist berühmt geworden mit Tristan und Isolde in dem Roman Gottfrieds von Straßburg.

Die Grundauffassung der Liebe im Mittelalter hat sich gegenüber der Antike verkehrt. Nicht mehr das erotisch geprägte Bedürfnis wird als Grund der Liebe gesehen. Nach der kanonisierten Meinung des Kirchenvaters Augustinus liebt der Mensch aus einer Überfülle heraus. Je mehr er zu geben hat, desto größer und inniger ist seine Liebe. Die Fülle aber gibt Gott, so daß im gottgelebten Leben die Liebesfähigkeit am größten ist. Diese Auffassung ist als die Logik des Sublimierens erklärt worden: Die Triebenergie wird nicht sexuell ausgelebt, sondern psychodynamisch umgelenkt, sie wird geistig verarbeitet und erfüllt das Bewußtsein. Der energetische Fluß des Eros ist gleichsam zu einem See aufgestaut worden, zu einem Stausee, aus dessen Fülle die Liebe nach mittelalterlicher Auffassung kommt. Die beiden Bilder von der fließenden und der geistig gestauten Triebenergie illustrieren den Unterschied zwischen der antiken und der mittelalterlichen Liebesauffassung, zwischen Eros und Agape, der christlichen Liebe. Doch zeigen die Bilder auch, wie eng beide Begriffe beieinander sind. Ohne Eros keine Agape, ohne partielle Triebstauungen kein Eros.

Im Mittelalter selbst ist der Begriff Agape, das heutige Etikett für das christlich-mittelalterliche Liebesverständnis, wenig gebräuchlich gewesen. Erst in der Mittelalterrezeption der Neuzeit hat sich der Begriff durchgesetzt. Die Zeitgenossen selbst haben Dutzende differenzierender Ausdrücke gebraucht, um akribisch das weite Feld der Liebe zu vermessen und verfügbar zu machen – sei es als geschlechtlich bedingte Empfindung (›appetitus‹ oder ›concupiscentia‹), als Begehren und Sehnen (›amor concupiscentiae‹), als freie Empfindung (›amor benevolentia‹ oder ›amor amicitiae‹) oder als geistiger Akt (›amor intellectualis‹ oder ›amor naturalis‹). Die Auflistung ließe sich beliebig fortsetzen.

Agape, die christliche Liebe gilt vereinfacht als die Nächstenliebe, lateinisch ›caritas‹. Zunächst ist damit Liebe ohne Sex gemeint, wie beispielhaft in der Mutterliebe, der Eltern- oder Geschwisterliebe. Doch schon das häufig gebrauchte Synonym für Agape, die ›Verzichtliebe‹, deutet an, welche Schwierigkeiten dieser Begriff bereitet, sind doch, zumindest psychologisch, Eros und Erotik immer mit im Spiel. Dieser Umstand hat einen langen Gelehrtenstreit entfacht, in dem zumindest eines klargeworden ist: Die Übergänge von Eros und Agape sind fließend. Hervorzuheben ist aber auch, daß die Agape eine hochkultivierte Form von Liebe ist, die der Exklusivität christlichen Denkens verpflichtet ist und höchste Ansprüche stellt.

Wie also hat man sich die Agape nach damaliger Glaubensnorm vorzustellen? Sie hat ihren reinsten und kirchlich geehrtesten Ausdruck in der mittelalterlichen Mystik entfaltet. Einer ihrer berühmtesten Vertreter ist der Schwabe Heinrich Seuse, latinisiert Suso genannt. Er ist Schüler des legendären Meister Eckart in Köln gewesen, der allerdings mit seiner intellektuellen Erkenntnismystik weit von seinem Schüler entfernt steht. Susos Erfahrungen machen vor allem auf seine Ordensschwestern Eindruck. Er steht mit ihnen in regem Briefkontakt und diktiert einer von ihnen, Elsbeth Stagel, sogar seine Selbstbiographie mit diesen Liebestönen:

»Mein Herz«, so erzählt er von seinem höchsten Lebensmoment, »war erfüllt von seliger Lust und wunderbar süßem Gefühl, gierig und doch gesättigt, lieblich das Gefühl, in den Lüften zu schweben, und die Seele erfüllt vom süßem Himmelsgeschmack.« Suso hat einen Blick in das Paradies getan. Er hat den Gipfel des Möglichen erfahren: Verzückung. Die Dominikanerinnen interessiert das um so mehr, als ihm bei seinen Visionen ihr Ideal zur

Seite gestanden hat. Suso ist vor einem Marienbild das Allerseligste zuteil geworden. Ein Zittern hat ihn dabei am ganzen Leib ergriffen und dann ein Beben, das seinen Körper in Wellen durchglitt. So, im heiligen Orgasmus, ist Suso sein Paradies aufgesprungen. Das ist die Agape im christlich-mittelalterlichen Klartext.

Die Schamlosigkeit dieses Mönchs mutet heute fremd an. Wie kann einer seine geistige Verzückung mit den körperlichen Symptomen eines Orgasmus schildern? Dabei ist Susos Verzückung der Lohn harter Arbeit. Mit dreizehn Jahren wird er von seiner Mutter den Dominikanern übergeben, um dort zunächst mit den »Schweinen am Trog« zusammenzuleben, wie Suso die hurenden und saufenden Mönche nennt. Aus Ekel vor ihnen wendet er sich dann dem christlichen Minneideal in seiner höchsten Form zu: dem Ideal der Enthaltsamkeit in mönchischer Tugend. Er kehrt die Lüsternheit seiner Brüder um, geißelt und peitscht sich, ritzt sich den Namen Jesu in die Brust, trägt kratzende Kleidung und schleift das nagelbeschlagene Kreuz Christi durch die Klostergänge. Die Torturen nehmen ihm die Kraft, sich überhaupt noch zu bewegen, und erst in dieser körperlichen Verfassung, als Krüppel, erlangt er seine himmlische Verzückung. Die Kirche hat ihn dafür seliggesprochen, noch immer wird seiner alljährlich am 2. März gedacht.

Susos Liebeserlebnis zeigt eindrücklich, worauf zumindest die einflußreiche Liebespropaganda der Kirche im Mittelalter abzielt. Lebenslang hat der Mönch gegen fleischliches Begehren angekämpft, um ein Ideal in der Liebe zu erfahren: Verzückung, das wiedergefundene Paradies. An die Liebe werden höchste Ansprüche gestellt, ekstatische Ausnahmeleistungen erwartet, verzückte Hingabe, spirituelle Erhebung, Visionen und exklusive Gotteserfahrung. Das Christentum ist eine Exklusivreligion, die jedem seinen persönlichen Heilsweg auferlegt, wenngleich damit keineswegs die Nachahmung von Heiligenlegenden gemeint ist. Das hohe Ideal des christlichen Mittelalters, das Suso wie seine Zeitgenossen verherrlichen, zeigt sich in den reinen weißen Zügen der mittelalterlichen Damen genauso wie in den Kasteiungen von Heinrich Seuse, der seine Zerknirschung nur ertragen kann durch die »Verehrung der Mutter Maria, die mir Mutter und Geliebte

Mehr als sechs Jahrhunderte vor Wagner erzählte Gottfried von Straßburg die Sage von dem ›Traumpaar‹ Tristan und Isolde, das gegen alle mittelalterlichen Konventionen der leidenschaftlichen Liebe verfällt. Hier eine Miniatur aus der Münchner Tristan-Handschrift um 1240.

war«. Maria ist das Idol der Liebe im Mittelalter. Die Frauenfigur, wie sie die Gotik in ihrer Schönheit kanonisiert hat: In der Pose der Entrückung ist die lilienweiße Haut im rosa Schimmer transparent vergeistigt wie das längliche, feine Gesicht mit zartgeschnittener Nase, fragilen Lippen und lebendigen, lächelnd hingebungsvollen Augen. Die Gestalt einer offenstehenden Seele. Christliche Liebe, die Agape, ist die Faszination des Marienkults.

Im Bild der hohen Frau und im Namen der Agape wird ein Maximum von der Liebe gefordert, sie soll reine Liebe, absolute Liebe, das Höchste und die Verzückung sein. Der Gläubige hat sie im Christentum auch dringend nötig. Schließlich werden an ihn noch höhere Ansprüche gestellt. Die frohe Botschaft lautet: Jeder kann sein Heil erlangen, kann seine eigene Heilsgeschichte vollbringen. Davon erzählt die bekannteste Figurengruppe im Mittelalter, der Leichnam Christi im Schoß Mariens, die Pietà. Im Schoß der Mutter liegt der Sohn, das eigene Fleisch und Blut als Opfer. Nur wer das Liebste darbringt, die Mutter den Sohn, der Sohn sein Leben, erwirkt seine Erlösung. Dafür steht die Pietà, sie ist das Sinnbild der christlichen Nächstenliebe, der Opferbereitschaft um eines Höheren willen. Das meint zunächst die Niederungen alltäglicher Zwänge: mehr als bloß essen, trinken und schlafen. Wer aber ein geistiges Leben anstrebt, der muß (nach Korinther 1,13) glauben, hoffen und lieben können: »Wenn ich mit Menschen- und mit Engelszungen redete, und hätte die Liebe nicht, so wäre ich ein tönend Erz oder eine klingende Schelle.« Was der Mensch auch macht, ob er redet, arbeitet, glaubt, hofft oder denkt, er soll es mit Liebe tun. Sie ist die Kraft selbst, die zu Gott erhebt. Auf verblüffende Weise hat das Suso in seinem Kampf um die Marienverzückung bewiesen.

Anschaulich beschreibt Suso mit seinem himmlischen Orgasmus: Jede Liebe ist im Ursprung nichts anderes als geschlechtliche Triebkraft. Susos kuriose Schilderung seines wiedergefundenen Paradieses macht die liebenswerte Naivität mittelalterlichen Denkens sinnfällig. Der Mensch ist seinem Körper noch nah. Wenn das Hochmittelalter vermutlich auch kultivierter ist als das berüchtigte sechzehnte Jahrhundert, die mittelalterlichen Menschen machen noch alles, was eine gute Erziehung im Verlauf der Neuzeit bewältigt, vom Rotzen und Furzen bis zur kollektiven Defäkation. Entsprechend körpernah ist Susos Beschreibung seines geistigen Erlebnisses, zumal ihn gerade das Drama interessiert, wie dem Fleisch der geistige Höhenflug abgerungen wird. Sein spiritueller Orgasmus vor dem Marienbild beweist den Zeitgenossen, wozu der Wille fähig ist.

Die Faszination der geistigen Erhebung durch die Liebe findet bis heute ihren imposanten Ausdruck in den Raumdimensionen der gotischen Kathedralen. Der Abt von St. Denis, Suger, soll angesichts des vollendeten architektonischen Werkes, als dessen Auftraggeber er gewirkt hat, von ekstatischer Freude erfaßt worden sein. Seine Verzückung gilt als szenisches Vorbild für den Entwurf einer grandiosen Liebesvision: das Minnehaus von Tristan und Isolde in der spätmittelalterlichen Fassung der Liebesgeschichte von Gottfried von Straßburg.

Gottfried entwirft die Liebesgrotte von Tristan und Isolde als ein Kirchenschiff. Inmitten einer Kathedrale steht ein kristallenes Himmelsbett, das den Liebenden von göttlicher Hand bereitet ist. Das Bett von Venus in der gewaltigen Dimension einer Kirche: Das erzählt vom geistigen Raum, von Trieblust, von der fleischlichen Lust in der Spannweite geistiger Erhebung. Im gläsernen, durchsichtigen Bett hebt sich die Begierde in die geistige Dimension und verbildlicht das Fliegenkönnen in der Liebe. Bild geworden ist der sexuelle Akt in seiner Steigerung zur Liebe, wenn die körperliche Lust in die Hirnregionen findet und die Weite des Liebesgefühls erfahrbar wird, wenn Verzückung geschieht. So veranschaulicht man die bejahte vergeistigte oder ›sublimierte‹ Trieblust.

Natürlich spricht daraus die christliche Lust, alles Fleisch mit Geist zu überschütten. Das ist wie zu Pfingsten, wenn Gott seinen Geist über alles Fleisch gießt oder in der Eucharistie jeder Messe. Zu Pfingsten werden die Jünger Christi vom Lichtstrahl Gottes getroffen, werden in christlicher Liebe Verzückte.

Gottfrieds Entwurf der Minnekirche richtet sich gegen eine falsch verstandene Agape als angeblichen Gegenbegriff zu Eros. Doch nur scheinbar ist seine Verteidigung des Begehrens das krasse Gegenteil der Selbstkasteiungen des Mystikers Suso. Das Faszinosum ist jeweils, freilich nur im Ergebnis, das gleiche: die

Befreiung vom Trieb*zwang*. Suso entledigt sich der Fleischesnöte orthodox und nach christlicher Denkregel durch Verteuflung. Gottfried drückt den Gehalt der Agape, die Freiheit vom Körper*zwang*, so aus, daß die Liebenden in ihrem Paradies von Luft und Liebe leben. Sie brauchen weder zu essen noch zu trinken, sie sind die Last des Körpers los. Und was der Körper für den mittelalterlichen Menschen bedeutet hat, übersteigt die heutigen Vorstellungen bei weitem. Es reicht, sich die Essensgewohnheiten vor Augen zu führen. So ballaststoffarm waren die Nahrungsmittel, daß sie den Körper mit ständigem Hungergefühl plagten, und so trocken war die Kost, daß sie das Biertrinken zur Gewohnheit werden ließ. Um satt zu werden, mußte im Durchschnitt die doppelte Menge dessen verschlungen werden, was ein Schwerarbeiter heute verzehrt. Einer Gesellschaft, die dem Körper und seinen Beschwernissen so fundamental ausgesetzt gewesen ist wie die mittelalterliche, ist die Erhebung zum Geistigen eine magische Vision und Inbegriff von Freiheit. Entsprechend ist die Nachfrage ausgefallen. In den Depressionen des Frühmittelalters wird Europa von einer gigantischen Welle des Mönchtums überrollt, Tausende von Klöstern werden aus dem Boden gestampft. In den apokalyptischen Ängsten des Spätmittelalters ziehen Tausende in blutiger Selbstkasteiung durch die Lande.

Die Triebbewältigung, die im Mittelalter geleistet wird, führt zu einer hochstehenden Liebeskultur. Ihre Voraussetzungen liegen in der Spätantike. Vom hellenistischen Kulturraum aus erhält Europa einen Zivilisationsschub über die Provence und Frankreich. Das antike Ideal der Mäßigung um persönlicher Freude willen wird dabei zur Maßregel und zur Maßnahme gegen das Glück des Augenblicks. Statt die Situation zu leben, reglementieren im Mittelalter Lebensgesetze das spontane Bedürfnis. Es herrscht die hohe Schule des Regeldenkens.

Mit dem Siegeszug des Regeldenkens geht die Verfinsterung der Selbstliebe einher. Dem Durchschnittsgefühl wird mehr vertraut als der eigenen Empfindung. Hier liegt auch der Ursprung des abendländischen Erfolgsrezepts: das Sammeln, Benennen, Bestimmen und Typologisieren von Fakten, womit Erkenntnis und Fortschritt stattfindet. Aber wer den Kategorien und Normen mehr vertraut als den Abweichungen im erlebten Moment, der hat es schwer mit der Selbstliebe. Regeldenken hat mit der Liebe nichts zu tun. Im Gegenteil, Liebe beginnt im Versehentlichen. Es muß nicht gerade der zu Boden gefallene Handschuh zu sein, mit dem in späteren Zeiten ein Liebesabenteuer beginnt. Aber es braucht doch immer das Besondere, das gewisse Etwas, das Irreguläre, und sei es auch nur symbolisch.

Das Regeldenken schlägt sich am deutlichsten dort nieder, wo es öffentliche Gültigkeit erlangt: in der Rechtsgeschichte. Die Rechtssammlung Justinians aus dem sechsten Jahrhundert, das »Corpus iuris civilis«, ist ein zeitgeschichtliches Monument dieser zunehmenden Verrechtlichung. Im Mittelalter dringt die Regelhaftigkeit bis in die zeichenhafte Welt der Gräser, Blumen, Tiere, der Farb- und Zahlensymbolik ein. Alles hat geregelte Bedeutung in dieser Welt. In der Geschichte der Liebe drückt diese Tendenz die steile Karriere der Ehe und das Ideal der Gattentreue aus.

Welches waren die Lehrmuster von der schmerzenswonnigen Minneliebe? Was hat es mit den Rittern und der höfischen Liebe auf sich? Trifft ein junger Haudegen wirklich einmal eine hohe ›frowe‹, was passiert dann? Richtig, er sinkt ihr schmachtend zu Füßen, das Gesicht von einem »sehnsuchtsvollen Schmerz« gezeichnet. Gar »von Sinnen« wirkt er, worüber seine Schöne äußerst »erzürnt« ist. Sie erklärt ihm ihre »Standhaftigkeit«. Er sinkt noch tiefer in den Staub und gesteht, wie sehr er ihr »untertan« ist. Hehrer Minnedienst ist das, wie ihn Albrecht von Johannsdorf in einer Kanzone ausmalt. Dennoch frohlockt sein Ritter, denn für seinen Frauendienst hat er eine hohe »Entlohnung« erhalten. Sein Schmerz bewirkt, in den offenbarenden Worten der Schönen, »daß ihr dadurch edler und gleichzeitig hochgemut werdet«. Das also ist der Lohn des Minnedienstes: Er veredelt im doppelten Sinn. Er macht einen rohen Haudegen für seine Umgebung attraktiver und belohnt ihn gleichzeitig selbst mit Hochgefühl. Liebe ist hier Lebensschule. Sie lehrt Selbstbeherrschung mit einem erstaunlichen Effekt. Wer den Zwang von Trieb und Körper erst überwunden hat, erhält zum Lohn ein lebensleichtes Gefühl. Charakter und Lebensgefühl werden im Triebverzicht verschönt. Im hohen Ton Heinrichs von Morungen hört sich das dann so an:

»In so hochfliegender Wonne war mein von Freude erfülltes Herz noch nie. Ich kreise, als ob ich fliegen könnte, mit meinen Gedanken ständig um sie, seitdem ich ein ermutigendes Zeichen von ihr bekommen habe, das mir durch meine Seele mitten ins Herz gedrungen ist.«

Minneliebe setzt also die erzieherische Funktion der Liebe in der Antike fort. Aus der Knabenliebe ist der Frauendienst geworden. Sogar die soziale Funktion dieses Liebesprogramms ist geblieben. Doch hat das Medium der Lehre gewechselt. Wie der Knabe sich durch seinen Liebhaber die künftige gesellschaftliche Stellung im Stadtstaat erobert, ermöglicht der Frauendienst landlosen Jungrittern die Beziehungen für einen gesicherten Lebensverlauf, sei es durch reiche Heirat, Stellung am Hof oder Lehen. »Ich hân mîn lehen ...«, ruft verzückt Walther von der Vogelweide, als er endlich 1220, mit etwa fünfzig Jahren, seine Propagandatätigkeit entlohnt bekommt.

Doch auch die Auswüchse des Minnedienstes sind bis hin zu ihrer Institutionalisierung von Kirche und Gesellschaft gefördert worden, bis hin zur Prostitution. Auch im vorgeblich regelhaften Mittelalter findet sich, so scheint es, eine bunte Palette an Triebformen, die von der grobianistischen Fleischeslust bis zur keuschen Gottesliebe reicht.

Jede unbedeutende Siedlung hat im Hoch- und Spätmittelalter ihr (vorher nur geduldetes) Bordell. In den Städten unterhält der Magistrat an einem zentralen Ort ein Stadtbordell. Die Prostituierten sind zu zwei Dritteln Einheimische, und der Besuch ist keineswegs ehrenrührig, sondern eine offene Angelegenheit. Daneben gibt es in den Stadtvierteln für alle sozialen Schichten Badehäuser mit dazugehöriger Gastwirtschaft und Prostituierten. Es gibt jede Menge kleiner Privatbordelle, die von Bürgerinnen geführt werden, sowie unzählige vagabundierende Gelegenheitsdirnen. Kaiser Sigismund bedankt sich 1434 beim Magistrat von Bern, daß ihm und seinem Gefolge drei Tage lang kostenlos das »prostibulum publicum«, das Stadtbordell, offengestanden hat.

Die allgegenwärtige Käuflichkeit der Liebe geht auf eine wichtige Kirchenautorität des Mittelalters zurück, auf den heiligen Augustinus. Die Vertreter Gottes auf Erden wissen, daß der hohe

Nach Aphrodite und Venus wird im Mittelalter die Muttergottes zum Idol der Liebe. Die Gotik schafft mit der Marienfigur auch ein neues Ideal weiblicher Schönheit: Ihre entrückte Pose, die lilienweiße, transparente Haut, das feine Gesicht und der vergeistigte Blick sind Ausdruck der zu Gott gewandten Seele.

Anspruch des Triebverzichts ihre Schäfchen überfordert. So kommen sie ihnen hilfreich entgegen und steigern damit noch das Regeldenken in der Liebe zur institutionalisierten käuflichen Liebe in Ergänzung der institutionalisierten Ehe.

Schulen gibt es nicht, aber Bordelle. Die Keuschheit, die die Pfaffen predigen, ist die Keuschheit des Geistes. Dem Körper werden seine Ventile zugestanden. Es geht um Höheres als um den Verzicht auf die körperliche Liebe. Es geht um die Fratze des Dämonischen in der Fleischesbegierde, um das Gefühl im Trieb, den Genuß und das Begehren. Todsünde ist es, des Genusses wegen den ehelichen Akt zu vollziehen. Läßlich aber ist es, sich bei der Gattin zu entladen. Und wer die Gattin nicht entehren will, der besorgt es sich käuflich, doch in der Sündenbilanz billiger. Das Geld für die ›Hübscherin‹ erspart Sündenpunkte, die käufliche Liebe lehrt den persönlichen Vorteil. So lernt man mit den Trieben hauszuhalten – das Bordell ist die mittelalterliche Schule.

Auf den Genuß verzichten und doch seinen Spaß haben (inklusive reinigender Reue) – für diesen Spagat hat das Mittelalter auch seine Figuren. Es sind die Frauen Christi. Zu seiner Rechten die heilige Maria, zu seiner Linken die heilige Magdalena, die reuige Hure und andere Eva. Mit Prestigetausch kehren Hera und Aphrodite wieder, die Hohe Frau und Gattin neben der Geliebten. Erhaben repräsentieren sie den Liebesalltag im Mittelalter, Regel geworden sind die Mutter und die Hure.

Der erste Kulturschub scheint bewältigt zu sein, aus barbarischen Triebwesen sind selbstkontrollierte, soziale Menschen geworden. Das bedeutet für den Mann ein gesichertes Leben ohne Faustrecht, für die Frau ein Leben ohne allgegenwärtige Bedrohung durch Vergewaltigung, das häufigste Delikt im Frühmittelalter. Entscheidend für diese gesellschaftlichen Verbesserungen ist der Marienkult.

Angelegt in der Frauenliebe Christi, erlangt der Marienkult im Verlauf des Frühmittelalters eine Monopolstellung. Maria ist zunächst nur eine Heilige unter vielen, doch im Hochmittelalter prägt sie die christliche Lehre und das Ambiente fast jeder Kirche. Mit ihr als Idol erübrigen sich spektakuläre Liebesgeschichten, wie sie die Antike zuhauf kannte. Die Heilige Jungfrau ist die große

Verheißung. Heinrich Seuse aus Konstanz hat es gezeigt, wie man zu einem seligen Suso wird, der Verzicht braucht sein Ideal. Maria ist das Höchste, und ihre Verehrer bringen ihr Bestes dar: ihr Begehren. Maria ist deshalb vor allem die Schmerzensreiche. An ihr bewährt sich der Schmerz der Selbstüberwindung, die mittelalterliche Liebeszerknirschung.

In einem der schönsten Märchen des Abendlands, in dem Roman »Tristan« von Gottfried von Straßburg, hat sie ihren epochalen Ausdruck. Erzählt wird hier von der innerlich ergreifenden Liebe. Gottfried zeigt, wie Tristan und Isolde im Zeitalter verschulter Liebesmodelle ihrer höchsten Lust nicht entsagen. Inszeniert wird aber zugleich eine rabiate Kulturkritik. Sie handelt von der Nachtseite des mittelalterlichen Regeldenkens, der Selbstentfremdung.

Tristan sitzt nachts nicht unter Isoldes Fenster, schmachtend vor Liebe zu der süßen, reinen Maid. Und Isolde läßt nicht lange blonde Locken aus dem Burgfenster herabfallen, an denen der ›kindlich reine‹ Tristan zu ihr hochklettert. Ganz im Gegenteil, Tristan und Isolde kennen sich im höfischen Umgang. Aber erst ein Zaubertrunk, an den sie versehentlich geraten, entzündet sie. Er zwingt sie zur Liebe. Der Trank schlägt so plötzlich und gewaltsam ein, daß sie Vergifteten gleichen, denen nur noch die Liebesvereinigung eine Linderung ihrer Schmerzen verspricht. So gesittet sie sich anfangs noch einander nähern, bald suchen sie jede Gelegenheit, das Feuer zu löschen und schüren es doch mit jeder Befriedigung. Über alle gesellschaftlichen Schranken hinweg fiebern sie dem Zauber ihrer Vereinigung entgegen. Der Rausch der Liebe, der allen Willen übersteigt, das unstillbare Verlangen, das alle Regeln sozialen Lebens sprengt, die anarchische Lust, das sind Tristan und Isolde.

Nicht nur, daß sie ursprünglich voneinander nichts wissen wollen. Tristan ist so ehrgeizig, daß er nur an seinen höfischen Aufstieg denkt. Er ist sogar derart gleichgültig gegenüber der schönsten Frau in allen Landen, daß er sie aus politischem Kalkül mit seinem Herrn und König verkuppeln will. Der Politiker Tristan will auf diplomatischem Weg eine Fehde zwischen Cornwall und Irland beenden und hofft, dadurch auch seine Stellung am Hof zu

»Ich kreise, als ob ich fliegen könnte …« – Ritter Kristian van Hamle wird von seiner Angebeteten in einem Korb zum Fenster heraufgezogen. Die Miniatur aus der Manessischen Liederhandschrift läßt erahnen, daß auch die ach so entsagungsvolle Minne des Mittelalters zu sinnlichen Liebesfreuden geführt haben mag.

stärken. Seine Mission gelingt mit Hilfe der weitsichtigen irischen Königin. Sie ist Taktikerin und am Frieden interessiert. Um ihn langfristig zu sichern und die Verbindung der Königshäuser keinem Risiko auszusetzen, gibt sie Tristan einen Minnetrank auf die Reise mit. Er ist bestimmt für die Hochzeitsnacht ihrer Tochter Isolde mit Marke, dem König von Cornwall, dem Herrn, Freund und Oheim Tristans. Unverbrüchlich soll der Trank Marke an Isolde binden, so daß ihr keine Gefahren in der Fremde drohen. Doch Isoldes Mutter ist zugleich auch die große weise Frau der ursprünglich keltischen Saga und bei Gottfried von Straßburg die Erbin der Liebesgöttin Venus. Der Zaubertrank, den sie mitgibt, nimmt nicht den Weg des Kalküls und des menschlichen Willens. Liebe ist unberechenbar.

Aus Durst greift Tristan auf der Überfahrt unwissentlich nach der Flasche und schenkt zugleich Isolde ein Glas davon ein. Dieser Wein hat es in sich. Magisch fühlen sich die beiden zueinander hingezogen, Gottfried nennt ihre magnetische Anziehung lakonisch »festgeleimte Sinne«, der Trank wirkt als »Leim«. Er entwickelt allmählich seine Klebewirkung, bis »die widerstrebende Verbindung« unlösbar ist.

»dô sî den lîm erkande
der gespenstegen minne
und sach wol, daz ir sinne
dar în versenket vâren,
si wolte ûz unde dan.
sô clebete ir ie der lîm an.«

»Als sie den Leim bemerkte der verlockenden Liebe und fühlte, daß ihre Gefühle in ihm versanken, strebte sie dem rettenden Ufer zu, um zu entkommen. Aber der Leim klebte an ihr fest.« Wie einer Fliege im Honigtopf ergeht es Isolde, sie strampelt und kämpft, klammert sich an Sitte und Anstand. Nach allen Regeln gemessener Hingabe fällt sie der Liebe anheim, so daß sich bald »ihr Herz und ihre Augen … räuberisch, heimlich und liebevoll auf den Mann« richten, der sie »zärtlich und andächtig« ansieht. Es gilt das »Gesetz der Liebe«, Stufe um Stufe nach mittelalterlicher Regelhaftigkeit: der Blick im Blick, das wehmütige Gefühl, die Berührungen und Küsse. Und bald ist die höfische Etikette vergessen: »Wonach Verliebte sich sehnen, das taten sie häufig zusammen, wenn sie Gelegenheit fanden. Wann immer sie die Möglichkeit hatten, gaben und nahmen sie mit aller Aufrichtigkeit von sich und der Liebe bereitwilligen Zins und Zoll.«

So wird es bleiben. Bis zum unumgänglichen Liebestod wirkt das Gift. Warum haben Tristan und Isolde keine Chance? Oder hätten sie eine? Warum soll das Liebeselixier für die einen ein Zaubertrank und für die andern Gift sein? Warum veredelt der Liebesrausch eine höfisch eingefädelte Prestige-Ehe, führt aber in der Unzucht zum Tod?

Tristan und Isolde sind Muster höfischer Bildung. Sie verfügen über höchste Gelehrsamkeit und beste Lebenssitte, über »moraliteit«. Delikaterweise ist der hohe Meister des damals verfügbaren Wissens ausgerechnet Tristan selbst, und seine Schülerin, deren gelehrsamer Ruf weit über die Lande reicht, niemand anders als Isolde. Die Musik ist die Krone ihrer Bildung. Tristan ist ein anderer Orpheus, der statt der Bäume und Tiere die Hofgesellschaft mit seinen Klängen verzückt. Und bald berauscht auch Isoldes Gesang die Gäste ihres Vaters, denen sie in ihrer Schönheit wie eine Sirene erscheint.

Man muß sich das schon in seiner ganzen Tragweite vorstellen: Da sind ein Mann und eine Frau, beide Muster höfischen Umgangs, doch es ereignet sich ein kleiner, nebensächlicher Fehler, und eine verwunschene Liebe bricht aus und mit ihr bald das Chaos. Durch ein winziges Versehen bricht ein ganzer Staudamm. Ist das etwa der erwähnte Damm der Sublimation und Agape?

Die Sublimation und Agape können so weit getrieben werden, daß die Liebe nicht mehr gefühlt wird. Fast hätte sich das große abendländische Liebespaar verpaßt, weil es das Denken in Regeln über das eigene Fühlen gestellt hat. Der Ironiker aller eingeschliffenen Liebesformen im Mittelalter, Gottfried von Straßburg, verdeutlicht vor allem eines: So höfisch perfekt wie ein Tristan und eine Isolde sind, brauchen die beiden ein Versehen, um sich unverstellt zu sehen und einander wahrzunehmen. Man kann auch sagen: Liebe ist das Versehen selbst, sie entzieht sich der Kontrolle des Menschen, sie kommt und geht, wie sie will. Aber wenn sie bei

Meistern des Triebstaus wie Tristan und Isolde kommt, wird sie reißend.

Die Liebe selbst ist das Irreguläre. In den Maschen der Konvention ist sie nur ein Wort, wie es schematisch die Minnesänger verherrlichen. Gottfried verhöhnt sie, mit bezeichnenden Ausnahmen. Im höfischen Normgefüge bedarf die Liebe eines Versehens, eines Fehlers im System, hier des versehentlichen Liebestrankes. Erst wenn alle Planungen, Kalkulationen und Denkschablonen versagen und die Kontrolle außer Kraft ist, kann sich die Seele nach der Seele umsehen. Wenn die kultivierten Formen der Annäherung von Tristan und Isolde auch beweisen, daß Liebe nach Regeln möglich ist, das Lieben selbst ist es nach Gottfried nicht.

Eine böse Tirade gegen die konventionalisierte Liebe und den Minnedienst seiner Tage ist diese einzigartige abendländische Herzensgeschichte, sie hat an Aktualität nichts eingebüßt. Gottfried sagt: »Wie angenehm uns die Liebe auch sein mag, so müssen wir doch stets auch an die Ehre denken.« Tristan ist sowohl der Ehre als auch der Liebe verpflichtet. Er ist der Doppelverpflichtung von »êre« und »minne« ausgeliefert, und zwar in folgender Gewichtung: »Wie sehr auch Tristan das Leben genoß, das er führte, so zog sein Ehrgefühl ihn doch fort.« Da ordnet einer die Liebe der Ehre unter. Nicht einmal das brennendste Begehren kann daran etwas ändern: Tristan ist und bleibt höfischer Karrierist. Er lebt ›Ehrgefühl und Loyalität‹ seinem Herrn gegenüber, doch den Wert der Liebe tritt er mit Füßen.

»Wie vertun wir unser Leben ohne Freude und ohne Gewinn!« könnten diese Liebenden zu sich sagen. Denn Gottfried, der Regisseur der leidgeprüften mittelalterlichen Liebe, macht sich an zentralen Stellen zum Fürsprecher einer Liebe der ›Freude‹ und der ›Hochstimmung‹! Tristan und Isolde könnten durch das Leid hindurch zur Liebesfreude gelangen. Aber dazu müßte man zum Lieben ja sagen und kein Karrierist in Sachen »êre« sein. Man müßte zur Treue, zum eigenen Herzen und zu sich selbst halten! Tristan und Isolde zerstören mit ihrem schlechten Gewissen gegenüber der Gesellschaft alle Seligkeit, die der Zaubertrank ermöglicht hätte. Dabei hätte ihr Leben so weitergehen können, wie es anfing, nachdem sie ihre anfänglichen Hemmungen und einstudierten Liebesregeln überwunden hatten: »Sie fühlten sich überaus wohl auf der Reise. Jetzt, da ihre Fremdheit überwunden war, war ihre Vertrautheit mächtig und stark. Das war klug und vernünftig. Denn die untereinander die Gefühle verbergen, nachdem sie sich offenbart haben, und die dann auf Scham Wert legen und sich der Liebe entfremden, berauben sich selbst. Je mehr sie sich dann voreinander verstecken, desto mehr bestehlen sie sich selbst und vermischen Liebe mit Leid.«

Warum ist Tristan, der Held, nicht Held genug, um aus Herzenstreue frei zu lieben? Welche Abenteuer braucht er denn noch, um Isoldes würdig zu sein? Was für eine Ironie, wenn Gottfried formuliert: »Diese beiden verheimlichten sich nichts.« Sie verheimlichen einander das Schönste an der Liebe. Sie lösen den Begriff nicht ein, der für Gottfried die Liebe vergoldet: die »triuwe, diu von herzen gat«, die Liebestreue. Gottfried glaubt noch an »die Treue, die aus dem Herzen kommt«, doch beklagt er: »Wir aber wenden unsere Augen ab und treten die Wertvolle geringschätzig mit Füßen. Wir haben sie verächtlich in den Boden getrampelt. Wenn wir sie suchen wollten, so wüßten wir in der Eile nicht, wo. … Ein inniger Blick … Ein Kuß … der aus dem Grunde des Herzen kam, oh, wie kann der auslöschen Sehnsucht und Herzensqual!«

Liebe, sagt Gottfried: »Wir haben nur noch den Begriff. Nichts als der Name ist uns geblieben. Aber auch den haben wir so zerredet, so abgenutzt und verbraucht, daß die Todmüde sich nun ihres Namens schämt und ihr das Wort zuwider ist.« Ist die Tristanliebe der Gegenentwurf zu dieser leeren Worthülse?

Die Gesellschaft hat den Sinn im Namen ›Minne‹ verloren, so Gottfried. Aber vielleicht begreift der einzelne, was Minneliebe meint? Das hieße allerdings, daß die Liebe nicht gesellschaftlich reguliert werden kann. Die Liebe wäre zum ›Outlaw‹ geworden, verfemt und verfolgt. Gottfrieds Roman spielt diese Hatz auf die Liebe vor. Jeder der Liebesverstrickten leistet seinen Beitrag dazu. Der Königshof jagt Tristan und Isolde, und diese beiden hetzen ihre Liebestreue. Jeder trägt dazu bei, wider die Liebe zu lieben. »Wir betrügen uns selbst«, wirft Gottfried sich und seinen Zeitgenossen vor und fährt fort:

»Wir falschen Liebenden, wir Betrüger der Liebe, wie verrinnen uns unsere Tage, daß wir unser Leid so selten zu einem erfreulichen Ende bringen!« Warum dieser Betrug an andern und sich selbst? Warum glauben Tristan und Isolde, sich lieben zu müssen und nicht zu dürfen?

Als Meister der mittelalterlichen Gelehrsamkeit und Kultur wissen Tristan und Isolde: Was nicht sein darf, das kann nicht sein. Sie mißtrauen ihrem Körper, seinen Regungen und Botschaften. Ihre Lust auf einander kann deshalb keine Liebe sein. Sie glauben tatsächlich, sich allein wegen des Minnetranks zu lieben. Dieser Trank versinnbildlicht den Rausch der Liebe, die Begeisterung, Wahnsinn und dionysische Ekstase. Weil sie dem Zwang unterliegen, der das Begehren ist, glauben sie allen Ernstes, falsch zu lieben. Fleischlicher Faszination soll der Christ schließlich entsagen. Verblendet von den Normen der Zeit, verleugnen sie sich. Sie stellen erlernte Werte über ihr Gefühl und hinterfragen sie nicht. Auch Tristan und Isolde gehören zu den »unechten Liebhabern«, von denen Gottfried spricht. Sie leben die Verlogenheit am Rande des Vorstellbaren. Sie demonstrieren, was passiert, wenn man Ideale lebt und das wirkliche Geschehen vor sich selbst und andern verheimlicht und verdunkelt. Finster sieht es mit der Liebe im Mittelalter aus ... Andererseits gäbe es ohne diese Vertreibung des Begehrens nicht die gesteigerte Entladung, die die Tristanliebe ist. Gottfried erzählt eine frühe Geschichte von Bewußtseinsprozessen. Er berichtet noch anschaulich davon, daß die Liebe »verjagt und vertrieben an den entlegensten Ort« flieht. Dieser Vorgang ist heute bekannt als Vertreibung von Bedürfnissen und als »Verdrängung«.

Das hehre Mittelalter demonstriert sich. Anstatt das Begehren zu bejahen und als Triebkraft der Freude auszuleben, wird es weggelogen und mit verfinstertem Willen heimlich und unter Zwang dennoch gelebt. Freilich verdoppelt sich dadurch die Lust; was reizt mehr als das Verbotene; Tristan und Isolde, das Traumpaar des Mittelalters, erzählen von der verfinsterten, ›melancholischen‹ Liebe im Mittelalter, die die Liebe ins Unermeßliche steigert. Doch wie anders ist diese Liebe im Kontrast zur Antike! Im Mittelalter ist sie zwar heftig, aber wie gedrückt, schwermütig und schmerzensvoll.

Die Triebe haben in der Antike die Götter und Menschen in Lebensleichtigkeit davongetragen. Im Vergleich mit der lichten Liebeswelt der Olympier wirkt die mittelalterliche Minne so düster, wie den Humanisten die ganze Epoche erschien: als das Zeitalter der Finsternis. Noch dunklere Epochen werden in den Liebeskonventionen folgen. Im Vergleich zum neunzehnten Jahrhundert wird das Mittelalter wie eine Vollmondnacht erscheinen. Aber Gottfrieds Rede ist die der Antike, daß die Minne auch erheben und befreien, ›Wonne und Lust‹ sein könnte. Das Eigentümliche der Tristanminne ist »liebe unde leit«, die düstere Einheit von Liebe und Leid. Wie immer die ›Freude‹ eine zentrale höfische Kategorie sein mag, Gottfried zeigt, daß sie im Lieben entschwunden ist. Er sieht die Freude zu seiner Zeit in der käuflichen Liebe befriedigt und kommentiert dazu, daß »uns in Hochstimmung versetzt, was uns doch nichts angeht«. Die Selbstliebe kennt das Mittelalter nur entstellt.

Tristan und Isolde verleugnen alle Selbständigkeit, sich selbst als ›freie Menschen‹. Sie spielen darin ein Stück mittelalterlicher Geschichte nach. Sie dienen lieber einem Höheren als sich selbst. Die eigenen Interessen werden der Gefolgschaft geopfert, einem höheren Herrn wie König Marke oder dem höheren Wert der ›reinen Liebe‹. Sie führen vor, »daß man sich selbst täuscht«. Dieser Dienst macht Tristan zu dem, was sein Name bereits aussagt, zum ›tristen‹, traurigen Ritter in Vergessenheit seiner eigenen, vitalen Bedürfnisse.

In der Vergessenheit der Selbstliebe ist die mittelalterliche Liebe deshalb etwas qualitativ Neues. Sie ist aufopfernde, schmerzende und qualvolle Liebe. Man opfert sich vermeintlichen gesellschaftlichen Erwartungen, dem Ehrgefühl und der Loyalität. Doch Liebe ist Herzenssache und individuell. In vielen Zeugnissen mittelalterlicher Liebe, sei es Minnesang, Heldenepos, mystische Frauenpoesie oder die romanische und gotische Kunst am Bau, ist der auffällige Zug dieser Liebe der Schmerz. Wenn er auch ›aufgehoben‹ wird durch eine Lachkultur, die dem Närrischen »vrönet« und bis zum Barock allerlei Möglichkeiten zur Abreaktion der Triebladungen bereitstellt. Schmerz und Mühsal sind das unausweichliche Schicksal des Christenmenschen, Hoffnungslosigkeit im Diesseits und Zerknirschung in der Sehnsucht nach einem Jenseits. Der Mensch im Abendland ist seit der Antike ein anderer geworden. Der Herr ist Knecht geworden, der Henker sein selbstgewähltes Opfer. Der Ursprung des Christentums ist die Opferbereitschaft. Gott fordert, der Mensch gibt und liebt sogar die Macht, die ihn zwingt. Christus hat es in seiner Leidensgeschichte vorgemacht. Die Gläubigen im beginnenden Mittelalter geben vor, ihm nachzueifern, und entsagen sich selbst in ihrer Opferbereitschaft. Die Selbstliebe, die antike Grundlage der Liebe, ist im Christentum in Bedrängnis geraten.

Was hat sich zwischen Aristoteles, der in der Selbstliebe noch die Grundlage der menschlichen Existenz sah, und Gottfried, der ihre Vergessenheit schmerzlich beklagt, ereignet? Ist es nur die Geschichte des Christentums, die das Alltagsempfinden so verändert hat? Bekanntlich mißtraut das christliche Denken allen Sinnen und sogar sinnlichen Freundlichkeiten. Um 400 schreibt Augustinus in den »Bekenntnissen« über seine ›Jugendsünden‹: »Nebel stiegen auf aus dem Sumpf der Lüste meines Fleisches und aus dem trüben Sprudel erwachender Manneskraft, und sie umwölkten und verfinsterten mein Herz, daß es nicht mehr zu scheiden wußte zwischen der heitern Reinheit der Liebe und der Finsternis der Wollust.« Und er fährt in seinem Gespräch mit Gott fort: »Ich taumelte durchs Leben in Unzucht und Hurerei und vergeudete und vergoß und verspritzte meine Kraft, und du schwiegst! O du meine späte Freude … und mehr und mehr warf ich aus den unfruchtbaren Samen, der nur Schmerzen zeugt.« Auch Paulus, Tertullian und Origenes sehen wie Augustinus die ›libido‹ als Folgeerscheinung der Erbsünde und als Element, das das Werk Gottes entheiligt und dem bösen Prinzip zumindest nahesteht. Mißtrauen herrscht gegenüber der Sprache des Körpers und den Gefühlen. Essen und trinken muß man, um zu leben, den Freuden des Gaumens aber gilt die höchste Wachsamkeit. Entsprechend ist das sexuelle Vergnügen tabu, eine Vereinigung mit dem andern Geschlecht nur zur Fortpflanzung erlaubt oder zur Kanalisierung des Triebdrucks. Unkeuschheit rangiert im Sündenkodex nur eine Stufe unter dem Mord und wird in Bußbüchern mit Anleitungen, unter anderem zu Selbstkasteiungen, entsprechend aufwendig traktiert. Sich im Akt des Liebens selber zu lieben, im Zaubertrank der Begierde zu sich ja zu sagen und den Rausch des Begehrens öffentlich auszuleben, das läßt die mittelalterliche Liebesauffassung nicht zu. Für Tristan und Isolde hieße die Bejahung ihrer Herzenstreue gesellschaftliche Ächtung und Verbannung. So setzen sie mit Lug und Trug alles daran, sich ihre Existenz zu sichern, in der höfischen Gesellschaft weiterleben zu können. Tristan und Isolde sind selbstverlogen bis in die Grundfesten ihrer mittelalterlichen Existenz.

Und doch bindet Gottfried, hoch gelehrt und ein Verehrer der Antike, diese Liebe an paradiesische »Freuden und Hochstimmungen« zurück, die vor dem Sündenfall liegen und so die Erotik im göttlichen Willen selbst begründen, und nicht in der Sünde. Er steht damit in der Tradition von Salomo, dessen »Hohes Lied« von Schriftstellern zu allen Zeiten nachgedichtet wurde.

Es läßt sich sogar bezweifeln, daß allein das Christentum den antiken Lustfreuden ein Ende gemacht hat. Hat das christliche Denken nur antike Ansätze zur Sittenstrenge verstärkt und zur reinen Lehre ›veredelt‹, wie das die Kirchenautoritäten gesehen und die Theologen weithin bestätigt haben? Wie hat sich in der Geschichte der Liebe der Übergang von der Antike zum Mittelalter vollzogen? Wie ist aus der antiken Liebeskultur die christlich-antike geworden?

Tatsache ist: Im Hellenismus und in der römischen Zeit nimmt die Sittenstrenge in den Reden über die Liebe deutlich zu. In Politik und Literatur, vor allem unter dem Einfluß der lustfeindlichen Tugendphilosophie der Stoa setzt sich allmählich eine erstaunliche sexuelle Sparmoral durch. Enthaltsamkeit, Jungfräulichkeit und ›Jungmännlichkeit‹ machen von sich reden. Schon der spätantike Dichter Heliodor führt die sexuelle Enthaltsamkeit vor, die Tristan und Isolde als höfische Ideale zunächst verkörpern.

Um so erfrischender ist Gottfried von Straßburg, der in Kenntnis der Konventionen seiner Zeit dem Irregulären das Wort redet. Die Widersprüche im Lieben sind unlösbar, die Spannungen auszuhalten. Die Liebe aus Versehen, die der Zaubertrank versinnbildlicht, ist sein grandioser Affront gegen die herrschende Denkdisziplin. Im Allerheiligsten abendländischer Tradition spielt hier einer mit dem Feuer und zündet im Namen der Liebe das archivierte mittelalterliche Wissen an, die ganze Bibliothek der Liebe. Wie auch in »Der Name der Rose«, Umberto Ecos Schlüssellochblick in das Mittelalter, gibt es bei Gottfried – im Namen der Liebe und des Geschlechtlichen – nur eine Wahrheit: die Wahrheit des Versehens oder des Zufalls. Regeln und Normen wird der Krieg erklärt, der auf diesem Gebiet im Lachen besteht. Das ist bei Eco die Pointe der verlorenen Theorie des Lachens von Aristoteles, das ist bei Gottfried die erzählerische Praxis des Spotts. Was hat es denn mit Tristans Ergebenheit gegenüber seinem Herrn auf sich? Gottfried preist die Triumphe des Höflings und läßt den Herrn einen unbedeutenden Mächtigen sein. Weder die Taten noch die Persönlichkeit von König Marke sind der Selbstzerknirschung von Tristan und Isolde wert. Aufs Korn genommen wird die Selbstverleugnung um eines Höheren willen. Verulkt wird das Regelhafte, in dem das höfische Gesetz erstarrt ist, die Versteinerung des normierten Verhaltens. Doch ist Gott Regelinstanz? Und heißt seine Regel, daß wer sich unterwirft, das Paradies und die Zukunft gewinnt? Wer kann schon ohne Selbstbestimmung leben? Also leben Tristan und Isolde ihre Selbstbestimmung insgeheim und selbstverlogen und in schönster Übereinstimmung mit *ihrem* Gott. Der geht soweit, die gerissene Lügnerin Isolde unbeschadet über glühende Pflugscharen zu führen und sie somit im Gottesurteil freizusprechen!

Jede Regel unterwandert Gottfried. Besonders auch die eigenen, die die Komposition ausmachen. Deshalb erleben auch Tristan und Isolde wenigstens einmal einen Moment der Schwerelosigkeit, der Leichtigkeit – auf dem Höhepunkt des Romans und in einer äußerst paradoxen Situation. Am Hof ist ihre Liebe ruchbar geworden, und sie müssen fliehen, in höchster Bedrängnis entweichen sie in die Wildnis. Und ausgerechnet so aus der Gesellschaft ausgestoßen, finden sie ihr höchstes, freilich vergängliches und unhaltbares Glück. Wahr wird der Traum aller Verliebten. Ihr Inselparadies ist ein Haus, das sich allen Regeln, es zu betreten und zu bewohnen, versperrt. Es öffnet sich nicht durch Lehrsätze und Wissen, sondern nur durch das Gefühl. Es ist das einzigartige Haus der Liebe, eine ›Minnegrotte‹. Steil führt der Eingang in einen Berg hinein, ein ehernes Tor öffnet sich nur zweien, die eins miteinander sind. Drinnen ist ein runder, glatter Raum. Aus der Kuppel fällt Licht auf ein Kristallbett in der Mitte. Tristan und Isolde sind im Venusberg angekommen. Und sie machen eine erstaunliche Erfahrung. Körperliebe und Geistesliebe finden hier ungezwungen zusammen. In einer Art Schwebezustand befinden sie sich. Wie eine Erinnerung kommt ihnen ihr Leid nahe, in den antiken Geschichten, die sie lesen und die alle von Liebesleid handeln. Freilich gibt es keine Liebe ohne Leid. Doch im Vordergrund kann auch das stehen, was Tristan und Isolde als Zauber erfahren: die alleinige Kraft, die Dynamik der Liebe. Sie stillt den Hunger und den Durst, die Langeweile und die Angst.

Wenn Tristan in diesem Glück Isolde aus antiken Geschichten vorliest, die von Liebesleid handeln, dann ist das Trostlektüre – wie der ganze Roman. Geteiltes Leid ist halbes Leid und erleichtert. Minnegrotte und Zauberberg erzählen vom wiedergefundenen Paradies. Wenigstens ein Mal läßt Gottfried die Liebenden bei sich selber ankommen und dort leben, wo kein Sündenfall ist, wo das Leben leicht ist, im selbstbestimmten Leben aus der Liebe heraus.

Das höchste Glück des sonst krisengeschüttelten Paares ist aufschlußreich. Als Höhepunkt des Romans ist die Szene Gottfrieds Vermächtnis: daß wir uns davor hüten sollen, »unser Leben ohne Freude zu vertun«.

Die Lust ist hier, jeden Augenblick auf seine Weise zu genießen, entgegen jeder Regel. Und vor diesem Hintergrund wird Gottfrieds Symbolik jedem Leser plausibel: So lauter, rein, weiß und liliengleich sind Tristan und Isolde, daß sie wie Engel im Paradies erscheinen, im wiedergefundenen Paradies dieser einzig sich Liebenden, in ihrer Verzückung.

So sehr Verzückungen geradewegs an der mittelalterlichen Tagesordnung sind und der Sex dabei eine exklusive Rolle spielt, die geschilderte Bejahung der fleischlichen Lust ist bei Gottfried einmalig. Erst wenn man sich die herkömmlichen Bewertungen vor Augen hält, zum Beispiel Susos Verzückung, wird einem Gottfrieds delikate Aufbereitung des Liebesparadieses in seiner ganzen Tragweite bewußt.

Das Ideal der Keuschheit, der Entsagung, des Schmerzes ist die Hauptstraße auf der damaligen Suche nach Liebe – oder nach einem erträglichen Leben. Gottfried hat eine Nebenstraße eingeschlagen. Er wendet sich gegen den Zwang, lieben zu müssen, vor dem auch Frauen damals in Scharen in religiöse Bewegungen geflohen sind. Gottfried bejaht die Sexualität und befreit sie aus den Fesseln des Verbots. Er nimmt ihr so die Attraktivität, die die Lust am Verbotenen zwangsläufig ausübt. Ihn beschäftigen, zum ersten Mal in der Geschichte, innere Probleme des Menschen. Es geht um Beständigkeit in stetiger Erneuerung. Liebe ist Ehe in einer der Natur nachgestellten Regel der Regellosigkeit. Attackiert werden Ehetrott, Gewohnheit und geistige Starre. Auch hier wendet sich Gottfrieds Widerwille gegen mechanisches Lehrdenken, gegen die Regeln der Liebe, die den Zeitgenossen so wert waren, und gegen ihre formelhafte Erstarrung bei vielen Minnesängern.

So selten auch noch im bunten Bild mittelalterlicher Liebe das persönliche Bedürfnis eine Rolle spielt, so prägend ist doch seit dem Hochmittelalter dessen Grundlage: das Besondere. Die Gesellschaft hat sich einen Überfluß geschaffen,der dem einzelnen ermöglicht, mehr vom Leben zu verlangen als ein Überleben. Es ist naheliegend, daß das antike Erbe und seine tradierte Lebenskunst dabei zusehends wichtiger werden. Gottfried ist Vorbote. Die Gesellschaft selbst aber bevorzugt bereits das Exklusive, Außerordentliche und Besondere, dessen Steigerungsform dann bald das Individuelle sein wird. Was Tristan und Isolde irritiert, das Irreguläre und Unkonventionelle ihrer Liebe, feiert in Gottfrieds Roman als ›individuelle Liebe‹ fröhliche Urständ.

Tristan und Isolde, Abaelard und Heloise, Lancelot und Ginevra, der Rosenroman, Minnelied und Frauendienst: das Mittelalter singt das Hohelied der Liebe. Die höfische Aristokratie hat Lebensart entwickelt. Im Hochmittelalter achtet der Ritter auf wohlriechende Haare unter dem ziselierten Helm, in den eisernen Handschuhen stecken zarte Hände. Ein feingearbeitetes eisernes Kettenhemd bedeckt seinen Körper bis zu den Knöcheln und darüber trägt er prächtige Überkleider aus Seide. Auf dem Helm weht ein Schleier oder ein anderes Liebespfand seiner Auserwählten. Als Gattin seines Lehnsherrn und ihm kaum je erreichbar repräsentiert sie ein Idol und seine Selbstbeherrschung: seine geistige Potenz über die Potenz. Dieses Idol aufgrund solcher Selbstüberwindung gar zu erhalten geht über alle Vorstellung und ist himmlische Liebe, die ab und zu auch wahr werden kann. Für sein Ideal zieht der Ritter ins Turnier, ins Abenteuer, als Kreuzritter ins Heilige Land. Diese Liebe wird ihn im Kampf anspornen, eine fürchterliche Erregung in ihm aufrühren. Blutrünstig wüten die zugleich so zivilisierten Kreuzritter im Orient. Eine bis zur Qual gehende erotische Spannung begleitet sie. Ihre Minne ist ein ewiges Schmachten, Nie-zum-Ziel-Kommen, die Lust unerfüllter Liebe und die Ummünzung der Wünsche in Phantasie oder Wut. Indes sind ihre Abenteuer mit Feen, Drachen und Ungeheuern, sind die Prüfungen, die zu Ehren der holdseligen ›frowe‹ bestanden werden, weit prosaischer als die Überlieferung glauben macht. Die Geschichten erzählen von der Suche nach einer Identität oder von der Einweihung in die mystischen Geheimnisse allen Lebens gemäß der Gralssage. Doch der mysteriöse Gral, ein Becher oder eine Schale mit magischen Kräften, ist für die erlauchte Ritterschaft in Wirklichkeit erreichbar. Genauso wie die schöne, ferne und heiß begehrte Lehnsherrin verweisen die heiligen Wünsche der Ritter auf allzu Menschliches. Die mittelalterlichen Liebesmärchen lassen sich als Bilder für den Drang entziffern, durch eine reiche Erbin soziale Anerkennung und Sicherheit zu finden. Die höfische und hochkultivierte Liebe erlaubt es, durch Kühnheit und Tapferkeit eine Dame von höherem Stand zu erobern und eine gute Partie zu machen.

Ökonomisch und triebökonomisch eröffnen die Frauen im hohen Mittelalter dem Mann neue Möglichkeiten; sei es sich selbst im Gedenken an Maria geistig zu veredeln oder mit einer guten Partie sozial zu sanieren. So oder so übt die Frau eine heilsgeschichtliche Wirkung auf den Mann aus. Sie ist zu seiner Chance geworden und im Alltag daher auch zu einer Respektsperson.

Die Rolle der Frau hat sich so im Mittelalter deutlich gewandelt. Traditionell dem Mann untertan, erfährt sie als Erzieherin des Menschengeschlechts im Minne- und Marienkult eine immense Aufwertung. In den Städten, die im Hochmittelalter als groß angelegte Burgen entstehen, ist die Frau dem Mann rechtlich fast gleichgestellt, Töchter wie Söhne erlernen ein Handwerk. Das Sprichwort »Stadtluft macht frei« bewährt sich für die Frau besonders. Ein erster Emanzipationsschub findet statt. Immerhin 65 Frauenberufe sind in Frankfurt am Main zwischen dem dreizehnten und fünfzehnten Jahrhundert gezählt worden. Erst Mitte des sechzehnten Jahrhunderts, mit der Übervölkerung der Städte, mit dem Absinken der Löhne, Inflation und Verarmung, schließen die Zünfte Frauen aus, beginnt das Elend des Witwenstands und die Rache für die Triebkontrolle – die Hexenverfolgung.

Man darf nicht vergessen: Das vermeintlich Spektakuläre des Mittelalters, die Hexenprozesse, sind erst eine Erscheinung des Spätmittelalters. Vorher äußerst selten, breiten sie sich erst nach 1484 aus, nach der Bulle von Papst Innozenz VIII. und dem berüchtigten »Hexenhammer« der Inquisitoren Jacob Sprenger und Heinrich Institoris. Die Kehrseite der Verherrlichung der Frau zeigt sich darin: Eva oder die Fratze besudelnder Sinnlichkeit im Auftrag Satans. Durch Eva ist die Sünde in die Welt gekommen. Ihren Höhepunkt erreichen die Hexenjagden jedoch im sechzehnten und siebzehnten Jahrhundert, als schon die Aufklärer zu wirken beginnen. Hexen sind kein Ausdruck des Mittelalters, sondern der Entwicklung des Vernunftdenkens hin zur Aufklärung. In jenem Fortgang des Mittelalters, der als Renaissance bezeichnet wird, steigt die Wertschätzung der Frau genauso wie die des zaghaften Freiheitsentwurfs von Gottfried.

Renaissance: Genußliebe und Verfeinerung

Marco Polo entdeckt den Stillen Ozean, Kolumbus Amerika, Vasco da Gama Indien. Der große Entdecker der ersten Liebe ist Dante. Er ist der erste ›Weltumsegler des Inneren‹ und hat einen neuen Weg zur Liebe gefunden. Führte im Mittelalter die Zähmung der Triebe zur Liebe, so ist seit Dante und der Renaissance das Lieben seelisches Ereignis. Die Entfaltung des Seelischen wird zwar erst im achtzehnten Jahrhundert erfolgen, doch die Entdeckungen Dantes sind ihre Grundlage. Seit es Dante und eine erste Liebe gibt, lehrt jeder im Abendland sich selbst das Lieben. Erste Liebe, das heißt nichts anderes als: Erfahrung. Und weil erfahren wortwörtlich er-fahren und bereisen heißt, ist Dantes Entdeckung tatsächlich Ausdruck des großen Zeitalters der Entdeckungen. Er bricht zu neuen Erkenntnissen auf, erkundet den geistigen Weg der ersten Liebe und macht ihn bekannt. Ihm also ist der Inbegriff von Seligkeit zu verdanken, der Mythos, der die Traumfabriken bis heute umtreibt.

Liebe ist Erlebnis aus erster Hand, unverstellte, wahre Liebe. Die Geschichte der modernen Liebe beginnt damit. Sie ist mit Dante im Mittelalter verwurzelt. Doch die Entdeckungsgelüste im Spätmittelalter zeigen unübersehbar, daß ein Umbruch der Zeiten stattfindet und der Europäer sich wandelt. Bald wird es allenthalben heißen: so wie ich liebt keiner, so wie meine Geliebte ist keine andere, meine Liebe ist die erste Liebe auf der Welt – so viele Lieben es auch geben mag.

Dante selbst verteidigt noch das mittelalterliche Weltbild und warnt vor Grenzüberschreitungen. Doch er stellt dem göttlichen ein irdisches Erkennen zur Seite und öffnet neue Perspektiven. Seine Visionen sprengen das bisher Bekannte und machen den

Weg ins moderne Denken frei. Ein Jahrhundert nach Gottfried von Straßburg, in Italien um 1300, entwickelt sich ein Selbstbewußtsein, das alle mittelalterlichen Halfter scheut und einen eigenen Willen proklamiert. Der »neue Mensch der Renaissance« (Jacob Burckhardt) entsteht. Er ist Ergebnis der mittelalterlichen Lebenskunst, die Triebe zu zähmen: Die Innenwelt gewinnt an Bedeutung. Das Individuum wird geboren. Fröhliche Urständ feiert das unverbrüchliche, eigene Gefühl. So im persönlichen Kontakt mit sich, mit Gott und seinem Schicksal, läßt sich das Glück herausfordern und waghalsig riskieren. Die Neugierde wird ausgelebt: Es lassen sich die Meere befahren, neue Glaubenssätze entwerfen und Sekten gründen, es lassen sich Kaiser und Papst anzweifeln. Lange hat diese Entwicklung im Mittelalter gegärt. Gottfried hat schon davon erzählt, und wichtigstes Zeugnis legt die mittelalterliche Mystik ab, in der der Gläubige zum ersten Mal in unmittelbare Beziehung zu seinem Gott tritt und der Vermittlung der Kirche nicht mehr bedarf. Der Mensch ist in ein individuelles Verhältnis zu Gott getreten.

Die Freiheit Dantes aber ist viel größer. Er fordert Hölle und Himmel heraus und macht als erster Gläubiger eine vollständige Reise durch die Sphären des ›Jenseits‹. Mit originären Erfahrungen, mit dem Erlebnisballast eines berühmten, verfolgten Politikers bereist er die Bewußtseinswelt seiner Zeit: Hölle, Fegefeuer und Himmel. Er legt davon Rechenschaft in dem Buch ab, das die geistige Tür zur modernen Welt öffnet und das Kulturereignis des Spätmittelalters ist, in der »Divina Commedia«, entstanden um 1307 bis 1321. Schwer nur läßt sich heute dieses Unterfangen in seiner Waghalsigkeit vorstellen. Dante sieht sich noch als Prophet und Visionär. Aber er wagt zugleich zum ersten Mal, die mittelalterliche Welt mit den eigenen, menschlichen Maßen zu durchmessen. Hölle, Fegefeuer und Paradies erscheinen, modern ausgedrückt, als Zustände des inneren Bewußtseins. Dante versetzt das Jenseits ins Diesseits. Seine grandiose Unternehmung ist also, daß er das Übersinnliche als psychische Realität begreifbar und greifbar macht und deshalb wirklich unterwegs gewesen ist.

Auch die hehre Minne des Mittelalters wird in dieser Zeit des geistigen Umbruchs zur profanen Liebe. Diese Verwandlung kann allerdings nur geschehen, weil sich die bisherige Funktion der Minne erschöpft hat. Das Hochmittelalter dokumentiert ihre zivilisatorische Leistung: sie hat die Triebe gezähmt und ein gesellschaftliches Miteinander ermöglicht. Minne und Triebkontrolle bedeuten Verinnerlichung und im Spätmittelalter immer mehr kontrollierte Verinnerlichung. Interessant werden die inneren Bereiche, das Denken, Empfinden und Bewußtsein, wobei die Liebe zu einem Schlüssel der Gotteserkenntnis wird. Der Hochscholastiker und Franziskaner Bonaventura hat den Weg der Seele zu Gott in drei Bewußtseinsstufen beschrieben. Rational-gedanklich, spekulativ-reflektierend und irrational-mystisch findet der Gläubige zur Gottesliebe. Ein Jahrhundert danach spiritualisiert Dante Bonaventuras Denken und übersetzt dessen drei Stufen als den Liebesweg von der Selbstliebe hin zur Liebe eines Gegenübers und zur Gottesliebe. Dante macht damit das Lieben zum Lebensprogramm. Seine Entdeckung führt der damals einflußreichste Liebessänger, Francesco Petrarca, aus, und in Spottversen übertreibt sie Pietro Aretino, der lebenslustigste Dichter seiner Zeit und das Modell der damaligen Lachkultur. Zusammen zeigen sie den Prozeß der Individualisierung der Liebe in der italienischen Renaissance. Doch zunächst zu Durante Alighieri, Dante genannt. Unter welchen historischen Bedingungen konnte er überhaupt die Kontinente des inneren Bewußtseins er-fahren?

Dante lebt um 1300 in Florenz, dort, wo die Machtkontrollen des mittelalterlichen Ordo brechen, wo die Mächtigen sich selbst in die Quere geraten und zwischen ihnen ein Niemandsland entsteht. Kaiser und Papst bekriegen sich, und der lachende Dritte ist das Land, das der politischen Kontrolle entgeht. Das ist Italien und Florenz inmitten der berüchtigten Kämpfe der kaiserlichen Ghibellinen und päpstlichen Guelfen. Dante erlebt die Geburtswehen der italienischen Renaissance. Die Unterscheidung zwischen Mittelalter und Renaissance mag wissenschaftlich umstritten sein. Tatsache ist, daß die kulturellen Träger der italienischen Stadtstaaten, die Patrizier, Notare, Lehrer, Künstler und Gelehrten aus Florenz, Siena, Mailand, Venedig, Rom, Ferrara, Mantua, daß die geistigen Vertreter Italiens zwischen 1300 und 1600 übereinstimmend das proklamieren, was der Name Renaissance (den vor allem der bekannte Kunsthistoriker Jacob Burckhardt im neunzehnten Jahrhundert geprägt hat) ausdrückt: geistiger Aufbruch, Wiedergeburt und Neugeburt. Wiedererweckt wird der Geist des Vergangenen, die Zeit vor dem Mittelalter. Sie ist im historischen Ursprungsland ergreifend nahe: die römische Antike. Unter Berufung auf den Geist der Ahnen wird das christliche Denken radikal erneuert. Gottfried hat es uns schon nahegebracht: Das Denken und Lieben ist im Spätmittelalter im Regelhaften erstarrt, es ist kategorisiert, schematisiert, institutionalisiert und dogmatisiert. Und schon Gottfried hat auf die Antike zurückgegriffen. Dante eifert ihm ausdrücklich nach, er läßt allein Tristan und Isolde als Liebende im Mittelalter gelten. Das Ereignis jedoch, das Dante zu Dante macht und seine heutigen Leser noch in Bann hält, ist seine einmalige Übersetzung von rätselhafter Jenseitserfahrung in ein persönliches Abenteuer, und das in einer damals allgemeinverständlichen Sprache. Und so dunkel diese heute sein mag, so klar sind doch seine Reisebeschreibungen in die Gefühlskontinente von Hölle und Himmel.

Volkstümlich geht Dante vor. Er nimmt das eindrücklichste Liebeserlebnis aus der Erinnerung eines jeden und verwendet es als Schlüssel zum inneren Bewußtsein, eben die erste Liebe. Er ist neun Jahre alt, als er sie sieht. Bei einem der repräsentativen florentinischen Feste im Haus eines reichen Nachbarn ereignet es sich. Wenn auch nicht beim Maientanz, so doch wenigstens in diesem Monat der Liebenden sieht, erstaunt und erzittert Durante Alighieri: er steht vor der blutrot gekleideten Haustochter Beatrice. »Wahrheit rede ich«, so erinnert sich der zwanzigjährige Dichter, »wenn ich sage, daß in diesem Augenblicke der Geist des Lebens, dessen Wohnung die geheimste Herzkammer ist, so heftig zu zittern begann, daß er in den kleinsten Pulsschlägen sich schrecklich offenbarte, und bebend diese Worte sprach: Ecce Deus fortior me, qui veniens dominabitur mihi.« Kein Erstverliebter könnte im gegebenen Fall die Erscheinung seiner Angebeteten hinreißender kommentieren: »Siehe«, sagt Dante im biblischen Ton, »ein Gott stärker denn ich kommt, mich zu beherrschen.« Und er fährt fort: »Zu gleicher Zeit begann der Geist der Empfindung … sich sehr zu verwundern und sprach, vorzüglich zu den Geistern des Gesichts gewandt, folgendes: Apparuit iam beatitudo vestra (Eure Seligkeit ist da erschienen).«

Einfacher gesagt: Bewußtsein und Sinne schmelzen dem kleinen Dante vor Beatrice dahin. Er liebt sie auf den ersten Blick, und das im zartesten, unschuldigsten Knabenalter. Die Begegnung hat gereicht, um allen Stürmen einer florentinischen Alltagsexistenz standzuhalten. Drei Jahre später wird Dante, wie damals üblich, mit einem ihm nicht weiter sympathischen Mädchen verlobt und dann, etwa zwanzigjährig, mit dieser Gemma verheiratet. Er steigt damit in die bedeutende Familie der Donati auf; drei Söhne und eine oder zwei Töchter kommen zur Welt. Beatrice aus dem mächtigen Haus der Portinari aber wird an Messere Simone Bardi verkuppelt, an einen ältlichen Bankier, der vermutlich eine politische Schlüsselfigur gewesen ist. Die Verbindung besiegelt symbolisch einen vermeintlichen Frieden zwischen den beiden tödlich zerstrittenen Fraktionen der Guelfen, den sogenannten Weißen und Schwarzen.

Der Lebensalltag geht über die große Liebe des Dichters Dante hinweg. Er hat Beatrice als seinen Engel verhimmelt, doch nie ist es auch nur zu einem näheren Umgang beider gekommen. Eine Fernliebe in nächster Nähe also. In keiner Zeile hat Dante seiner Ehefrau gedacht, als Familienvater und bald wichtiger Politiker widmet er sein Herz öffentlich einer Fremden. Freilich sind das die Sitten der Zeit, andere verheiratete Dichterkollegen wie Guido Cavalcanti oder Cino da Pistoia verhimmeln ebenso ihre Herzdamen, wobei diese idealisierten Damengeschichten deutlich an die damals gängige Troubadourlyrik erinnern. Aber Dante geht einen Schritt weiter. Wenn er die Geschichte seines Herzens in »Vita nuova« in der erkennbaren Motivik des Minnedienstes verzeichnet, so plant er dieses Buch nur als Teil eines erheblich umfangreicheren Werkes. Sein Titel lautet »Libro de la mia memoria«: ein Buch, in dem er von der gesamten Erinnerung, die ihm zur Verfügung steht, höchst persönlich Besitz ergreift. Dantes Erinnerung umfaßt aber das Gedächtnis seiner Kultur. Der Titel enthält insofern die Pointe von Dantes Schaffen: alles, was er als Gebildeter in seinem Kopf bewegt, zeichnet er als individuelle Erinnerung auf. Dante proklamiert in diesem Titel, daß er das Kulturerbe autobio-

Im zarten Alter von neun Jahren erblickte Dante die Liebe seines Lebens, Beatrice, im Hause eines Nachbarn. Im neunzehnten Jahrhundert hätte sich das Rendezvous wohl auf einem Boulevard ereignet, hier wurden beim Flanieren vielsagende Blicke ausgetauscht. Entsprechend stellt der Maler hier den schicksalhaften Moment dar: Am Ufer des Arno begegnet der große Dichter, bereits im besten Mannesalter, seiner Beatrice zum ersten Mal (Gemälde von Henry Holiday, 1861).

graphisch verzeichnet oder, umgekehrt, eine objektivierte Autobiographie schreibt.

Deshalb interessiert es hier nicht, ob Beatrice wirklich die Bankierstochter Beatrice di Portinari und spätere Bardi gewesen ist – wie immerhin kein Geringerer als der Novellendichter Boccaccio behauptet. Beatrice heißt wortwörtlich ›Bringerin der Seligkeit‹. Und wahrhaftiger hätte Dante seine Empfindung für eine Geliebte nicht benennen können. Weil jede Seligkeit ein Geschenk ist, das aus fremder Hand kommt, hätte Dante sein Liebesgefühl auch nicht besser als zu Ehren einer unerreichbaren Frau ausdrücken können. Das ist eben das Faszinierende an diesem Grenzgänger zwischen den Epochen: Er beschreibt das mittelalterliche Weltbild als eine individuelle Erfahrung. Beides deckt sich. Ob Dantes Liebe also noch typisiert ist oder schon individualisiert, solche Fragen erübrigen sich. Diese Liebe ist wahr, echt und aufrichtig. Und sie ist daher weit vom Mittelalter entfernt. Das zeigt sich in der großen Konsequenz, mit der Dante Beatrice als seine hohe Frau ins höchstpersönliche Schicksal integriert: Beatrice ist der andere Name seiner eigenen Lebensgeschichte. Ein bis dahin beispielloses Unterfangen.

Die Urkraft, die in der Antike Aphrodite oder Venus heißt, gezähmt und verinnerlicht feiert sie das Mittelalter im sublim vergeistigten Marienidol, das Dante nun als persönliche Gestalt seiner Seelenkraft besingt. Die madonnenhafte Beatrice verkörpert seine Selbstintegrität. Zu diesem Verständnis trägt besonders die bittere Lebenserfahrung als florentinischer Politiker bei. Dante, der hohe Ämter der Stadt bekleidet, wird im Parteienzwist der beiden führenden Familien aufgerieben. Seine Politik ist antipäpstlich. Die Rechnung dafür wird ihm präsentiert, als im November 1301 der papstfreundliche Karl von Valois in Florenz einmarschiert und wochenlanger Terror mit Morden und Plündern die Stadt heimsucht. Dante fällt dem Fanatismus der Gegenpartei anheim. In Abwesenheit wird er verbannt und später zum Tod verurteilt. Von nun an irrt er durch Italien, im Schmerz seiner Demütigung. Zweimal wird das Todesurteil bestätigt. In dieser Zeit der Verbannung bereist Dante die ›Jenseitskontinente‹ und protokolliert seine Erlebnisse unter dem bezeichnenden Titel »Commedia«. Das Wort bezeichnet damals einen poetischen Gesang, der mit Abstoßendem beginnt, um beim Guten, Ruhigen und Bewundernswerten zu enden. Erst die Nachfahren haben dem Epochenwerk den heutigen Titel der »Divina Commedia«, der »Göttlichen Komödie« gegeben.

Das Jenseits, die Welt nach dem Tod, beginnt für Dante bereits im Leben; durch seine Verbannung erfährt er einen Tod im Leben, einen gesellschaftlichen Tod. Im Portrait eines Menschen am Ende seiner Kraft beginnt sein Gesang:

»Nel mezzo del cammin di nostra vita
Mi ritrovai par una selva oscura,
Chè la diritta via era amarrita.
Ahi quanto a dir qual era è cosa dura,
Esta selva selvaggia ed aspra e forte,
Che nel pensier rinnova la paura!«

»Grad in der Mitte unsrer Lebensreise
Befand ich mich in einem dunklen Walde,
Weil ich den rechten Weg verloren hatte.
Wie er gewesen, wäre schwer zu sagen,
Der wilde Wald, der harte und gedrängte,
Der in Gedanken noch die Angst erneuert.
Fast gleichet seine Bitternis dem Tode,
Doch um des Guten, das ich dort gefunden,
Sag ich die andern Dinge, die ich schaute.«

Dante beschreibt die existentielle Situation des Menschen. Bis »hinab zum Grunde«, bis zum Abgrund seiner selbst erkennt er sich. Die Situation erscheint ausweglos, als tiefste Krise. Nur fern ist ein Funke Hoffnung da, wird ein Stern am Himmel der existentiellen Nacht besungen, nicht mehr. Dantes Gesang schildert, wie dieser Mensch, wohin er sich auch wendet, in Einsamkeit und Angst verbleibt. Dante weiß: Allein entkommt einer solchen Situation keiner. Wer seine Hoffnung den Tatsachen ausgeliefert sieht, sitzt im Desaster. Und wer weder aus noch ein weiß, der braucht Hilfe. Aber sie fällt nicht als Sternschnuppe. Dem Menschen in der Krise bleibt nur eines: unendliche Sehnsucht nach Erlösung aus seinem Dilemma. Mit anderen Worten: Glaube und Liebe.

So singt Dante davon, wie die Liebe dem Menschen in der Krise ihre Helfer schickt. Er stellt sie als eine Kette geistiger Wesen vor, die gleichsam eine Himmelsleiter zur Seligkeit erstellen, von oben nach unten: Maria, Donna Gentile, Beatrice, Donna Lucia, Vergil. Unter ihrer Aufsicht gelingt Dante das Unwahrscheinlichste auf Erden, der Weg aus der existentiellen Krise zum Seelenfrieden in wiedererlangter Ureinheit.

Dieser Weg in das Paradies ist jedoch gefährlich und gelänge weder ohne die Seilschaft der Liebe noch ohne die Sehnsucht des Liebenden. Die Erde – Dante stellt sie sich wie schon Ptolemäus als Kugel vor – ist durch den Fall Lucifers deformiert. Die Bibel erstellt die Topographie der »Commedia«. Als Lucifer seiner Selbstbesessenheit wegen von Gott aus dem Himmel gestoßen wird, schlägt er einen riesigen Krater in die Erde, dessen Volumen auf der gegenüberliegenden Erdoberfläche als Berg herausschießt. Der Krater ist die Hölle, der Berg der Läuterungsberg und seine Spitze der Eingang in das Paradies. Der Mensch aber muß durch Höllenabgründe und mit Läuterungsschmerzen seinen Weg in das Paradies nehmen. Und sofern er sich selbst wahr und ohne Selbsttäuschung betrachtet, erkennt er, wie Dante, daß er diesen Wahnsinnsweg schon im Leben geht. Der Mensch kann durch die Qual seiner Erfahrung im Diesseits schon das Jenseits erleben. Wenn das Schicksal ihn hart genug trifft und seine Ausdauer nicht nachläßt, dann ist die Krise seine Chance. Dante berichtet von einer Neugeburt des Menschen im Leben. Und weil dieser Mensch an der Liebe festhält und sich selbst nicht verleugnet, erlangt er als Lohn den Himmel auf Erden. Das Dilemma im Lieben hat sich geradewegs verkehrt. Erzählt die Tristanliebe von einer krankmachenden Sehnsucht, so ist die Sehnsucht nach Beatrice Gesundung und Erlösung. Verdreht hat sich auch der Impetus des Liebens. Tristan erlebt die Liebe passiv als einen Überfall, Dante dagegen aktiv als Handelnder, der mehr vom Leben will, der Dasein und Leichtigkeit erringt.

Um so gewaltiger sind die Kosten der Liebe Dantes. Übermenschliche Anstrengungen werden veranschlagt: der Prozeß einer Reinigung und Läuterung von lebensumspannender Dimension. Sie umfaßt den Weg durch die eigene Hölle bis zum persönlichen Paradies. Dante sagt: Hinein in die Hölle, wem es schlechtgeht, denn er ist faktisch schon darin. Doch weil die wenigsten auch nur merken, daß es ihnen schlechtgeht, ist die Hölle als Einrichtung unabdingbar. Der Mensch muß gezwungen werden, seinen tatsächlichen Zustand zu spüren. Und dazu bedarf er seiner Einsicht und eines Denkens, wie es der weise Vergil verkörpert. Die Hölle macht Ignoranten mit sich selbst vertraut. Bei Dante beherbergt sie jene, die sich nie erkannt haben. Sie müssen daher ihr wahres Gesicht zu spüren bekommen, und das ist ihr jeweiliger Höllenzustand. So kochen sie in ihrem Zorn, versuchen sich in ihrer Wut selbst zu erschlagen oder köcheln auch nur in ihren kleinlichen Bedenken und philiströsen Skrupeln. Die Hölle ist die erstarrte eigene kleine Welt.

Aus solcher Selbsterstarrung führt das Verlangen heraus, an die Grenzen seiner Liebesfähigkeit zu gehen. Dante entdeckt, daß der Mensch, der liebt, mehr Bewegungsfreiheit hat. In der Hölle ist jeder gefesselt und bewegungslos, im Fegefeuer schleppt der Mensch an der Last seiner selbst. Entscheidend wird die berüchtigte Feuerprobe. Dante zeigt, daß in ihr das Schrecklichste im Leben wiederkehrt und noch einmal durchgestanden werden muß. Diese Prüfung ist weder ein Drachenkampf noch der Gang über glühende Kohlen. Doch sie läßt eine derart unsagbare Hitze erleiden, daß Dante hier keine Worte findet. Nicht mehr als ein innerstes Verglühen schildert er. Dante schmilzt in sich dahin. Er erlebt die Glut der Selbstliebe, wenn man eins mit sich selbst wird und alles, was man sich vorwerfen kann, akzeptiert. Der Mensch nimmt sich selber an. Und wie ein Phönix steigt er aus der Asche und wird neu geboren. Doch kein Heros oder stählerner Übermensch erwacht. Ein wehleidiges Wesen ersteht, in mitleiderregender Pose. Dieser Grenzgänger gibt ein jämmerliches Bild ab. Wie ein gebeutelter Junge steht er am Ziel seiner Wünsche. Der ›Krieger‹ Dante hat zitternde Knie und heult vor Beatrice. Ungehalten herrscht sie ihn an, ist fassungslos über diesen männlichen Versager. Beatrice hält ihm seine Verfehlungen vor und zwingt ihn, sie einzugestehen. Trotzdem hat diese Szene mit christlicher Reue und Zerknirschung wenig zu tun. Allein darauf kommt es an: daß Dante sich selber durchsichtig wird und sein Leben ohne alle Beschönigung wahrnimmt. Dante erlebt sich in seiner Bedürftigkeit. Und weil er so deutlich vor sich steht und merkt, wie selten er mit jenem glühenden Herzen gehandelt hat, von dem ihm schon täumte, löst er sich ganz in Tränen auf. Dantes Erkenntnis ist: Mein Leben hat nicht gelebt. Was habe ich mit Liebesglut getan? Was habe ich so getan, daß es Beatrice wert gewesen wäre? Dieses Selbstbekenntnis ist seine Erlösung. Überwältigt sieht er das Antlitz seiner Geliebten und taucht mit seinen Tränen in das Vergessen ein, in den Fluß Lethe.

So geht Dante also das Paradies auf, er nimmt erfüllt von Liebe die Welt wahr. Der Himmel ist hier in Liebe gesteigertes Erleben. Und siehe da, mit dieser Perspektive verändern sich die Lebensbedingungen von Grund auf. Es gibt keine Hierarchien mehr, keine Herrschaft des einen über den andern, keine Enge in Machtverhältnissen und Institutionen. Der Himmel ist ein Glück in der Gemeinschaft.

Das Geheimnis der Danteschen Liebe ist demnach die Liebesglut in der Verschmelzung von Ich und Du. Dieser Zustand ist ihm zugleich das Gewissen des Menschen, hier gesteht Dante weinend Beatrice seine Verfehlungen. Dantes Liebesbegeisterung ist immer von seinem Gewissen begleitet, es reguliert seine Selbstintegrität und dient der seelischen Reinigung. Noch hat der einzelne Verfügungsrecht über sich. Erst später wird sich das Gewissen als abstrakte Instanz verselbständigen und den Menschen zur äußersten Distanz zu seinen Bedürfnissen nötigen.

Entsprechend freimütig schildert Dante deshalb auch das traditionelle Terrain strikter Moral, die Hölle – im christlichen Denken erst spät institutionalisiert und ohne antikes Vorbild. In der Hölle der »Commedia« ist das Lachen angesiedelt. Teufelsgroteske, Mysterienspiel und das Formenarsenal der Volkskultur werden im Inferno verarbeitet. Die Lachkultur der Renaissance schlägt hier durch. Doch sie wird beschränkt auf die Darstellung von Dantes Höllenerlebnissen. Darüber hinaus verstummt das Lachen zugunsten einer alles verzückenden Liebe. Neue Verhältnisse kündigen sich an. Bald wird aus der mittelalterlichen Lachkultur der Repräsentationskult des Barock werden.

Jeder, der Liebe erlebt hat, kennt die Licht gewordene Welt, die

Dante im Paradies erfährt. Hell und weit kann das Lebensgefühl sein, aber auch eng und drückend. Dantes Entdeckung ist der Raum des Inneren und sein Lebenswert. Sonne will die Seele und einen schönen Raum zum Sichwohlfühlen. Genau darauf haben die Menschen in der Renaissance auch geachtet. Die Epoche hat die antike Anekdote von Diogenes, dem Alexander seinen größten Wunsch erfüllen will, universell umgesetzt. So wie Diogenes Alexander auffordert, ihm aus der Sonne zu gehen, achtet der Mensch in der Renaissance den inneren und äußeren Freiraum und erhebt ihn zum Erlebnisraum. Ob Palazzo oder Piazza, das Erlebnis von Trecento bis Cinquecento ist der Raum und seine ideale Gestaltung. Palladio erkundet die architektonischen Maße, und Brunelleschi entdeckt die Zentralperspektive neu. Eine Lebenswelt aus Raum entsteht. Noch von dem Maler und Freund Dantes, von Giotto ist bekannt, wie er um die Dreidimensionalität gerungen hat. Dante entdeckt im inneren Raum die Dreidimensionalität des Jenseits mit Hölle, Fegefeuer und Himmel und erkennt: Das Jenseits ist gekennzeichnet durch die Formen des Liebens und Nichtlieben-Könnens. Aus Theologie ist schon Anthropologie, die Wissenschaft vom Menschen, geworden. Dante folgt zwar noch der mittelalterlichen Stufenbewegung, die den Erkenntnisweg über die fünf äußeren Sinneswahrnehmungen zu den inneren Sinnen nimmt, er läßt die Hölle visuell wirken und das Paradies geistig. Doch die Sehnsucht, die ihn treibt, macht seinen mittelalterlichen Pilgerpfad zum erweiterten Raum des Seelengeschehens. Die Entdeckung der Liebe macht die plane Bewußtseinsdimension von Bonaventuras Gottesweg bei Dante zur dreidimensionalen Erlebnisreise. Dante schreitet den Innenraum aus, noch bevor die Außenwelt verräumlicht und die Gesetze des Sehens erkundet sind. Doch das epochale Interesse entspricht sich: mit dem Selbstbewußtsein des Ichs in der Renaissance, mit dem Individualismus greift der Mensch nach dem Raum in und um sich herum und erkundet ihn so neugierig wie ein Kind seine Umgebung.

Dem Beispiel Dantes folgt Francesco Petrarca mit seiner Liebe zur Dame Laura. Er hat sie am Karfreitag 1327 in der Kirche Santa Chiara der edlen Frauen gesehen und verkündet prompt, daß er sie sein Leben lang demütig verehren und in all seinen Gedichten verherrlichen werde. Seine Sonette an Laura sind zum Idol aller Liebeskunst in der Renaissance und weit darüber hinaus geworden. Noch Jahrhunderte später ›petrarkisieren‹ die deutschen Barockdichter. Petrarca verwirklicht mit seinem öffentlichen Bekenntnis zu Laura die Seelenwünsche Dantes. Hat dieser seinen Verrat am Liebsten eingestanden, so hält sich Petrarca an das Gewissen. Da hat einer von seinem Vorbild gelernt und noch mehr. Er macht die Dantesche Liebe zu seinem Programm und bekennt: Über mein Leben setze ich den Stern der Liebe und lasse mich von ihm uneingeschränkt leiten. Die Zeitgenossen haben das Projekt als derart kühnes Abenteuer aufgenommen, daß der Name Petrarca weithin von sich reden machte. Es ist ein respektables Vorhaben, seine Lebenswege ganz danach auszurichten, was einen zuinnerst berührt. Heute hat zwar Petrarcas Existenzentwurf – Vervollkommnung der Persönlichkeit, Selbstentfaltung – alle Kühnheit des Neuen verloren. Schwierig aber geblieben ist, sich auch nur die Voraussetzungen für ein solches Wunschleben zu schaffen. Nicht jeder ist Sohn eines Bankiers mit dem Anspruch, im Denken und Empfinden ›sich zu verwirklichen‹. Auch Petrarca nicht.

Petrarca stammt aus ähnlichen Verhältnissen wie Dante, auch seine Familie irrt heimatlos in der Verbannung umher. In der ländlichen Kleinstadt Carpentras findet der Vater schließlich eine bescheidene Bleibe. Sein Sohn Francesco soll als Erstgeborener wie er Jurist werden. Doch Petrarca haßt den Vater, sofort nach seinem Tod gibt er das Studium auf und lebt mittellos in Avignon. Er schließt mit einem gleichaltrigen Colonna Freundschaft. Francesco hat anscheinend nicht nur von Dantes Dichtung profitiert. Anstatt sich wie dieser politisch unbeliebt zu machen, pflegt er die Verbindung mit der mächtigen römischen Adelsfamilie der Colonna und verleiht ihr mit der Verehrung von Madonna Laura den größtmöglichen Glanz. Petrarca könnte auch gleich die Protektion des Kardinals Giovanni Colonna besingen, dessen Familie Laura angehört. Wer sie gewesen sein mag, ist trotz intensiver Recherchen nie genau ermittelt worden.

So beschert die Traumfrau dem Dichter auch ein Traumleben. Im Gelübde, sie niemals mit sinnlichen Gedanken zu erniedrigen, hebt sich sein Lebenstil deutlich. Petrarca fallen so die Bedingungen zu, sich das Leben nach seinen Wünschen einzurichten und ›der Liebe zu leben‹, er dichtet und forscht. Durch Colonna erhält er ein kleines Landgut in Vaucluse an den Quellen der Sorgue, städtischen Luxus und anregende Ideen, auch ein festes Netz von Helfern, die ihn aus den Bibliotheken Italiens mit vergessenen antiken Texten versorgen. Als Lebenskünstler wird er der große Humanist, der Cicero und sein bis heute gültiges Bild wiederentdeckt.

Dieser zweite große Liebesdichter der Renaissance vollzieht die Danteschen Erkenntnisse in ihrer alltäglich menschlichen Bedeutung nach. Sein Läuterungsberg ist der Mont Ventoux, den er besteigt, wie einstmals antike Herrscher Berggipfel aufgesucht haben, um ihr Reich zu überblicken. Petrarcas Reich ist gleichwohl ein größeres: sein Inneres. Der Gipfel des Mont Ventoux ist damals noch unbekannte und unberührbare Wildnis jenseits landwirtschaftlicher Nutzung, er gehört den Windgeistern. Petrarca beschreibt in einem Brief genau seinen Weg. Er berichtet, wie sich mit der körperlichen Anstrengung zusehends seine Selbstwahrnehmung steigert und mit der Entdeckung der Landschaft draußen das Land des Inneren sichtbar wird. An der Grenze seiner Kondition überfällt ihn der Gedanke an das Risiko, er hält inne und verschnauft. Plötzlich erinnert er sich an Dante. Auf einmal weiß er, daß der steile Weg, den er geht, sein Heilsweg ist und der Mont Ventoux sein Heilsberg. Er weiß sich unterwegs zu dem Punkt, an dem die Seelenkraft das Bewußtsein übersteigt. Petrarca sieht sich in diesem Moment in seinem Lebenszusammenhang. Er begreift sich als das, was er ist; nicht mehr und nicht weniger. Das Erlebnis steigert sich auf dem Gipfel des Berges, wo er begeistert, einem Betäubten gleich, das Gebirgspanorama sieht. Doch dann wendet sich sein Blick ab vom Äußeren und geht ins Innere. Mit den »Bekenntnissen« von Augustinus in der Hand geht ihm auf, daß es bei der Entdeckung der Welt darauf ankommt, das Innere nicht zu verlieren und bei sich zu bleiben. Weil das die innigste Empfindung ist, die ein Mensch haben kann, weil das Liebe pur ist, nimmt Petrarca diese Erfahrung beim Wort und besingt sie im Namen von Laura.

Dante und seine Beatrice, Petrarca und seine Laura – in der Renaissance sucht jeder Künstler seine ›Traumfrau‹, um sie – und damit sich selbst – dichtend und malend zu verewigen. Auch auf vielen religiösen Darstellungen erscheinen solche Schönheiten; Domenico Ghirlandaio etwa schmückte sein Fresko »Geburt Mariä« (1486–90) mit dem Portrait der Ludovica Tornabuoni.

Also Zwiesprache mit der Seele ist Petrarcas Liebe zu Laura. Deshalb achtet er sorgsam auf jede Regung, jedes Räuspern und jede Laune von ihr. Sie ist, »was drinnen bohrt und glüht«. Diese Selbstintegrität wird mit Petrarca, in Erneuerung von Dante, gleichsam zum Logo der Renaissancekünstler. Bald hat ein jeder seine Laura und herzinnerste Traumfrau, deren Gesichtszüge alle seine Werke prägen, sei es Filippo Lippi, Botticelli oder Leonardo. Allem Anschein nach pflegt damals jeder Umgang mit einer Seele und macht ihr den Hof. Davon erzählt der Lorbeer (italienisch ›lauro‹), auf den der Name Laura und der Dichterkranz anspielen. In Lorbeer hat sich nämlich eine spröde Nymphe namens Daphne verwandelt, die jene launische Liebe verkörpert, die wohl bei jedem als Gast aus und ein geht und vielleicht wahrhaftig das einzig Rühmenswerte, die Laura, ist.

Zeit seines Lebens läßt Petrarca an den damaligen Philologen kein gutes Haar, er hat ihre Begriffsreihen gerupft bis auf den nackten Körper der Anschauung. Denn ist die Geliebte nicht für jeden die Chance, nicht nur körperlich, sondern auch geistig nackt vor ihr und sich zu stehen? Und ist das dann nicht ›höchste Erkenntnis‹? Wo in aller Welt sollte man mehr von sich erfahren und eine bessere ›Theoria‹ erleben als in der Begegnung mit einem anderen Menschen, dem man sich mit Haut und Haar zuwendet, dem zuliebe man sich selbst in Frage stellt und die Welt neu sieht? Jede Liebe ist die große Entdeckungsfahrt ins eigene Ich. Mit der Verliebtheit beginnt ein neues Sehen, eine veränderte Wahrnehmung der Welt. Das eigene Seelenabenteuer.

Der Gesang von Laura ist daher zum ersten Mal in der Kulturgeschichte die Verhimmelung einer echten Frau aus Fleisch und Blut. Die Engel der Troubadoure und Dantes Beatrice, sie sind auf die Erde herabgestiegen und Realität geworden. Laura zieht sich aus und geht im Fluß Sorga baden, sogar ihr Gesichtsausdruck wird lebendig geschildert. Doch unnahbar bereitet Laura dem Liebenden nur brennenden Schmerz. Sie ruft ins Bewußtsein, wie flüchtig und unerreichbar die Liebe ist, wie unerfüllt und voll Wehmut. Die erste realistische Gestaltung der Liebe führt sie als »amor amaro« vor, als bittersüßes Liebesleiden.

Bei allem Trost für Liebesverzweifelte von heute darf man nicht vergessen, daß damals, in der Renaissance, dieses Leiden begrüßt und gefeiert worden ist. Es hat zum erwachenden Selbstbewußtsein des Menschen gehört und ist Freudenschmerz. Auch in der petrarkistischen Liebeswehmut wird das Glück eines Erwachens und Aufbruchs erlebt.

In der Renaissance beginnt der Mensch das realistische Gefühl der Liebe zu genießen. Er zelebriert kraftvollen Sexus mit Phantasie und kostet die Tiefen des Eros rückhaltlos aus. Die Genußliebe wird vielleicht am konsequentesten von dem Schriftsteller Pietro Aretino (1492–1556) gelebt und beschrieben.

Aretino besitzt die einmalige Gabe, von anderen für seine Leistungen geliebt zu werden. Er beherrscht die Kunst, all denen, die einer seelischen Aufmunterung bedürfen, ergreifende Briefe zu schreiben, die von großer Anteilnahme an ihren mißlichen Angelegenheiten zeugen. Diese Briefe veröffentlicht er gleichzeitig und löst durch ihre Interna reihenweise Skandale aus. Aretino wird dafür mit Gold, Kleinodien, Pensionen oder anderen Liebeszeichen überschüttet. So versichern sich die Mächtigen Italiens seiner Sympathie. Pietro aus Arezzo ist der Spiegel und gleichzeitig das Gewissen seiner Zeit. Er, der im reinen Liebeston des Herzens die persönlichen Geheimnisse und politischen Heimlichkeiten von Honoratioren aufdeckt und ironisch delikat aufbereitet, verkörpert die erste Zeitung Europas. Arm geboren, avanciert er schließlich nach heftigen Komplikationen zum sogenannten Aretiner und zum seinerzeit bekanntesten Mann des Cinquecento; Münzen werden nach ihm geprägt, er residiert in Venedig am Canal Grande mit Blick auf die Rialtobrücke. Unvergleichlich sind seine literarischen Schriften, in denen er die hochstehende Liebeskunst seiner Epoche beschreibt. Die »Ragionamenti« (ital. »Gespräche«) schildern aus einem verfremdet naiven Blickwinkel die Liebeskünste der wiedererstandenen Antike: aus der Perspektive der berüchtigten italienischen Kurtisanen.

Der Blick auf die Alltagsliebe in der Renaissance – im Spiegel Aretinos – kontrastiert auffällig mit den so einflußreichen Entdeckungen von Dante und Petrarca. Zwei Welten scheinen sich hier gegenüberzustehen. Sie stimmen zwar in den Epochencharakteristika, im Vermächtnis der Antike und im Entwurf realistisch individueller und alltagsnaher Positionen, überein. Aber im übrigen klaffen sie in jenem Gegensatz auseinander, den heute das geflügelte Wortpaar ›Geld und Geist‹ anzeigt. Dante und Petrarca entdecken die psychische Bedeutung der Liebe bis in die tiefste Dimension von Geist und Bewußtsein. Die Sitten der Zeit dagegen toben sich in Prunk, Pomp und Geldgier aus. Bei Zeitgenossen wie Aretino kommen beide Seiten noch in Einklang. Doch der Riß ist da und vergrößert sich im Verlauf der folgenden Jahrhunderte zusehends. Selbstliebe und Selbstverwirklichung: im Ideal bestätigen sie sich in entsprechend hochdotierter gesellschaftlicher Stellung. Doch eben weil Dante gesellschaftlich geächtet wird und allen Besitz verliert, kann er seine Expedition in die Innenwelten so rückhaltslos unternehmen. Inneres Bedürfnis und äußere Befriedigung, Innen und Außen, haben sich bereits gesellschaftlich getrennt. Petrarcas Weg auf den Mont Ventoux, der seinen Heilsweg veranschaulicht, dokumentiert es. In der Renaissance wird ausdrücklich die Wechselwirkung von Verinnerlichung und Entäußerung diskutiert. Diese Trennung dokumentiert sich auch im damaligen Liebesdiskurs. Das Zu-sich-Finden in der Liebe ist das eine, das andere ist, zur offenen Sexualität als Lust zu finden. Die Bedeutung des Kurtisanenwesens ist beispielhaft dafür, sie dokumentiert: für Geld läßt sich in diesem Zeitalter alles erwerben, sogar Bildung, Geist und Madonnenqualität. Zwar ist der spirituell religiöse Sinn der Marienfigur weit entfernt von der künstlerischen Vergeistigung der Kurtisane, aber als sündige Magdalenenfigur steht sie immerhin neben der Madonna. Die mittelalterliche Trennung von Trieb (Eva) und Liebe (Maria) hebt sich in der Kurtisane wieder auf, wenn auch in veräußerlichter, käuflicher Weise.

Die Verfeinerung des Alltaglebens in der Renaissance zeigt sich in der aufwendigen Kleidung, den falschen Haartouren, dem Parfümieren, der ausgezeichneten Körperreinlichkeit und der Schule der Höflichkeit. Dieser Hang zu persönlicher Lebensart und eigener Vervollkommnung hat auch eine erlesene Liebeskultur geschaffen. Gegen Ende des fünfzehnten Jahrhunderts entsteht, in der Nachfolge der griechischen Hetäre, das Kurtisanenwesen, eine hohe und gesellschaftlich anerkannte Form der Prostitution. Im Venedig des Aretiners gibt es allein 11 654 solcher ›galanten Damen‹, die sozial weit über gewöhnlichen Prostituierten stehen. Ihre Hochburg ist das päpstliche Rom, wo sie etwa zehn Prozent der Gesamtbevölkerung ausmachen. Trotz ihres Gewerbes gilt die ›cortigiana‹, die ›Hofdame‹, als ehrbare Frau und genießt – durch ihre wichtige Rolle als Unterhalterin der damaligen Männergeselligkeit, vor allem auch der römischen Kurialen – hohes Sozialprestige. Romreisende in jener Zeit besichtigen die berühmten Kurtisanen und ihre Palazzi, sei es die ›Kaiserin der Kurtisanen‹ Imperia, ›La Luparella‹ Lucrezia Galletta oder Fiammetta. Aretinos Kurtisane in den »Ragionamenti« heißt Nanna, sie erzählt einer Gevatterin ihr Leben. Der Anlaß dafür ist ihre Tochter Pippa, die vor der Frage steht, welcher der drei weiblichen Berufsstände der erstrebenswerteste wäre: Nonne, Ehefrau oder Kurtisane. Angesichts von Nannas Erfahrung, daß jede Frau so oder so Gunstgewerblerin ist, fällt die Wahl, zumal unter pekuniären Gesichtspunkten, nicht schwer.

»Es gibt keinen Mann«, belehrt sie ihre Tochter Pippa, »der sich nicht im siebten Himmel dünkt, wenn seine geliebte Freundin im Augenblick, wo er ihr das Züngelchen zwischen die Lippen schiebt, ihm nach dem Ding greift, es zwei- oder dreimal zusammenpreßt, bis es sich aufbäumt, und, sobald es sich bäumt, es ein bißchen schüttelt. Dann läßt sie das tatenlustige Ding fahren, wartet einen Augenblick und nimmt seine Oliven in ihre flache Hand und streichelt sie sachte. ... Der Liebhaber aber, dem solche Liebkosungen widerfahren, steht da voll Stolz wie ein Abt und würde sein Vergnügen nicht mit dem einer gekitzelten Sau vertauschen; und wenn er gar sieht, daß sie, die er zu reiten gedachte, sich als Reiterin auf ihn schwingt, da haucht er vor süßer Wollust die Seele aus.«

Nicht umsonst wird Pietro Aretino, auch nach seiner Selbstbetitelung, ›der Göttliche‹ genannt. Keiner weiß das Liebesleiden Petrarcas katastrophaler in puren Realismus zu wenden als er. Dieser Satiriker hat alle Lust daran, dem Mann vor der Hexenkunst der Frau den Schauer über den Rücken zu jagen. Die Szene zeigt: so männlich sich der Mann anschickt, so unterlegen liegt er tatsächlich da. Nanna läßt keine Pointe aus, um ihre herrschaftlichen Liebhaber zu entblößen, sie zieht ihre Kunden bis auf den letzten Gedanken aus.

Die Kurtisanen von Rom oder Venedig genossen in der sinnenfrohen Renaissance hohes Ansehen und führten ein Leben voller Annehmlichkeiten. Auf Vittore Carpaccios Gemälde mit seiner geheimnisvollen Metaphorik herrschen gleichwohl nicht Lebensfreude und Ausschweifung, sondern Melancholie und Einsamkeit.

Aretino bezieht so eine Gegenposition zur Seelenliebe im Petrarkismus, dem er anfangs als Schriftsteller verpflichtet gewesen ist. Sein ausdrucksstarkes Gesamtwerk, das bald nach seinem Tod auf den Index gesetzt wurde, stellt einen Höhepunkt des Antipetrarkismus dar. In dieser Gegenbewegung wird die Frau aus der passiven Rolle befreit, die ihr Petrarca aufgebürdet hat. Verbunden damit ist das neue Verhältnis zur Sexualität, das Aretino mit anspielungsreichem Witz dokumentiert. Die Entdeckung der Seelenliebe läßt auch die Sexualität neu entdecken. Sie wird durch das seelische Liebeserlebnis auf ein neues Niveau gehoben und deshalb gesellschaftlich derart respektabel, daß sie sogar für sich und verselbständigt von der Seelenliebe einen anerkannten Wert darstellt. Das Hetärenwesen legt davon genauso Zeugnis ab wie Aretinos experimentierfreudiges Privatleben.

Geheiratet hat Aretino nie, und Nanna umreißt die Gründe dafür deutlich genug. Vor allem in jungen Jahren hat er seine Bisexualität ausgelebt, damals verbreitet und legitimiert durch die Vorliebe für die Antike, auch wenn die Kirche die sogenannte ›Sodomie‹ offiziell bis zum Todesurteil ächtete. In seiner Wahlheimat Venedig lebt Aretino mit einem Harem, mit Küchenmädchen, großen Kurtisanen, Gattinnen aus Adelsgeschlechtern oder Frauen von Gondolieri. Die Adelstochter Caterina Sandella klagt ihm einmal ihr Leid mit einem Ehemann, der die Kurtisanen liebt. Sie wird so nachhaltig von Aretino getröstet, daß sie ihm zwei Töchter gebärt und zehn Jahre lang die Patronin seines Hauses wird. Hier verkehren Tintoretto, Sebastiano del Piombo, Giovanni Udine und Vasari, hier wird mit den Zechgenossen Tizian und Sansovino getafelt und halb Europa im Glanz und Pomp der Epoche empfangen, Persönlichkeiten aus Politik und Kultur. Doch auch Seelentiefe und Widerborstigkeit sind hier zu Hause. Sein Zeitgenosse Ariost nennt Aretino »die Geißel der Fürsten«. Kaiser und Papst verspottet er, versalzt ihren Vertretern noch den Genuß der Macht im Bett. Vor Nanna sind alle Männer gleich, und alle folgen ihren Befehlen. Der wirkliche männliche Geist im Bett ist hier ›das Weib‹ geworden. Und so verhält es sich auch nicht selten in der Öffentlichkeit.

Nanna und Aretinos Respekt vor ihr haben es schon angedeutet: In der Renaissance ist ein neues Ideal der Frau entstanden. Sie hat ein männliches Gemüt und eine überlegene Haltung, anerkennend wird sie ›virago‹ genannt, erst später wird dieser Titel abschätzig verwendet: für ein geschlechtsloses Mannweib, einen Zwitter zwischen Jungfrau und altem Weib. Inbegriff dieses Frauentyps ist die ›prima donna d'Italia‹, Katharina Sforza. Heroisch verteidigt sie ihre Familieninteressen, die Städte Imola und Fiori und ist sogar bereit, dafür ihre sechs Kinder zu opfern. Von Cesare Borgia wird sie schließlich als Gefangene nach Rom verschleppt. Die Frau der Renaissance ist tatkräftig, schön, gefährlich und schicksalhaft. Sie ist gestandene Persönlichkeit, der aufkommende Individualismus hat sie dazu gemacht. Dante und Petrarca haben dokumentiert, wie sich das mittelalterliche Madonnen- und Hurenbild der Frau schrittweise in ein realistisches Gegenüber verwandelt hat. Aber wieso nimmt, wie Beatrice, Laura oder wie die Frauenfiguren in Ariosts Meisterwerk »Orlando Furioso«, die Frau heroische Züge an? Warum tritt neben die Mutter und die Hure nun die Amazone?

Der Typus der Amazone erweitert die Projektionsbilder des Mannes von der Frau erheblich. Ist sie bisher das Spiegelbild männlichen Triebgeschehens und seiner Überwindung, also Eva und Maria, so geschieht ihr nun die Ehre, so zu sein, wie die Männer selbst gerne wären. Die Amazone ist der Heros als Weib. Aber was sollte sie auch anderes sein, wenn im gesellschaftlichen Denken Menschsein soviel heißt wie Mannsein. Wo die Frau Mensch wird, da muß sie geradewegs Mann werden! Ihre ersten realistischen Züge sind das, was gesellschaftlich gilt und ›geglaubt‹ wird. Noch bestimmen Gedachtes und Vorurteile die Wahrnehmung. Die Erfahrung wird gerade erst entdeckt. Francis Bacon macht sie zum Programm und begründet die Naturwissenschaft. So gesehen hat sich die Wahrnehmung des Menschen umgekehrt. Nicht mehr das Wissen prägt die Erfahrung, sondern die persönliche Entdeckung das Denken. Eine kopernikanische Wende hat sich in der Wahrnehmung der Welt vollzogen. Man kann sich vorstellen, wie experimentell Liebesbegegnungen in einer solchen Wendezeit geworden sind.

Den reichhaltigen Anekdotenschatz dazu geben die Sittengeschichten ab. Zwei Veränderungen sind besonders auffällig. Das ist einmal, mit der Aufwertung der Frau zum ›männlichen‹ Gegenüber, das Aufkommen zwischengeschlechtlicher Freundschaften. Es entwickelt sich daraus das Ideal einer Freundschaftsehe, in der sich Mann und Frau so gleichberechtigt begegnen, wie das heute in romantischen Paarbeziehungen üblich ist. Die Voraussetzung für diese Erfindung der Partnerschaft, die jedoch nur die Oberschicht ergreift, sind Veränderungen im Bildungswesen. Das neue Denken fordert von jedem, ob Mann oder Frau, Selbstentfaltung. Nicht nur von den Kurtisanen wird Bildung erwartet. Im Zuge des Humanismus entstehen die ersten Mädchenschulen. Das Wunder der gelehrten Frau macht von sich reden. Briefe, Gedichte, Reden und Abhandlungen dokumentieren, daß es der Frau damals unter günstigen Umständen möglich gewesen ist, den Männern akademisch gleichwertig zu sein. Herrschende Tendenz ist freilich, daß die weibliche Bildung auf einem mäßigen Niveau gehalten wird. Die Erziehung ist auf den Geist der Mutterliebe ausgerichtet, keine Liebe gilt als größer. Die Mutterschaft verleiht der Frau in der Renaissance eine neue Identität. Emotionale Bindung wird als Lebenselixier verstanden, und Montaigne berichtet sogar von einem Kind, das von einer Ziege gestillt wurde und nach der Trennung von ihr aufgrund seiner starken Gefühlsbindung verstorben sei.

In der Renaissance ist, wie in der Antike, der Mensch das Maß des Denkens in der Liebe. Aber die damit verbundenen neuen Werte, die innere Empfindung, Herz, Seele, das Individuelle, Originäre, greifen tiefer in den Gefühlsbereich als je zuvor. Die Liebe ist exklusiv geworden. Als Medium der Begegnung mit dem innersten Nerv menschlicher Existenz hat sie alles Regelhafte, Normierte, Gewöhnliche und Ordinäre abgestreift. In einer neuen Vermählung von Körper und Geist, in der Lust des Genusses, ist sie für den Menschen existentiell geworden. Sie entscheidet über die Wahrheit des Menschen vor sich selbst. Geboren aus dem Materialismus der Renaissance, ist sie das geheime Losungswort, mit dem jeder zur Heilsgeschichte seines Lebens aufbrechen kann. Die Liebe ist zu der einmaligen Macht geworden, die sie seither für das Abendland darstellt. Das betrifft das seelische Liebesereignis wie das körperliche. Zum ersten Mal seit der Antike kommt der Körper wieder zu Ehren. Hochgestellte Frauen repräsentieren bei festlichen Anlässen mit nacktem Busen. In der Kunst wird das pralle Fleisch und die Lust am Fleischlichen, bei Michelangelo oder im Übergang zum Barock bei Rubens, so genüßlich dargestellt, daß spätere Zeitalter alle Mühe haben, die Augenweiden wieder hinter Faltenwürfen und Feigenblättern verschwinden zu lassen. Sogar Fürstinnen lassen sich nackt portraitieren wie Diana von Poitier oder die Fürstin von Eboli, die von Tizian als Venus zusammen mit Philipp II. gemalt wird. Ebenfalls als Venus steht ihm die Herzogin von Urbino Modell, für Rubens Maria von Medici.

»Was Gott geschaffen hat, das soll der Mensch nicht trennen«, das hat sich anscheinend sogar Papst Leo X. gesagt und Giulio Romano den Auftrag erteilt, die geschlechtliche Liebe in ihren wichtigsten Positionen darzustellen. Natürlich folgt der Auftrag des Kirchenoberhaupts der damaligen Vorliebe von Adel und Klerus, ihre Gemächer ›all' antica‹ mit erotischen Szenen aus Göttermythen zu schmücken. Die berühmtesten Beispiele sind die ›stufetta‹ des Kardinals Bibbiena oder der Palazzo Te in Mantua, den Giulio Romano im Auftrag von Federigo Gonzaga in einen rauschhaften erotischen Traum von der Antike verwandelt. Der Auftrag von Leo X. ist nicht weniger spektakulär gewesen, denn er führt zu einer einmaligen Koproduktion. Drei der berühmtesten Männer des sechzehnten Jahrhunderts arbeiten an dieser kleinen Galerie obszöner Stellungen. Raffaels Meisterschüler Giulio Romano führt die delikaten Motive aus, der bekannteste Kupferstecher seiner Zeit, Marcantonio Raimondi, vervielfältigt sie, und Pietro Aretino ›vertont‹ sie in Sonetten von mythischem Nachruhm. Nach einer anderen Vorgeschichte dieser Lehrsonette Aretinos, der »Sonetti lussuriosi«, wurden die Zeichnungen von einem Schüler Raphaels, aufgebracht wegen der schlechten Bezahlung seiner Arbeit, an die Wände der Sala di Constanino im Vatikan gekritzelt; Raimondi habe sie dann kopieren und 1524 drucken lassen. »I Modi« oder »Die Stellungen« enthalten sechzehn derbe Sonette, die in aller Direktheit die gezeichneten Akte kommentieren und praxisnah auf eine Stimulierung beim Geschlechtsakt abzielen. Abwechselnd ergreifen eine männliche und eine weibliche

Stimme das Wort. Der petrarkistisch melancholische Gesang von Herz, Seele und Liebespein, von Todessehnsucht als Trost wird hier zum vitalistischen Schöpfungsakt umfunktioniert:

»E se post mortem fotter fuss' onesto,
Direi: Tanto fottiam, che ci moriamo;
Per fotter poi de là Eva et Adamo«

»Und wenn's vögeln *post mortem* anständig wär,
sagt' ich: Vögeln wir, bis wir dran sterben,
um im Jenseits dann Eva und Adam zu vögeln.«

Bis ins Innerste vordringend, reizt Aretino die selbstkasteiende Seelenliebe, sie wird zur Körperlust, hier bezeichnenderweise wieder aus der Perspektive der Frau geschildert:

»... sino al core
Ficcami il Cazzo, e fà ch' ivi si schianti
L' anima, che 'n su 'l cazzo or nasce or muore.«

»... bis ans Herz
steck mir den Stengel, und laß dort zerplatzen die Seele,
die auf dem Stengel mal erblüht und mal stirbt.«

Sublimierung, Spiritualisierung, die mittelalterlichen Vorgaben im Umgang mit der Liebe, die bei Dante und Petrarca aus den Nöten des Körpers befreit erscheinen und selbständige Werte geworden sind: die Seelenliebe wird hier grotesk und radikal kritisiert. Aber die Perspektive hat sich gedreht. Nicht mehr, wie im Mittelalter, vom Körper aus fällt der Blick auf das Herz und die Seele, nicht die Trieblust ›zerplatzt in der Seele‹. Umgekehrt ist jetzt die Aufforderung: »laß dort«, also im Körper, »zerplatzen die Seele«! Die Zähmung der Triebe hat sich überholt, vielmehr gilt es schon die Seelenbewegung zu zähmen, denn sie geht nach innen, schmerzt und wirkt so selbstzerstörerisch, wie es Petrarcas Schmerzensgesänge ertönen lassen.

Auch politisch hat bereits eine neue Zeit angefangen. Der Kupferstecher Marcantonio Raimondi erfährt sie bald nach Fertigstellung seiner Arbeit. Er wird verhaftet, als die Stiche in Rom kursieren. Ein Exempel wird an ihm statuiert. Die Auseinandersetzung mit Luther schwelt und prägt ein neues kirchenpolitisches Klima. Zwar wird Marcantonio später von seinem Freund Pietro Aretino durch dessen Beziehungen zu Giulio de' Medici und auch Papst Clemens VII. rehabilitiert. Doch die Herausforderung der Kirche durch die Reformation führt bald zu jenem Konservatismus, der im Zeitalter des Barock zum Ausdruck kommt.

Die galante Liebe, Aufklärung und Mystik

Liebe im ›ersten modernen Zeitalter‹, im Barock: das ist die Erfindung des Stöckelschuhs, der das Kreuz hohl macht, den Busen hebt, die Beine strafft und das Becken betont. Das ist das Ideal des kleinen Fußes und des Wulsten- und Reifrocks, die den Schoß voluminös aufblähen. Das ist das Mieder, das eine Wespentaille formt, Puder, der die Haut alabastern färbt, und der Schönheitspunkt, der das Weiß als »Anmutsmilch« zur Wirkung bringt. Die Frau trägt Dekolleté mit kunstvoller Halskrause, sie hat einen gigantischen Haaraufbau und ein Schönheitspflaster am Bein. Liebe ist hier Raffinesse und noch mehr. Die Allongeperücke, der der Bart des Mannes weichen muß, zeigt es. Sie gibt dem Liebhaber das Haupt eines Löwen und macht ihn zur majestätischen Repräsentationsfigur. Wenn man sich diesen ›galanten Hofmann‹ mit seiner Dame vorstellt, wie sie sich in ihren ausladenden Kleidermassen gegenüberstehen, dann sieht man die Posen männlichen und weiblichen Machtgebarens. Das Liebesverhalten stellt klar: Im Barock und Rokoko ist die Liebe gewiefte Machtdemonstration.

Im absolutistischen Zeitalter wird dieses Machtgebaren perfekt beherrscht. Der Name ›Absolutismus‹ trügt. Noch die Mächtigen stehen in Abhängigkeiten und sind Glieder weitverzweigter Beziehungen. Sogar Ludwig XIV. ist gleichsam nur Tänzer in einem Menuett mit festgelegten Schritten und begrenzten individuellen Spielräumen. Die Positionen sind gesellschaftlich geregelt, und es gilt, sie voller Würde, Anmut, Eleganz und Galanterie für seine persönlichen Interessen auszunutzen. Macht ist hier Spiel mit festgelegten Regeln und mit der Chance, bei richtiger Kalkulation dazuzugewinnen. Ein entscheidender Trumpf in diesem Spiel ist die

Liebe. Sie ist vielbenutztes Mittel zum Zweck, nützlich zur Machterweiterung.

Um so wichtiger ist es, Liebe und Leidenschaften zu beherrschen. Petrarca und Platon werden heftig diskutiert und verehrt. Die Frauenverherrlichung wird gepflegt, nur ein anderer Name dafür ist die Galanterie, die erst mit dem beginnenden achtzehnten Jahrhundert zum Synonym ausschweifender Lüste wird. Barockes Liebesprogramm ist zunächst die Seelenliebe und die heroische Liebestat. Ideal ist, in Demut vor der Frau zu knien und sich edel vergeistigt mit ihrer Seele zu vereinen. Aber Praxis ist die Libertinage und die Theoretisierung der Liebe. Eine Sache von Gelehrsamkeit wird die Liebe, sogar für identisch erklärt mit der Vernunft: Zunächst sei die Leidenschaft nur ein Gedanke, auf den der Körper dann erst reagiere (Blaise Pascal). Liebe erscheint als Schule der Willenskraft und der Seelengröße, und über allem Lieben steht die Pflicht. Die Leidenschaften werden analytisch zergliedert, ans Licht des Bewußtseins und vor das Gesetz der Vernunft gebracht. Niemand ist in dieser Epoche seinen Leidenschaften ausgeliefert, kein Liebender ist unheilbar und rettungslos verloren wie später modellhaft Goethes Werther. Es herrscht die vernünftige Liebe, wie der Aufklärer Thomasius sie nennt.

Der Zivilisationsschub, der sich seit dem fünfzehnten Jahrhundert in Europa bemerkbar macht, führt in der höfischen Aristokratie des siebzehnten Jahrhunderts zu einem neuen Typ von Liebesbeziehung. Ein zivilisatorischer Panzer hat sich ausgebildet. Er ermöglicht, spontane Leidenschaften in Schach zu halten, Gefühle zu kontrollieren, zudem Manieren und Lebensart überhaupt. Die Menschen haben gelernt, von sich selbst Abstand zu nehmen und sich selbst gegenüberzutreten. Dieses hohe Maß an Selbstdistanzierung ermöglicht ihnen auch, sich von ihrer Umwelt zu distanzieren. Etikette und Maskeraden, langwierige Annäherungen, Lust an der Verzögerung des Liebesgenusses, Spannung ungestillten Verlangens, Auskosten von Liebesleid und alle Formen des Machtspiels zwischen Ich und Du sind Ausdruck dieser Liebe.

Nicht die in der Renaissance entdeckte Seelenliebe macht zunächst Geschichte. Das Barock verwirklicht die Machtliebe. Die Veränderungen zeigen sich am deutlichsten in einer Konstante:

der Frauenverherrlichung. Die Malerei legt Zeugnis davon ab – und hat die Historiker inzwischen auch dazu veranlaßt, die ursprünglich kunstgeschichtlichen Begriffe ›Renaissance‹ und ›Barock‹ zu historischen Epochenbegriffen zu verallgemeinern.

Von Dante inspiriert ist der Maler Filippo Lippi, dessen immer wiederkehrendes vergeistigtes Frauenantlitz noch ganz der Marienverehrung der Renaissance verpflichtet ist. Die Muttergottes in seiner »Verkündigung« ist dafür ein bezeichnendes Beispiel. Sandro Botticelli übernimmt den Frauentypus seines Lehrers, macht aber aus der in sich versenkten, blassen und blutleeren Gestalt eine fleischliche, vitale, gegenwärtige und ihres Leibes voll bewußte Venus. Ihre feinen Gesichtszüge, ihre Gestik und ihre schwebenden Bewegungen weisen sie dennoch als ein Jenseits im Diesseits aus. Die Erscheinung von Botticellis Venus ist Seelenereignis, das aber schon fleischlich faßbar wird. In seiner überirdischen Gegenwart erscheint das Körperliche aufgewertet und aus der mittelalterlichen Diffamierung befreit. Im Leib wohnt die Seele und macht den Menschen schwebend. Auch in der Renaissance hat die Seelenliebe das körperliche Begehren legitimiert und die Lust am Körper neu erlebbar gemacht. Zum ersten Mal seit der Antike ist die Liebe wieder als Begehren erlaubt. In der Hochrenaissance sind daher Darstellungen wie Tizians »Venus mit dem Orgelspieler« möglich. Bei diesem Akt gerät statt der dargestellten Frau, wie bei Botticelli, der Betrachter ins Schweben. Diese Frau liegt und ist ganz irdischer Körper. Ihr Körper ist Fleisch in seinem eigenen Ausdruck, genüßlich gesteigert und insofern beseelt. Entsprechend ist der Körper üppig und prall, geradezu ›barock‹. Aber noch liegt diese Schöne in ihrer leiblichen Pracht da, unverhüllt und unverstellt. Wenn das auch ein Realismus ist, der alle Makel dieses Körpers im Augenblick der höchsten Begehrlichkeit tilgt, also das Naturhafte beschönigt und seelisch idealisiert: er präsentiert den Moment natürlicher Seelenliebe.

Nach Tizian und dem frühen Höhepunkt der Barockmalerei mit Peter Paul Rubens entschwindet der nackte Leib weitgehend aus der Kunst und auch der Gesellschaft. Er tritt hinter eine ausgefeimte Kleidermode zurück, die indirekt das Körperliche betont. Zum ersten Mal läßt dies eine versteckt sexualisierte Gesellschaft

Filippo Lippi, »Verkündigung«, um 1437 (Ausschnitt)

Sandro Botticelli, »Die Geburt der Venus«, um 1482 (Ausschnitt)

Tizian (Tiziano Vecelli), »Venus mit dem Orgelspieler«, um 1550

Johann Kupezky, »Bildnis einer jungen Polin«, um 1713. Bei der Dame handelt es sich wahrscheinlich um Anna Constanze Gräfin Cosel, eine der berühmten Mätressen Augusts des Starken.

erkennen. Der nackte Körper erhält sein Kostüm, wie die kostümierten Figuren ihre Theatralik. Verführerisch präsentiert sich auf Johann Kupezkys Bildnis eine junge Frau. Die graziöse Geste, mit der sie ihren kostbaren Schal ein wenig hebt, ist sprechend. Ein Geheimnis wird angedeutet. Diesen Eindruck forciert das Dunkel im Dunkel, auf das die Finger zeigen. Sie betonen Geheimnisvolles dort, wo das Haar erahnt werden kann. Die flaumigen Pelzhaare des Zobels passen dazu. Die Schöne trägt ihn nach der Mode der Zeit als Pelzkragen und Palatine, wie ihn die Prinzessin Liselotte von der Pfalz, ›Palatine‹ genannt, gegen die Kälte im Versailler Schloß erdacht hat. Die Arme liegen parallel zur Kragenlinie und betonen eine Möglichkeit, auf die ihr linker Arm frivol hinweist: Er deutet auf einen voluminösen Schoß, der wie die Haarpartie im dunklen Hintergrund aufgeht. Haare und Schoß sind hier eins. Der scharfe Kontrast zu der alabasternen Haut macht den Eindruck perfekt: Diese Frau ist angezogen nackt.

Mehr noch. Das pelzbesetzte Dekolleté verleiht ihr einen beinahe animalischen Ausdruck. Ihre Kopfhaltung zeigt an, daß diese Dame zu allem bereit ist. Sie ist so offen wie ihr Blick. Mit Haut und Haar ist diese Anna Constanze Gräfin Cosel – eine langjährige Geliebte Augusts des Starken – Verführerin. So aufreizend rückt sie sich in Szene, daß ihre Seele ganz in der Verführerrolle aufgeht. Ist das Maskerade oder wirkliche Einladung zur Liebe? Die Haltung der rechten Hand erinnert an Mariendarstellungen, sie weist auf den eigenen Körper zurück. Madame hat Selbstdistanz und Ironie. Oder maskiert sich hier nur Selbstverliebtheit? Selbstbezogen zeigt sich ihr Verlangen. Sie gibt nicht, ihr Wollen lädt ein. Liebe hat hier eine neue Qualität angenommen. Derjenige, der mit dieser Schönheit ›am Hafen seiner Wünsche ankommt‹, der begegnet mehr als einer Nackten. Er begegnet der schwarzen Katze, der dieses Portrait nachempfunden ist, dem Jaguar.

Überraschend Neues wird in diesem Gemälde also über die Liebe berichtet: Sie zeigt einen markanten, verspielten Zug ins Tierische. Man muß sich die Bedeutung für die damaligen Verhältnisse klarmachen. Der Mensch, das Ebenbild Gottes, wird jetzt in seiner Liebe, und sei es auch nur im Maskenspiel, den Tieren gleichgestellt. In der Selbstdistanz wird tierisches Verlangen verherrlicht. Was das Mittelalter verdammt, verflucht und zu überwinden gepredigt hat, im Barock ist es Ideal. In der Frauenverherrlichung Kupezkys wird das Tier im Menschen ausgedrückt. Liebe ist Gefahr der Leidenschaft, die vor dem dunklen Hintergrund dämonisch wirkt. Das Naturhafte erscheint magisch faszinierend.

Die Verkleidung der Schönen als Tier macht den Zivilisationsakt, den die Liebe erfahren hat, rückläufig. Die Lust des Liebesspiels verlängert sich dadurch. Ein sekundärer Lustgewinn entsteht. Die Hintergehung des eigenen Gewissens spendet zusätzliche Lust. Die Gestik ist selbstgefällig und ›gestelzt‹, galant nach dem damaligen Modewort. Madame brilliert als Darstellerin ihrer selbst. Höchst zivilisiert bietet sie das Tier in sich zum gemeinsamen Spiel an, zum Kampf. Selbstdistanziert erwartet sie das Machtspiel mit einem Selbstdistanzierten. Die Seelenliebe der Renaissance ist in der Inszenierung von Machtposen aufgegangen, Spontaneität in sekundären Luststeigerungen.

Das Portrait der Gräfin von Cosel erzählt von der Liebe an einer ihrer berüchtigsten Heimstätten im Spätbarock. Der sächsische Hof Augusts des Starken gilt in der Sittengeschichte als die ›Lasterhöhle Deutschlands‹ mit allen Formen von Ausschweifungen. Kupezky hat die Mätresse im Abglanz ihres Liebhabers gemalt, des Kurfürsten von Sachsen und späteren Königs von Polen. In Luxus und Pracht feiert er Orgien und repräsentiert als mächtiger Liebesdompteur. Entsprechend strahlt seine Geliebte den Glanz eines exotisch gefährlichen Haustiers aus. Kupezky ist weit davon entfernt, eine in sich gekehrte, demütige Madonna zu zeigen. Der Marienkult ist weltlich geworden. Madonnenhaft portraitiert wird eine Kampflustige in Erobererpose: koketter Machthunger.

Hundert Jahre zuvor hat das Lieben noch einen erheblich anderen Ausdruck. Das sechzehnte Jahrhundert, die Zeit von Reformation und Bauernkriegen, ist bekannt als rustikal und deftig. Kulturell dominiert im Jahrhundert Luthers der ›Grobianismus‹. Der Begriff spricht für sich. Die Epochenfigur ist jener Faust aus dem »Volksbuch«, der dem Teufel seine Seele verkauft und dafür sowohl geistig als auch leiblich ein höchst ersprießliches Leben gewinnt: Er führt »ein säuisch Leben Tag und Nacht«. Wie authentisch diese

Gestalt gewesen ist, die ein lutherisch inspirierter, anonymer Verfasser in Szene gesetzt hat, belegen die Briefe von zeitgenössischen Humanisten – bevor sie im Alter zu Moralpredigern wurden.

»Ich bin«, so schreibt der Heidelberger Humanist Peter Luder in vollem Ernst, »durch das beständige Zusammenleben mit unsern gemeinsamen Freundinnen, den Dirnen, bei Tag und bei Nacht so heruntergekommen, daß ich am ganzen Körper erschöpft mich kaum noch in den Knochen zu halten vermag.« Angesichts dieses erbärmlichen Zustands bittet Luder seinen Freund dringend um Hilfe. »Kehre«, so fährt er fort, »deshalb so bald als möglich zurück und unterstütze mich in den Schlachten der Venus, oder Du wirst Deinen treuen Genossen tot in den Armen der Weiber finden …«

Noch im sechzehnten Jahrhundert ist vitalistisches Ausleben der Sexualität nicht nur in den gehobenen Gelehrtenkreisen üblich. Derbste Sitten kennzeichnen Fürsten genauso wie Landadel, Bürger und Bauern. In naiver Unbefangenheit und hemmungsloser Rede dokumentieren die Quellen die Genußfreude dieser Zeit. Adel und Knecht stehen in ihren losen Sitten auf einer Stufe. »Der edelmann«, so stellt Michael Lindener in seinem Schwank »Katzipori« klar, das ist der »junckher, der seinen adel imm speyen unnd fartzen sehen ließ und nichts anders kundt dann schlemmen und themmen, fressen und sauffen, wie jetzundt die heyligen Thaten des adels sein …«

Hemmungslose Ausschweifungen, derbe Sitten, zügellose Sexualität haben im Spätmittelalter zu einer eigenen kulturellen Blüte geführt. Herz, Seele und Innerlichkeit kennt das sechzehnte Jahrhundert nur in seltenen Fällen. Freude an Unflätigkeiten herrscht. Die Renaissance hat die breiten Schichten der Ständegesellschaft nie erreicht und auf die mittelalterliche Lebensart nur einen geringen Einfluß ausgeübt. Allein eine entscheidende Wirkung hat sie gezeitigt: Eine berauschende Sinnenfreudigkeit ist von ihr angeregt worden. In Reformationskreisen ist diese als »viehische Brunst« verschrien gewesen. Dem wilden Sexualleben kontert eine ausladende Literatur von Sitten- und Ehespiegeln. Doch selbst Luther hat in der Liebe nicht mehr gesehen als Sexualität. Grobianistisch rät er dem Mann bei Eheproblemen, dem »weyb« gegenüber das Machtwort zu sprechen und klarzustellen: »wiltu nicht, ßo wil eyn andere, wil fraw nicht, so kum die magd.«

Luther fördert die Ehe nicht als intime Seelenbegegnung, die einen persönlichen Weg zu Gott eröffnet. Er feiert sie als Heilmittel gegen die losen Sitten. Der Indivualismus Luthers ist auf ein persönliches Verhältnis zu Gott gerichtet und nicht auf die Verwirklichung einer Persönlichkeit, der sich Gott mitteilt. Entsprechend wird die geschlechtliche Liebe unmittelbar in der Beziehung zu Gott gesehen. Es gilt das Wort: »Seid fruchtbar und mehret euch.« Sexualität wird allein durch Gott begründet. Das ist bezeichnend für das sechzehnte Jahrhundert. Erst in seinem Ausklang und mit dem beginnenden Barock wird die Sexualität allgemein von der Natur abgeleitet und erscheint – wie auf dem Gemälde von Kupezky – als ein Triebgeschehen, in dem der Mensch nur ein anderes Tier ist.

Obwohl moralisch geächtet und kulturgeschichtlich disqualifiziert, ist diese Periode loser Sitten für die europäische Liebeskultur von entscheidender Bedeutung. Durch den Impuls der Renaissance ist im Abendland eine bejahte Sexualität entstanden. Nicht einmal Luthers moralische Donnerwetter konnten die Sitten bessern. In mittelalterlicher Unbefangenheit und renaissancehafter Vitalität haben die Menschen ihrer Lust gefrönt. Sie haben so von ihrem Körper Besitz ergriffen, wie die damalige Wissenschaft den Kosmos und Europa die Welt erobert hat. Die erste Weltumsegelung von Magalhães von 1519 bis 1521 erbringt den Beweis für die Kugelgestalt der Erde, die zweite Weltumseglung durch Francis Drake (1577–80) leitet den Völkermord an Azteken und Inkas ein. Die Europäisierung der Erde beginnt mit Sklaventransporten und Kolonisation. Auch vor der eigenen Kultur machen die Zerstörungen nicht halt. Im eigentlichen Wortsinn ist in der abendländischen Kultur damals den Menschen ›das Lachen vergangen‹: als ein gesellschaftlicher Grundwert. Michail Bachtin hat nachgewiesen, daß in dieser Zeit die Lachkultur in Europa degeneriert ist. Das volkstümliche Inventar des Lachens, Eselstag, Maskeraden, Umzüge und karnevaleske Traditionen werden eingeschränkt oder verschwinden – mit einschneidenden Folgen für die Gesellschaft. Denn durch die entgrenzende Funktion des Lachens hören Norm und Chaos auf, Gegensätze zu sein. Das Gewohnte wird in parodistischen Formen umgekehrt und negiert; das Offizielle, das Sakrale und Machterstarrte kurzzeitig in Frage gestellt und umgewertet. Die Kultur des Lachens hat daher eine gesellschaftlich erneuernde, dynamisierende und regenerative Kraft. Die Renaissance ist Höhepunkt dieser Entwicklung, die in der orthodoxen und konservativen Grundhaltung des Barock verklingt.

Aus der Sicht des Fortschritts war der Gewinn dieser Umwälzungen beträchtlich. Sie führten im ausgehenden sechzehnten Jahrhundert zur Ausbildung eines neuen Persönlichkeitstyps, des modernen Europäers und Nordamerikaners, und zur Entstehung von Verwaltung, Bürokratie und Staatsapparat. Die Lebensbereiche werden rationell organisiert und vereinheitlicht – und auch die Liebe ist in dieser Zeit zu einem neuartigen gesellschaftlichen Ereignis geworden. Sie wird zur repräsentativen Liebe mit Machtkalkül, zur galanten Liebe als Machtspiel.

Auch psychologisch liegen die Gründe dafür im Entschwinden der Lachkultur. Der Mensch, der sich ›vor Lachen ausschüttet‹, geht aus sich heraus und entblößt sich. Ein Austausch mit andern findet statt, der ein Heraustreten aus sich selber darstellt, ein Sichöffnen. Der Romancier und Philosoph Georges Bataille kennzeichnet das Lachen als einen »Zustand der Kommunikation, der die Suche nach einer möglichen Kontinuität des Seins und den Wunsch offenbart, von der Ichbezogenheit wegzukommen«. Das Zitat umgekehrt herum gelesen stellt klar, was hier mit der Degeneration der Lachkultur im Barock beginnt und ein ›erstes modernes Zeitalter‹ anzeigt: eine Erschließung des Ichs. Der Mensch schließt sich in sich selber ab, er richtet sich im abgeschlossenen Bereich seines Ichs ein. Nur eine andere Bezeichnung dafür ist die Selbstrepräsentation, die die Liebenden im Barock mit Allongeperücke und Kleidermassen im Gesellschaftspiel zur Schau tragen. Das Ich-Theater in der Liebe beginnt, das Fest des Ichs und seiner Leidenschaften. Und gleichzeitig prägen sich Ordnung, Staat, System und Systemdenken aus: ein Prinzip von Einheit.

Imposanter Ausdruck dieses Einheitsdenkens ist der Fürstenhof. Der Soziologe Norbert Elias schreibt über den Hof des Ancien régime, er sei ein »Abkömmling jener patriarchalen Herrschaftsform, deren ›Keim in der Autorität eines Hausherrn innerhalb einer häuslichen Gemeinschaft zu suchen ist‹«. Kern des barocken Einheitsdenkens ist demnach die hausväterliche Macht. Nach ihrem Muster werden die Welten verstanden, der Kosmos, der Staatsapparat, die Seelenorganisation und auch das Lieben. Ein zentralistischer Ordnungsentwurf gilt, hierarchisch sind die Einzelkräfte aufeinander bezogen. Das Oberhaupt gewährleistet den widerstreitenden Elementen die Balance, die die Ordnung in Natur, Gesellschaft oder Seele ermöglicht. Gott, Staat und die menschliche Vernunft haben das Sagen, und das Lieben hat sich ihnen zu unterwerfen. Gehorchen die Leidenschaften nicht, bricht nach den gängigen Seelenlehren das Chaos im Gemütsleben aus, und der Mensch überwirft sich mit sich selbst. Er verliert seine Seelenruhe und innere Zufriedenheit. Weil die Liebe dazu geeignet ist, solche Verwirrung zu stiften, gilt sie weithin als Malheur und als ein Übel, dem die Vernunft zeigen muß, wer der ›Herr im Haus‹ ist. Diese Macht über die Liebe spielt die Vernunft durch den Willen aus. Galante Liebe ist also weitgehend willentlich kontrollierte Liebe.

Im Alltag eröffnen sich dadurch um so weitere Spielräume. Sie drücken sich am auffälligsten in der Anlage der fürstlichen Privatappartements aus. Mann und Frau leben in dieser Gesellschaft in gleichwertigen, aber getrennten und oft in gegenüberliegenden Flügelteilen angeordneten Räumlichkeiten. Jedem der Ehegatten steht eine eigenständige Lebensführung zu. Dem anderen ist er nur ein geringes Maß an Rechenschaft schuldig. Und doch verlieren sich die Ehegatten nicht aus den Augen, denn Anstand, Konvention und Repräsentationspflichten erlegen ihnen bestimmte Kontakte auf und setzen dem Eigenleben Grenzen. Diese bestehen in der Erhaltung von Ansehen und Ehre des ›Hauses‹, und vor dieser Pflicht treten alle persönlichen Vorlieben und Freiheitsräume zurück. Im Hintergrund wirkt also die Macht des Hausvaters, des Pater familias, der gleichwohl seinerseits in die gesellschaftlichen Machtverhältnisse eingebunden und den Interessen des Staats verpflichtet ist.

Das Modell der galanten Liebe gibt der königliche Hof des reichsten Landes in Europa vor. Frankreich verfügt zwar nicht wie

Spanien über das unermeßliche Gold ausgeplünderter Kolonien, aber es ist mit seinen annähernd zwanzig Millionen Einwohnern und seinen fruchtbaren Landschaften die reichste westliche Monarchie. Und es entwickelt zur Finanzierung seiner Kriege ein rationelles Verwaltungs- und Finanzsystem, das es ihm erlaubt, Spanien zu besiegen und in Konkurrenz zu den anderen Großmächten, den Vereinigten Niederlanden und England, zu treten. Aus eigener Kraft wird Frankreich zur führenden Macht in Europa und verherrlicht sich entsprechend an seinem Königshof. Prunk, Pracht, tagelange Festlichkeiten, ausschweifende Vergnügungen und eine einzigartige Unterhaltungsmaschinerie bestimmen das Leben dort, wo die »Sonne aufgegangen ist«. Die einzigartigen ›barocken‹ Verhältnisse liegen in der Staatskunst des Sonnenkönigs begründet. Er hat es nicht nur verstanden, den Adel finanziell auszupressen und den Aufstand der ›Fronde‹ im Jahr 1653 niederzuschlagen. Er hat auch den Witz besessen, seine Feinde an den Hof zu verpflichten und persönlich zu beaufsichtigen. Und was wäre zu solcher politischen Ruhigstellung tauglicher als Amüsement und Amouren? Der Hofhistoriker Ludwigs XIV., Henri Philippe de Lumiers, hat keine Zweifel daran gelassen, daß die Lustbarkeiten am absolutistischen Hof kalkuliert sind. Der König sieht in den enormen Ausgaben für Konzerte, Theater, Feuerwerk, Bälle, für den Prunk und die Festkultur eine sich in jeder Hinsicht lohnende Investition. Seinem Thronfolger hinterläßt er diese wichtige Staatsregel im Umgang mit der Aristokratie: »Das Vergnügen, das ihnen das Theater bereitet, zieht sie ohne Zwang dorthin; die Stunden, die sie dort verbringen, verstreichen ohne Reue; sie schmieden keine bösen Pläne mehr und können sich ganz ihrer Trägheit hingeben.«

Wie Fliegen in der Hitze ergeht es den Höflingen angesichts der Machtpolitik und Staatskunst des Sonnenkönigs, sie gehen träge ihren Trieben nach und vertreiben sich die Zeit mit annehmlichen Spielen und galanten Vergnügungen. Die erzwungene Unterwürfigkeit am Hof – strikt reglementiert in hierarchischer Kleiderordnung und Etikette – fordert den Ehrgeiz der Adligen heraus, in der höfischen Gesellschaft zu brillieren. Die starre Rangordnung mit festgeschriebenen Gesten der Huldigung führt zu Protektion und Günstlingswirtschaft. Garant des höfischen Spiels sind die Liebeleien. Die Karrieren werden in den Betten ausgefochten oder gleich durch Bargeld. In diesem Bestechungs-, Ränke- und Intrigenspiel kommt der Herzensfavoritin des Königs eine Schlüsselposition zu, öffnet ihre Gunst doch die Türen zur Macht.

Königin und Fürstin sind unangefochtene Autorität. Die Mätresse aber bestimmt das Leben am Hof, sie ist die Venus und die Größe, der alle ihre Reverenz erweisen. Sie wird in Versailles beim Antritt Ihrer Herrschaft als ›maîtresse en titre‹ gefeiert. In einer prunkvollen Oper tritt der König mit ihr auf der Bühne auf, er läßt sich als antiken Gott feiern, um schließlich, mit dem gesamten Hofstaat, vor der Venus seiner Wahl huldigend das Knie zu beugen. Wer wollte bei solcher sozialen Anerkennung eine Mätresse moralisch in Frage stellen? Richelieu berichtet davon in seinen Memoiren und dokumentiert, wie der Glanz des Sonnenkönigs die erotischen Phantasien der Jugend geprägt hat. Versailles ist die Traummanufaktur des siebzehnten Jahrhunderts, und die Mädchenwünsche sind, wenigstens einmal im Leben die Huldigungen der Mätresse des Königs zu erleben.

Träume dieser Art kommen erst durch Ludwig XIV. auf. Seine Vorgänger bereisen das Reich noch und haben genügend Gelegenheit, ihre Liebschaften zu verbergen. Erst Ludwig XIV. beendet das Reisekönigtum durch seine zentralistische Verwaltung und hält sich ständig im Louvre und seit 1682 in Versailles auf. Das Problem der königlichen Liebschaften löst er nach Vorbild des italienischen Kurtisanenwesens. Seiner ersten Mätresse, Louise de La Vallière, kauft er ein kleines Schloß, stattet es prachtvoll aus und besucht sie dort in exotischen Boudoirs voll sinnlicher Üppigkeit. Hier lernt er auch ihre Freundin Athénaïs de Montespan kennen, die bald ihre Nachfolgerin wird.

Trotz aller Schwierigkeiten setzte Ludwig XIV. in hartnäckiger Hofpolitik durch, daß der Vallière gesellschaftlich als ›maîtresse en titre‹ Hochachtung widerfährt. Die neue Wahl aber bringt neue Qual. Die Montespan ist verheiratet, und der Gatte widersetzt sich ihrem Verhältnis mit dem König. Eine komplizierte Situation ergibt sich: Die Stellung der Mätresse am Hof soll bleiben, die Favoritin muß sich bis zur Scheidung zurückhalten. Faktisch sieht die Lage so aus: Louise de La Vallière verfügt über das Privileg, bei den königlichen Empfängen zu sitzen. Die Montespan aber muß neben ihr stehen. Sie steht noch neben ihr, als sie mit dem König schon sechs Kinder hat, aber noch immer nicht geschieden ist. Zu allem hin erhebt der Marquis de Montespan sogar rechtliche Ansprüche auf den königlichen Nachwuchs.

Was tun? hat sich die Montespan von Anfang an gefragt. Und sie hat sich dafür entschieden, daß sie besser dasteht als die ›maîtresse en titre‹. So wird die Montespan zur legendären Montespan, die nur sich selbst repräsentiert. Etwa als die Modemacherin ihres Zeitalters, mit selbstentworfenen Frisuren wie dem ›Hurluberlu‹, den sie mit ihrem Gefolge im Frühjahr 1671 zur Schau stellt. Oder sie erstaunt mit dem ersten Baumwollkleid, das sie anläßlich einer Schwangerschaft anfertigen läßt. Solange Madame de Montespan darauf wartet, endlich von ihrem Gatten geschieden zu werden und öffentlich als erste Dame des Hofes repräsentieren zu können, setzt sie alles daran, sich durch Originalität jeder Art den ersten Rang zu verdienen. Sie brilliert als Modeschöpferin genauso wie durch ihre Schlagfertigkeit, ihren Witz und ihre selbstausgedachten Unterhaltungsspiele. Als die Scheidung endlich rechtsgültig ist, zeigt sich der Sinn ihrer Bemühungen allerdings unverstellt. Sie tritt im goldgewebten Prachtgewand auf, im Strahlenglanz von diamantbesetzten Kleidern, im Rausch der machtvollen Selbstrepräsentation.

Die Montespan führt vor, was Machtliebe heißt: beständige Erneuerung der eigenen Attraktivität und die Kunst, jede Situation zu beherrschen. In ihrer immerhin vierzehnjährigen Mätressenzeit setzt sie darin Maßstäbe. Sie ist dem König nicht nur Mutter seiner Kinder und bedient kunstvoll das höfische Intrigenspiel. Sie nimmt ihm vor allem seine innenpolitischen Sorgen ab. Sie zieht die Fäden, an denen der Hofadel ausgelassen tanzt und sich vergnügt. Von ihr werden die ständigen Zusammenkünfte am Hof gestaltet, die tagelangen Feste. Einfallsreich in Klatsch, Konversation und Überraschungen, ist sie der Maschinist im Versailler Marionettentheater.

So verkörpert sie das Ideal im absolutistischen Frankreich. Unter ihrer Ägide wachsen die Träume der Machtliebe. Da ist zum Beispiel das verarmte Adelsgeschlecht derer von Fontanges aus der Provinz. Sie gehören nicht zu den Günstlingen am Hof des Sonnenkönigs und planen ihren Coup von langer Hand. Ihre Tochter Marie-Angélique ist von außergewöhnlicher Schönheit, sie wird von Jugend an darauf abgerichtet, einmal zur königlichen Mätresse zu avancieren. Als sie siebzehn Jahre alt ist, stürzt sich die Familie in Schulden und rüstet ihren ›Engel‹ zur Einführung am Hof aus. Noch herrscht die Montespan, aber sie ist inzwischen achtunddreißig Jahre alt, wohlbeleibt und so eigen, daß Ludwig XIV. neue Amouren sucht. Der Zeitpunkt der Offensive ist also günstig, und der Erfolg läßt zunächst auch nichts zu wünschen übrig. Obwohl alle am Hof über die Absichten des Fräuleins von Fontanges Bescheid wissen, die Montespan wütend und gekränkt intrigiert, gelingt ihr ein Blitzsieg. Sie steigt zur Favoritin des Königs auf und nach einem Jahr zur Herzogin – auf den Rang der Montespan. Freigebig wird die Familie mit einträglichen Ämtern ausgestattet. Doch das Glück ist von kurzer Dauer. Vom König schwanger, verliert sie seine Gunst, bei der Geburt auch das Kind und leidet danach an Blutungen, die sie kränklich und für das Leben bei Hofe untauglich machen. Nach einer halbjährigen Kur im Kloster von Chelles, wo ihre Schwester Äbtissin ist, nimmt sie es noch einmal mit Versailles auf. Aber Hof und König ignorieren sie. Wenige Monate später stirbt Marie-Angélique de Fontanges in Chelles im Alter von zwanzig Jahren.

Dieser Triumph von Madame de Montespan ist ihren angeblichen Giftmischerkünsten angerechnet worden. Die Anklagen, die gegen sie erhoben werden, bleiben jedoch ergebnislos. Der Skandal bestärkt allerdings Ludwig XIV., sich der Gouvernante, die von der Montespan für ihre Kinder an den Hof geholt worden ist, näher anzunehmen. Sie wird seine neue Mätresse. In ihr, der Witwe des Dichters Scarron, Françoise de Maintenon (1635 bis 1719), hat Ludwig XIV. die Frau gesucht, die den Verlockungen der Macht standhält und eigen bleibt. Madame de Maintenon ist nie zur Artistin im Versailler Vergnügungspark geworden. Vielleicht hat sich erst der alternde König mit seiner gefestigten absolutistischen Souveränität einen solchen Seelenluxus erlauben können. Am Hof jedenfalls ist es langweilig geworden. Man vertreibt sich die Zeit durch eine andere Mode, durch das Märchenerzählen. Die Hofdamen, die jetzt anfangen, Geschichten von Feen zu erzählen und niederzuschreiben, mögen vom König und seiner Mätresse inspiriert worden sein. Am Kamin läßt Ludwig XIV. sich die Staatsangelegenheiten vortragen, und Madame de Maintenon sitzt ihm strickend gegenüber und hört zu. Nach dem Tod von Königin Marie-Thérèse 1683 gehen die beiden eine geheime, da standesungleiche Ehe ein, und der König soll seine außerehelichen Beziehungen aufgegeben haben.

Das intime Einverständnis von Ludwig XIV. und der Maintenon hat die Rolle der Mätresse am Hof endgültig festgeschrieben. Seither ist sie, kirchlich anerkannt, eine Institution. Unter Ludwig XV. wird Madame de Pompadour als ›Kulturministerin‹ den Bau- und Kunststil einer ganzen Epoche prägen. Es wird aber auch deutlich, daß die Rolle der Mätresse vor allem die Repräsentation betrifft. Die Mätresse ist Statussymbol und Teil der Machtrepräsentation. Sexualität erscheint im Vergleich zu dieser Funktion als eine entbehrliche Beigabe. Die Pompadour versteht sie zur Festigung ihrer Macht geschickt auszulagern. Sie richtet Ludwig XV. den ›Parc aux Cerfs‹ ein, ein Privatbordell als ›Hirschpark‹, für das Schönheiten aus ganz Frankreich zum Vorteil ihrer Familien herangezüchtet werden.

Die Mätresse ist eine Institution am barocken Fürstenhof, und sie verkörpert die damalige Machtliebe. Der Fürst stellt seine Potenz gesellschaftlich zur Schau. Was sollen ihm seine Armeen, Schlösser und Gärten, seine Prunksäle und Boudoirs, wenn seiner Herrschaft das eine fehlt? Wie der Strahl aus der Tiefe eines Diamanten erglänzt die Mätresse aus den Privatgemächern des Mächtigen. Das Portrait der Gräfin Cosel demonstriert es: Ist es nicht auffällig, daß diese Schönheit ganz ohne Schmuck dargestellt ist? Das Fehlende zeigt sich im Dargestellten. Die Gräfin ist in Person Edelweib und Diamant. Jeder Ring an ihren Fingern wäre dieser Wirkung abträglich. Madame ist Schmuckstück genug. Sie repräsentiert damit auch die Institution der Mätresse: als den Funkenschlag der Liebe im Machtbereich des Herrschenden.

Die Mätresse ist somit eine Notwendigkeit am absolutistischen Hof. Sogar ein Fürst, der sich mit seiner Gattin zufriedengibt oder homosexuell ist, täuscht sie zumindest vor, wie Friedrich II. mit der Tänzerin Barberina. Und wem für diese repräsentative Rolle das notwendige Kaliber von Dame fehlt, der prahlt mit seinen vielen kleinen Exemplaren, wie der Herzog von Baden-Durlach, der durch einen Harem von nicht weniger als einhundertsechzig Frauen bekannt ist. Ob Fürst oder Fürstin, Verwaltungsbeamter oder Magister, wer etwas auf sich hält und über die nötigen Mittel verfügt, der kauft sich als galanter Liebhaber seine (männliche oder weibliche) Mätresse.

Die Bejahung der Sexualität ist im Barock als Konvention etabliert. Freizügige Rede und Anschauung der vorigen Jahrhunderte setzen sich fort. Unanständigkeiten bleiben an der Tagesordnung. Doch sie haben die grobianistische Direktheit verloren. Das Derbe ist einer Eleganz gewichen, die die Mätresse in ihrer Raffinesse verkörpert. Das Vulgäre wird veredelt, verkleidet. In der Dichtung des siebzehnten Jahrhunderts hat das zu einer andeutungsreichen Bildersprache geführt; wie in dem Gedicht »Garten Buhlschafft, oder Kraut Lieb« des einflußreichen Dichters Georg Rudolf Weckherlin:

»Laß uns das Nabelkraut verschieben,
Das so süß, under deinen Schurtz.
Ja Knabenwurtz und Ständelwurtz,
Sprach sie, mir allzeit wol zu schlagen:
Liebstöckel mögen wir auch wagen,
Dieweil sie gut für die, die blaich,
So stöckt es tief in das Glidweich.
Glidkraut mein glid mit lust durchdringet,
Wan es kein Muterkraut mit bringet:
Auch lieb und süß ist die Manstrew,
Mit Zapfen-kraut die frewd wirt new:
Dan seine Tugent stehts passieret,
Sobald es kützelnd tief berühret,
Die zarte nackend Hurenhaut:
So wird es gleichsam Seifenkraut.«

Kräuternamen vertreten in dieser Huldigung der körperlichen Liebe die Geschlechtsteile. Der kunstvolle Stil folgt den französischen, italienischen und holländischen Vorbildern und dem Anspruch, die bisher in Neulatein gehaltene Rede auf deutsch fortzusetzen. Doch dieser Ton ist Weckherlin und einer ganzen Reihe seiner Kollegen auch bei der Karriere als schlesische Verwaltungsbeamte förderlich gewesen. Man dichtet in dem Willen zum Prestige. Das erklärt die Eleganz des Ausdrucks, die unterschwellige Gelehrsamkeit und die ergötzende Umschreibung. Geistreich, witzig und obszön dichtet der Barockpoet für seinesgleichen über seinesgleichen und das bedeutet: vornehm. Im Umfeld von Universitäten und Gymnasien entstehen literarische ›Schulen‹, die mit den Höfen in Verbindung stehen. Nur die oberste Bevölkerungsschicht ist des Lesens kundig und reich genug, um einen Handdruck zu kaufen, fünf Prozent in den deutschen Landen. Das folgenreiche Ergebnis dieser Entwicklung ist, daß die volkstümliche Dichtung, die bisher neben der gelehrten lateinischen besteht, versiegt. Die Tradition der meist auf Vortrag angelegten, frechen Schwänke, Bänkellieder oder Fastnachtsspiele des sechzehnten Jahrhunderts, die angesprochene Volkskultur des Lachens erstickt in einer inszenierten Festkultur, in Dekoration, Prunk, Chorgesang, Opernspektakel, in jener choreographischen Regel, die ihren bezeichnenden Ausdruck im erkünstelten Menuettschritt hat. Wie sollte man mit Stöckelschuh und Reifrock auch anders tanzen? Auch hier setzt sich das Indirekte durch. Das Menuettanzen ist eine choreographische Sprache der Liebe, die ihren unmittelbaren Ausdruck verloren hat.

Das volkstümlich Direkte und Unmittelbare wird von der barocken Hochkultur vereinnahmt und im Zeremoniell verkünstelt. Die lockere Rede über Sexuelles hat das Derbe und Freche eingebüßt zugunsten des Frivolen. Das Wort kommt vom lateinischen ›friare‹, das ›zerreiben‹ meint. Eine frivole Liebe ist eine ›nichtige und unbedeutende‹ Liebe, hinfällig und vergänglich. Die Wertung der Liebe hat sich damit von der Renaissance zum Barock verkehrt: statt Vitalität herrscht Vanitas. Ihr erstaunlichster Ausdruck ist eine aus der Sittengeschichte bekannte Vorliebe der Zeitgenossen. Festlich begehen sie die öffentlichen Schauspiele der Hinrichtungen. Und danach reagieren sie ihre Anspannung in Orgien, in sexuellen Exzessen ab. Öffentliche Unzucht, Bordellbestürmungen und Massenvergewaltigungen sind dokumentiert. Der Adel bevorzugt bei diesem Spektakel die Fensterplätze und stillt mit Cham-

Das Barock war nur für wenige Glückliche das Zeitalter der üppigen Prachtentfaltung. Im Dreißigjährigen Krieg erlebte das einfache Volk Verwüstungen, Plünderungen und barbarische Grausamkeiten. Die Lebensumstände jener Zeit schildert der »Simplizius Simplizissimus« in ihrer ganzen Derbheit – und auch in der Liebe herrschten rauhe Sitten. Dieser Holzstich zu Grimmelshausens Schelmenroman entstand um 1646 nach einer Radierung von Hans Ulrich Franck.

pagner und Zotengeschichten seine Gelüste frivol in den Nebenzimmern. Von heute aus gesehen ist die Beziehung unverkennbar: Die Machtliebe findet ihre Ergänzung in der Hinwendung zum Tod.

Das Vergängliche und Nichtige, die Vanitas, ist bekanntlich Ausdruck des ›Jahrhunderts der Soldaten‹. Zwischen zehn und zwölf Millionen Europäer sind im siebzehnten Jahrhundert zu Soldaten geworden. Die Paradefigur dieser Verhältnisse ist jener Simplizius Simplizissimus, der sich durch die Wirren des Dreißigjährigen Krieges schlägt. Keinen immerwährenden Festtag mit Allongeperücke und Machtgehabe erlebt er als sein gottbestelltes Dasein. Wer damit beschäftigt ist, am Leben zu bleiben, findet nur am Rande Gelegenheit zur Liebe. Aber er lernt sie zumindest als Mosaikstein seiner Lebenserfahrung kennen. Eines Tages wird Simplizius von seiner Herrschaft zu einer werten Dame geschickt. Er trifft auf eine ausgemergelte Alte mit obszönen Reden. Das Grauen überkommt ihn schon, da merkt er, daß er sich bloß bei einer Kupplerin befindet. Man stülpt ihm einen Sack über den Kopf und führt ihn an einen geheimen Ort. Das Abenteuer stellt sich als Glück heraus. Er gelangt zu einer jungen, vornehmen Dame, die sich nach damals verbreiteter Art eine vulgäre Kraftnatur wie Simplizius gönnt. Er wird gebadet und geölt und erlebt eine wilde Woche, in der er das Leben als abwechslungsreiches Fest kennenlernt. Denn die lüsterne Schöne, die sich ihm in völliger Dunkelheit hingibt, scheint immer wieder eine andere zu sein. Je sicherer er sich der verschiedenen Personen ist, um so größer sein Genuß. Die Frivolität macht hier die Dunkelheit aus, die die Lust steigert. Aber sie ist auch, wie es die Ängste von Simplizius in dieser Episode zeigen, Grenzbegehung. Das Frivole ist der verschlingende Abgrund der Lust, die Leidenschaft bedrohendes Dunkel.

Venus und Cupido werden im Barock immer wieder blind dargestellt, das Dunkle und Bedrohliche ist aus der Liebe nicht mehr wegzudenken. Aus historischer Distanz zeichnet sich ein auffälliger Gegensatz ab, einerseits das Machtspiel, andererseits das Dunkel als naturhaft Bedrohliches. Schon auf Kupezkys Portrait posiert die Mätresse Augusts des Starken mit der Gebärde verführerischer Macht inmitten eines irritierenden Dunkels. Im Denken der Zeit korrespondiert damit die merkwürdige Einheit von Vernunft- und Sternenglauben, von Rationalität und Mystik. Mit dem Vernunftdenken geht von Anfang an dessen Kehrseite einher, die Bedeutung des Unvernünftigen, Regelwidrigen, Abstrusen und Widersinnigen. Im siebzehnten Jahrhundert halten sich Mystik und Aufklärung noch die Waage, widersprechen sich nicht. Erst im achtzehnten Jahrhundert geraten sie in Konkurrenz zueinander, stehen sich Aufklärung und Faszination des Irrationalen unversöhnlich gegenüber.

Auch den Liebesdiskurs bestimmt die Vorstellung, daß sich die Ordnung der Macht unversehens verkehren kann. Kehrseite der Machtliebe ist die Angst, ausgeliefert zu sein. Mit der Selbstrepräsentation steigert sich das Bewußtsein von Selbstverlust. Allongeperücke und Löwenkopfputz, erkünstelte Selbstinszenierung und modischer Manierismus sind das eine. Das andere aber sind Verzweiflung und das existentielle Bewußtsein von der Hinfälligkeit alles Irdischen.

»Vanitas vanitatum et omnia vanitas« heißt es in der Bibel: »Es ist alles eitel«, kommentiert Andreas Gryphius das barocke Lebensgefühl:

»Ach! was ist alles dis was wir für köstlich achten /
Als schlechte nichtigkeitt / als schatten staub vnd windt.
Als eine Wiesenblum / die man nicht wiederfindt.
Noch wil was ewig ist kein einig mensch betrachten.«

Vanitas heißt hier: der Mensch verschließt sich vor der Wirklichkeit, er ist eitel und von sich selbst eingenommen. Gryphius fordert statt dessen, daß der Mensch sich als bedingt begreift und eine Zentrierung des Denkens auf sich selbst, also Ehrgeiz und Egozentrismus, vermeidet. Was aber heißt das für die Liebe?

Ist alle Liebe eh hoffnungslos? Wer liebt: »Er liebt vergebens«, wie ein Sonett von Gryphius zu bedenken gibt: »Die brunst bestricket mich / warum nicht auch der tod?« Liebe und Tod, diese mythische Einheit wird im Barock zum allgegenwärtigen Jammer- und Schwanengesang. Die beliebten Motive sind Stundenglas, Lebensbuch, Totenschädel. Ist es richtig, was Petrarca schon als

Paradox zu bedenken gab: daß gleichermaßen, ob der Mensch nun höchste Liebeserfüllung erlebt oder die Qual unerfüllter Liebe, in seinem Innern eine Todesvision erfahrbar wird?

Machtliebe und Liebesverzweiflung, Leidenschaft und Vanitas, die Einheit der beiden Seiten führt dort, wo sie thematisiert wird, oft zu existentiellen Grenzgängen, die bis heute ihre Schockwirkung erhalten haben. Vor allem gilt dies für das barocke Theater in einer Zeit, in der die Schauspieler auf der Bühne bis zum Geschlechtsakt gehen und Notzuchtszenen aufführen. Beliebt ist die frivole Figur des Pickelhering, der bei Heiratsanträgen regelmäßig seine Hosen verliert. Wie brisant solche galante Liebe sein kann, hat der Romancier Hubert Fichte gezeigt. Er hat einen Autor wiederentdeckt, der als schwülstig abgetan wurde: Daniel Casper von Lohenstein. Seine barocke Rhetorik, sein ausschweifender Bilderreichtum sind gezielt darauf aus, den Zuschauer zu irritieren, zwischen Lachen und Weinen zu schockieren und dadurch zu bessern. Vor dem Marquis de Sade und Sigmund Freud schildert dieser ›deutsche Seneca‹ in seinen erotisch-poetischen Schicksalstragödien eine enthemmte Sexualität, die neben Inzest auch die Verführung Minderjähriger, Homosexualität, Nekrophilie, Sadismus und Masochismus einschließt.

Lohensteins Stück »Agrippina« (1665 erschienen) gehört zum Kühnsten, was das Barock an sexuell-erotischer Handlung auf die Bühne gebracht hat. Die Machtliebe am Hof von Versailles wird hier literarisch zugespitzt und ›gelehrt‹ analysiert. Der barocke Fürstenhof wird ins antike Rom verlegt und die Machtliebe im Palast Kaiser Neros nach ihren Hintergründen abgeklopft. Entsprechend freizügig ist das Stück auch komponiert. Den Zeitgenossen dürfte kaum verborgen geblieben sein, daß es der Bewegung eines Orgasmus folgt, bis hin ins wahnhaft Leere. Erotisch beginnt es, steigert sich zu einer Inzestszene zwischen Agrippina und ihrem Sohn Nero und weiter im zweiten Teil zu Traumvisionen und Wahnvorstellungen des Kaisers nach dem Mord an der Mutter. Vorgeführt wird die Selbstbewegung des Triebs.

Dabei zielen Lohensteins Schockeffekte wie seine seelenaufwühlende Sprache auf die innersten Gefühle des Zuschauers. Bereits Aristoteles hat dargelegt, daß Schockeffekte emotional zutiefst aufrütteln, Erstarrungen lösen und das Gemüt reinigen, entschlacken. Das Publikum weint und spült sich dabei innerlich durch.

Im Barock bei Lohenstein wird indes die Psychohygiene des antiken Dramas noch gezielter eingesetzt. Die bestialischen Zustände, die sein Drama vorführt, zeigen ungehemmte Leidenschaften bis zum inzestuösen Schrecken, um das Publikum zur ›gesunden‹ moralischen Reaktion zu provozieren. Verstand und Gefühl werden gleichermaßen aufgewühlt, und das Gemüt wird insgesamt in eine Verwirrung versetzt, die den Zuschauer aus der Reserve lockt. In seinem Gemütschaos soll der Mensch sich mit allem Scharfsinn darum bemühen, Ordnung zu schaffen. Provoziert wird die Selbstkontrolle. Denn wer außer Kontrolle ist, der verliert seine Seelenruhe und gerät ins Mehr-und-mehr der Leidenschaften, in dem er unweigerlich Schiffbruch erleidet.

Liebe im Barock ist untrennbar verbunden mit der Leidenschaft als Machtgier und der Machtgier als Leidenschaft. Die Montespan hat es am Versailler Hof vorgeführt und wäre einer erotisch-politischen Schicksalstragödie genauso wert wie die Fontanges. Versailles gibt die Muster vor, die Provinzhöfe spielen sie nach. Ludwig XIV. hat die bürgerliche Maintenon morganatisch geehelicht, Karl Ludwig von der Pfalz heiratet 1657 eine Bürgerliche ›zur linken Hand‹ und verläßt seine Gattin Charlotte von Hessen. Lohenstein hat diesen Hofskandal gekannt und lyrisch in sogenannten »Blumen« verspottet. Zur gleichen Zeit beginnt er auch sein römisches Trauerspiel »Agrippina«, in dem er die aktuellen Eskapaden bei Hofe in der antiken Stoffvorlage dramatisiert. Auch Nero verläßt seine Gattin Oktavia und bemächtigt sich einer ›Bürgerlichen‹. Aber Lohenstein macht noch mehr, als die Erscheinungen seiner Zeit in unterhaltendes Theater umzusetzen. Er analysiert sie nach dem damals aktuellen Erkenntnisstand von Aufklärung und Rationalismus.

Lohenstein setzt der inszenierten Machtliebe die damals so beliebte ›Sonne der Aufklärung‹ entgegen. In ihrem Licht erscheinen die Verhältnisse anders, nämlich – nach der ursprünglichen Bedeutung von ›Aufklärung‹ aus der Wetterbeobachtung – aufge*klart* und aufge*klärt*. Der ›Begierden-Dünst‹, der die Köpfe der römischen Liebestrunkenen benebelt, hebt sich, und die Liebe gibt sich vernünftig zu erkennen. Lohenstein führt damit einen zweiten Liebesbegriff ein. Der Machtliebe stellt er eine aufgeklärte Liebe gegenüber, die vernünftige Liebe. Sie wird von der Liebesgöttin persönlich ›erklärt‹:

»Lernt nun /was ich für eine Göttin bin /
Mein Tempel ist Lufft / Himmel / Erde / Flutt.
Ja die Natur selbst ist die Priesterin /
Die Schönheit Zunder / die Begierden Glutt /
Der Anmuth Blitz steckt die geweyhten Kertzen
Der Sinnen an / das Opfer sind die Hertzen.«

Die zwei Lieben, die Lohenstein unterscheidet, sind inzwischen bekannt genug; das Aufklärungsdenken konstituiert die heutige Weltsicht. Es gibt eine Natur, und es gibt Lebewesen. Es gibt eine kosmische Betriebsenergie und ihre jeweiligen Körper. Im Barock steht dafür die terminologisch exakte Unterscheidung zwischen einer ›schaffenden‹ Natur und einer ›geschaffenen‹ Natur. Lohenstein unterscheidet entsprechend, aus dem Naturverständnis seiner Zeit heraus, ›schaffende‹ und ›geschaffene‹ Liebe. Die geschaffene Liebe ist die von Tier und Mensch gelebte Liebe, die im Barock alltägliche Liebe, die Machtliebe. Was meint nun die schaffende Liebe, die die vernünftige und wahre Liebe sein soll? Der Philosoph Spinoza, dessen »Ethik« (posthum 1677 erschienen) Lohenstein kaum gekannt haben dürfte, erklärt den Sachverhalt folgendermaßen: Alle Dinge und Erscheinungen dieser Welt beruhen auf etwas »Darunterstehendem«, auf einer »Substanz« im eigentlichen Wortsinn. Alles wird also von einer bewegten Substanz getragen, die für Spinoza gleichbedeutend ist mit Natur oder Gott. Es gilt die berühmte Formel: Substanz = Gott = Natur. Die Vorstellung, die Spinoza so vom Kosmos entwirft, ist eingängiger, als man es aus der mathematisierten Sprache seiner Schriften vermuten wollte.

Benedictus de Spinoza heißt eigentlich Baruch de Spinoza, er ist Jude, hat eine talmudische Ausbildung erhalten und hat in der Grundauffassung seines Denkens einen bekannten jüdischen Mythos in die rationalistische Aufklärung übersetzt. Die unendliche, ewige und aus sich selbst existierende Substanz, auf der die Welt der Erscheinungen ruht, basiert auf der jüdischen Weltvorstellung, daß die Welt auf dem Odem Gottes schwebt. Heute würde man wohl sagen: auf dem Lebensatem, über dessen Herkunft und Verbleiben man nichts weiß.

Der Liebesbegriff erfährt in Spinozas Denken die Verdopplung, die bei Lohenstein zu sehen war. Denn es gibt mit Spinoza plötzlich eine verdoppelte Natur und eine doppelte Seelenliebe. Die Wahrnehmung der Welt wird aus zwei Perspektiven möglich: einmal aus der göttlichen Perspektive, an der ein jeder – durch den Geistesfunken in sich – teilhat; zum andern aus der Sicht der Erscheinungswelt. Um Verwirrungen vorzubeugen, hat Spinoza die beiden Perspektiven selbst terminologisch geklärt. Auf ihn geht die angeführte Unterscheidung zwischen schaffender Natur: Substanz, Gott oder der göttliche Funke in jedem, und geschaffener Natur: Modus und Weltgeschehen, zurück. Vom Standpunkt der geschaffenen Natur ist der Mensch nach Spinoza gleichsam ein Stein, der, von unbekannter Hand geworfen, seine Linie fliegt und fällt. Spinoza sieht darin das Prinzip der Leidenschaft wirken, die ungezügelte Gelüstliebe und Machtliebe. Der Mensch ist hier ganz dem Augenblick hingegeben, ohne Bewußtsein für die Folgen seiner Handlungen und ohne Überblick über seine Existenz und Selbsterhaltung. Er ist von seinen Trieben beseelt und dem Fall der Leidenschaft ausgeliefert.

Als Teil der schaffenden Natur verfügt der Mensch aber über Vernunft, er hat einen göttlichen Funken in sich. Weil er also selbst auch Substanz ist – und hat –, kann er einen höheren Standpunkt einnehmen. Das ist der Standpunkt, den Lohenstein und seine Zeitgenossen als den der ›Tugend‹ bezeichnen. Spinoza erklärt sie so: »Unbedingt aus Tugend handeln ist dasselbe wie nach den Gesetzen der eigenen Natur handeln.« Der Mensch soll sich also aus der Vogelperspektive in allen seinen existentiellen Möglichkeiten wahrnehmen und sich dadurch selbst erhalten. Dazu bedarf es nach Spinoza jedoch einer besonderen Form der Liebe, jener schaffenden Liebe aus der Rede der Liebesgöttin. Bei Spinoza heißt sie sehr mißverständlich geistige Liebe zu Gott (»amor Dei intellectualis«). Deutlicher wird sein Verständnis, wenn er sie als »amor fati« bezeichnet, als Liebe zum unabänderlichen Schicksal und zur Bejahung dessen, was ist. In moderner Version kehrt damit die antike Selbstliebe in die Diskussion zurück. Aber sie spielt sich jetzt auf einer gänzlich veränderten Reflexionsebene ab. In der Antike ist sie lebensnah und evident gewesen. Jetzt im Barock ist sie vergeistigt und kommt dort zur Sprache, wo das Denken an die Grenzen seiner Möglichkeiten stößt. Bei Spinoza ist das in den Darlegungen über die Lebensweise des Gottbeseelten der Fall. Nur wer ein anderes in sich liebt und dieses als einen Gott verehrt, kennt wahre Zufriedenheit im Gemüt und ist daher ein ›Weiser‹.

Folgender Gegenentwurf zum offiziellen Liebesprogramm im Barock läßt sich also ausmachen. Liebe erfährt man nur in besonderen Situationen: wenn man aus dem Alltagsgetriebe heraustritt und seine Existenz von einer Aussichtsplattform wie ein fernes, klarsichtiges Bergpanorama betrachtet. Der Mensch sieht sich im Rundblick um sich selbst.

In solchen Erfahrungen ›schafft‹ und ›erschafft‹ man sich, entwirft man sein Leben, so wie es möglich sein könnte. Der das erlebt, sagen die Aufklärungsphilosophen, ist im wahrsten Sinn des Wortes ›aufgeklärt‹: klarsichtig nimmt er seine eigene Existenz wahr. Es ist vielleicht der höchste Zustand, der dem Menschen zuteil werden kann, und daher der Standort des Weisen. Er hat nur eine Tugend, die die höchste und banalste ist: eins mit sich zu sein, sich zu lieben. Aber – und das ist das Heimtückische am Aufklärungsdenken – sich so zu begreifen ist dem Menschen als ›geschaffenem‹ Wesen versagt, ist im Getriebe des Alltags unmöglich. Der Mensch muß aus seiner Gewohnheit heraustreten, um seine Wahrheit zu entdecken, er muß sich als ›schaffenden‹ Menschen und produktiven Geist begreifen. Das ist der Anspruch auf Selbstverwirklichung und Selbstentfaltung. Die Alternative zur Machtliebe, die vernünftige Liebe, fordert den Menschen und seine Eigeninitiative programmatisch heraus und schickt ihn auf die Suche. Aufgeklärte Liebe ist Selbstsuche. Sie hat ihren großen Diskurs in dieser Zeit in der mystischen Selbstschau. Zum Abschluß daher noch einen weiteren Gegenentwurf zur damals herrschenden Machtliebe: das Liebesverständnis des Barockmystikers Jacob Böhme, der wohl beeindruckendsten Gestalt auf diesem Gebiet.

Jacob Böhme betreibt die Liebe theosophisch als Gottes- und

Seelenweisheit und lotet ihre kosmische Bedeutung aus. Sie will er in einer ›Erleuchtung‹ erfahren haben. Zehn Jahre nach seiner Erleuchtung erscheint 1634 sein berühmtes Buch »Aurora«, das ihm im lutherischen Görlitz ein Schreibverbot einträgt. Trotzdem entsteht bis zu seinem Tod ein imposantes Werk von über zehntausend Druckseiten. Ein kompendiöses Wissen dokumentiert sich darin, der Schustermeister und Autodidakt ist auf dem Stand seiner Zeit. Als ›Mann des Volks‹ benutzt er eine Sprache, die in einem Rundumschlag alle Abstraktionen zerschmettert und bildgewaltig Gott, Satan, Natur und Kosmos, die Gräser und die inneren Empfindungen zu einem schwindelerregenden Gedankengebäude auftürmt. Generationen von Lesern haben verblüfft die Stabilität dieses Wunderwerks bestaunt. Es gleicht einem Dom, in dem Gottes Schöpfung als Weltharmonie verherrlicht wird. Die barocke Neigung zum Gesamtbild, zu System, Ordo, Ganzheit, rechnerischer und bildhafter Ordnung, das Barock als Zeit des großen Systemdenkens erfüllt sich hier exemplarisch. Ein Seitenblick auf diesen Epochenstil macht Böhmes Zentralperspektive auf die Liebe nachvollziehbar. Denn was Johann Sebastian Bach am Ende des musikalischen Barock ist, ist Böhme am theosophischen Anfang dieser Epoche: Entdecker eines Grundgesetzes des Weltbaus, Denker der harmonischen Beziehungen von allem mit allem, Erfinder der Welt als Rechenexempel in Zahlen, Zeichen und Verhältnissen. Schon das Mittelalter und die Scholastik haben Systeme und Systemdenken gepflegt. Aber erst im Barock herrscht der Ehrgeiz, »ein bis ins einzelne gehendes harmonikales Bezugssystem herzustellen«, so der Barockforscher Erich Trunz. Freilich, im Chaos der damaligen Verhältnisse verlangt es den Menschen nach Sicherheit, die ersatzweise auch das Denken bieten kann. Zum Stil der Epoche gehört daher das Ordnungsdenken, das am sinnfälligsten in der barocken Gartenarchitektur ist. Die Zentralperspektive, die sich in der florentinischen Renaissance entwickelt hat, ist zum epochalen Merkmal geworden.

Entscheidend im barocken Systemdenken ist die Frage, wie sich der Mensch in den göttlichen Kosmos einfügt. Lohenstein hat sie ex negativo gestellt, Spinoza antwortet mit seiner Bestimmung des Begriffs der Tugend. Die allgemeine Vorstellung lautet: Wer tugendhaft ist, fügt sich in die große Ordnung ein. Böhme hingegen ist ein Begriff wie Tugend viel zu farblos und zu mißverständlich. Er schreibt unverblümt aus der eigenen Erfahrung heraus und für die Zeitgenossen so einleuchtend, daß sein Werk, bis zum Ende des achtzehnten Jahrhunderts auf jedem Dorf bekannt, ein ›Volksbuch‹ gewesen ist. Und was ist selbstverständlicher als der Gedanke, daß allein die Liebe den Menschen in das Weltgefüge harmonisch einfügt? Liebe – für Böhme ist sie der Nabel des Kosmos.

Wäre der Mensch nie von Gott entbunden worden, wüßte er um diese Liebe. Doch die Verhältnisse sind satanisch, das, sagt Böhme, lehrt die Geschichte. Gewaltig traktiert Böhme den Satan und die »Finsterwelt«. Doch kein Glaube treibt ihn dazu, Böhme kennt den Satan persönlich, und jeder kennt ihn. Der Satan, so Böhme, ist die Unterdrückung, die jeder sich selbst antut. Sein Glaubensbekenntnis lautet: »Du bist in der Welt: ... werke, arbeite, ... suche in der Erden Silber und Gold, mache künstliche Werke daraus, baue, pflanze ..., aber höre dies ABC: du solt deinen Geist nicht zulassen, daß er darein gehe, sich damit fülle ... und sich dareinsetze als in eine Finsternis ...« Der Mensch soll also bei allem, was er macht, seine Freiheit behalten. Liefert er sich dem aus, was er macht, wird sein Leben zur Hölle. Um seiner Freiheit willen soll er dann, wenn er genug hat, von seinem Werk aufstehen und etwas anderes beginnen. Das erste Gebot dieses Glaubensbekenntnisses heißt deshalb: Ich glaube, daß es ein dogmatisches Denken gibt, das mir das Leben verfinstert und zur Hölle macht. Aus der inneren Erfahrung heraus entwickelt Böhme einen Gottesbegriff, der das persönliche Wohlbefinden ausdrückt. Am wohlsten aber ist es dem Menschen, physiologisch nachweisbar, in der Liebe. Gotteserkenntnis ist somit Liebeserfahrung. Und Satan ist der Dogmatiker par excellence, der das Leben einengt und den Menschen tyrannisiert. Er ist die Selbstverfinsterung durch falsches Denken und Leben. Aber wie sieht der Pansoph Böhme dann die gelebte Liebe?

Wie in Johann Sebastian Bachs Musik alle widerstreitenden Kräfte ineinander greifen und eine große Harmonie ergeben, so ist nach Böhme Liebe, daß »alles ineinander in Eine Musica« aufgeht. Wie im Spiel der Töne, Themen und Motive, so könnte der

Im achtzehnten Jahrhundert kehrt die Liebe zurück in die Natur, doch in eine gebändigte Natur. Lustgärten machen die Wildnis selbst im Reifrock begehbar, und kokette Spiele wie »Blinde Kuh« geben der Berührung einen unschuldigen Vorwand. Nicht von ungefähr entwarf Francisco de Goya diesen Bildteppich für das Schlafzimmer der spanischen Infantinnen.

Mensch auch in der Liebe leben: »ein liebliches Ringen, Bewegen oder Kämpfen, gleichwie zwei Kreaturen, die in großer Liebe miteinander spielen und sich miteinander hälsen und würgen, bald liegt eines oben, bald das ander; und so eines überwunden hat, so gibts nach, und lässet das andere wieder auf die Füße.«

Utopie ist das für Böhme keineswegs, im Gegenteil. Jeder verfügt über seine innere Liebesmusik und braucht nur hinzuhören. Er hat sie vor allem in bestimmten Situationen, so Böhme; nämlich dann, wenn sich der Mensch selbst versteht und von einer erhöhten Plattform aus auf sein eigenes Leben schaut. Er versteht dann die Harmonik seiner Existenz, mit allen widerstreitenden inneren Kräften und Konflikten. Liebe ist für Böhme deshalb »das wahre verständliche Leben«.

Böhme wie Spinoza dokumentieren: In den Zeiten der galanten Liebe ist der Diskurs über die Selbstliebe als Grundlage gleichberechtigter, herrschaftsfreier Liebe in die mystische Selbstschau emigriert und hochkompliziert geworden. Das Verständnis von Liebe differenziert sich zu einem Gefüge von Gedanken aus. Bei Böhme durchdringen sich dabei die Vorstellungen von erkennendem Geist, Spiel und Liebe. Aber gerade wenn er dieses Liebesspiel des erkennenden Geistes mit seinem historischen Namen etikettiert und renaissancehaft von der »Jungfrau Sophia« spricht, wird hier der epochale Wandel deutlich. Aus der überlieferten Symbolfigur der Sophia ist ein Gedankengefüge geworden, als ob sich ein Klang in mehrere Stimmen ausgefächert hätte. In der Rede über die Liebe ist das gleiche vonstatten gegangen wie in der Musik. Epochales Ereignis ist dort die Entstehung des mehrstimmigen Gesangs, und auch die Auffassung von Liebe im Barock ist zu einem mehrstimmigen Gedankengefüge geworden. Es dokumentiert im Streben nach Ganzheit gerade dessen Bedrohung. Auch in der Liebe ist die barocke Neigung zum Gesamtbild Ausdruck der sich auflösenden mittelalterlich gottgefestigten Weltordnung. Längst hat der Glaube seine Magie verloren und an Wissenschaft und Erkenntniskritik abgetreten. Die Liebe als Glaube ist europaweit Vergangenheit. Verloren sind naive Hingabe und naturbelassene Liebesspiele, das Unschuldsgebaren gegenüber Gott, Geliebten oder Welterkenntnis. Natürlich ist den Zeitgenossen der

Verlust nicht bewußt, erst 1750 wird Jean-Jacques Rousseau die anstehende Diagnose machen und eine Suche nach der verlorenen Unschuld provozieren, jenes Programm »Zurück zur Natur!«. Die angeführten Raffinessen der galanten Liebe zeigen, daß das Lieben ausgefeimt, berechnend und vernünftelnd geworden ist. So verwundert es nicht, wenn der Verlust zur koketten Mode wird. Denn das Bemerkenswerte an den gesellschaftlichen Liebespielen im Barock und Rokoko ist die Faszination der Zeitgenossen, sich natürliche Unschuld vorzuspielen.

Der damaligen Mode der ›Schäferey‹ folgend, bricht man galant in die Natur und das Landleben auf, putzt sich als Schäferin und Schäfer heraus und feiert die Feste der Unschuld. Die Inszenierung des Idyllischen greift um sich. Man kostet die Hitze der Liebe unter schattigen Bäumen aus, in Waldeslichtungen und auf unberührten Inseln. Man spielt mythologische Szenen aus der Antike nach und ist in galanten Zügen zu Ehren von Dionysos unterwegs. Das Antike gilt als unverstellte Natur, und jeder bemüht sich, so natürlich wie im Paradies zu sein – unerläßlich der sogenannte ›mouchoir de Vénus‹: ein Taschentuch, getränkt mit einer Essenz, die die Schamröte künstlich ins Gesicht schießen läßt. Man spielt die Spiele der Unschuld nach, wie Kinder, die mit ihren Puppen spielen und damit die eigene Vergangenheit aufarbeiten. Diese Sehnsucht nach dem Verlorenen zeigt an: Die galante Liebe hat die Grazie und Derbheit des Einfachen, Schlichten und Unversehrten endgültig eingebüßt.

So wird dem Lieben nachgeholfen. Gewaltkuren greifen um sich. Die Rute ist zur Stimulation in allen Zeiten angewandt worden, doch jetzt wird die Flagellation zum beliebten Aphrodisiakum und zur sozialen Erscheinung. In den Bordellen warten Domina und Folterkammer. Feinere Stimulantien sind die berüchtigten Kanthariden oder spanischen Fliegen: ein höchst gefährliches Gift, das Speisen beigemischt oder als Bonbon dargereicht wird, um zu enthemmen, Frauen verführbar und Männer potent zu machen. Eine Wissenschaft von potenzsteigernden Gerichten breitet sich aus. Großer Nachfrage erfreuen sich jene exakten Geruchsmischungen, die die fehlende Anziehungskraft beim anderen Geschlecht aufzuwiegen versprechen. Diese Parfums ersetzen die untergegangene Badekultur und veredeln den damaligen, reich bezeugten Körpergeruch zur tierisch hinreißenden Wirkung, die als erotisch gilt.

Die extravagante Stellung, die der Leidenschaftlichkeit im Barock eingeräumt wird, verweist auf die Sexualisierung dieser Gesellschaft. Sei es der Graf, der seine Schnupftabaksdose mit erotischen Monatsbildern hervorzieht; sei es der Bürger, der die ersten Heiratsannoncen im Klartext seiner Wünsche aufgibt; oder seien es die Volksfeste, die ritualisiert die Paare zusammenführen und ihnen zur Nachtstunde ihre Gelegenheiten bieten. In den Großstädten institutionalisiert man diese Zusammenführungen städteplanerisch. Die neuentstandenen Lustgärten werden zu den Attraktionen von London, Paris, Wien und später Berlin. London, das seine Bevölkerung zwischen 1550 und 1650 versechsfacht (von 60 000 auf 355 000), ist hier führend. Bis 1800 erreicht die Bevölkerungszahl dort nahezu eine Million, während im Vergleich dazu Berlin von 20 000 auf 172 000 Einwohner anwächst. Vauxhall bietet das erste Vergnügungsprogramm mit Konzerten und Bällen und wird täglich von Tausenden besucht. Ein entsprechend stattliches Heer von Dirnen wartet hier auf. Bezeichnend für Sexualität und Prostitution ist im galanten Zeitalter die Lust an der Maskerade und anderen Formen des Sichverbergens. Wie man Vauxhall mit Vorliebe maskiert besucht, so sitzt man in der Oper oder im Theater in einer Loge mit Vorhang. Diese Dunkellogen zeigen, daß die Zeitgenossen die höchste Lust darin sehen, in der Öffentlichkeit intim zu sein. In Vauxhall oder Marybones Garden gibt es dafür dichtes, einsames Gebüsch. Im gesellschaftlichen Umgang ergänzen sich der Ort der Begegnung und der des Vollzugs: das sind für die Herrschaften der Salon, wo mit anrüchiger Konversation die Verbindungen geknüpft werden, und das Boudoir, wo man sich einander hingibt; das sind für die einfachen Leute das Wirtshaus, das die Trinkstube ablöst und ausgelassene Geselligkeit mit Frauen ermöglicht, und der Heimweg im angetrunkenen Zustand. Die offen sexuelle Begegnung der vergangenen Jahrhunderte hat sich ins indirekte, anzügliche und frivole Gebaren verwandelt, auf dem Vormarsch ist schon die Doppelmoral, die das bürgerliche Zeitalter prägen wird.

Die Geburt der romantischen Liebe

Die Konventionen der Liebe, wie sie heute noch vor dem Traualtar zu Tränen rühren und die Phantasie der Produktmanager beflügeln, setzen sich im achtzehnten Jahrhundert durch. Jetzt erst entsteht die Magie, von der das Brautkleid noch kündet, das Märchen von »Ganz in Weiß mit einem Blumenstrauß«, der Kult der Unberührtheit, Keuschheit, Unschuld und Jungfernhaut. Die Herzensliebe macht von sich reden und – die Sexualität als Wahrheit der Liebe.

Die Botschaft Dantes und der Renaissance scheint sich zu erfüllen: das Glück von erster Liebe und lebenslanger Leidenschaft, Liebe als Passion. Sie wird garantiert von einer Liebe auf den ersten Blick, die wie eine göttliche Offenbarung in die Seele fällt. Durch freundschaftlichen Umgang und wachsendes Vertrauen wird die verzaubernde Begegnung zur Lebensliebe. Es ist, als ob man durch einen dunklen Wald ginge und plötzlich, in einer Lichtung, ein bezauberndes Wesen sähe, wie jener Wilhelm Meister, der so seine Natalie kennenlernt. Goethe setzt damit das bezeichnende Bild für die bürgerliche Liebe. Wilhelm wird seine künftige Frau offenbar wie den Jüngern zu Pfingsten der Heilige Geist. Das religiöse Empfinden verweltlicht, das christliche Erbe wird säkularisiert. Seit es eine bürgerliche Liebe gibt, hat jeder die Chance, privat in ehelicher Eintracht Gottes Nähe zu atmen. Maria ist zum persönlichen Besitz geworden, zum bürgerlichen Eigentum. Und der Patriarch, der Pater familias, steht unter der persönlichen Kontrolle eines Abgesandten Gottes, des Engels, der seine keusche Hausfrau ist.

Die bürgerliche Liebe, das zeichnet sich schon in ihrem Grundriß ab, besteht in einem ausgeklügelten System der Selbstkontrolle. Um so hemmungsloser sind die Ausbrüche, die bürgerliche Doppelmoral. Wie könnte es auch anders sein? Der Bürger nimmt seinen Glauben persönlich, verinnerlicht das christliche Denken. Er wird so gleichsam zur Verkörperung des christlichen Dualismus von Gott und Teufel, Ideellem und Sinnlichem, Nächstenliebe und Egoismus.

Wider die galante Liebe und ihre bloß äußerliche Anteilnahme am Du, wider machtbesessenen Repräsentationskult und innere Verlogenheit, wider die Lebensart des Adels propagieren bürgerliche Denker die entgegengesetzten Werte: Herzenswahrheit, Geselligkeit und moralische Integrität. Unter Berufung auf die höchste Wahrheit in Gott etabliert das Bürgertum die Wertnormen, die bis heute Konvention geblieben sind. Im Zeitalter der Emfindsamkeit, der zweiten Phase der Aufklärung, kommt die empfindsame Liebe auf, geläufig unter dem Namen ›romantische Liebe‹.

Das Werteregister ist heute auch aus der Werbung bekannt. Insbesondere der dort angepriesene Kaffee im Familienkreis hat seine bürgerliche Pointe: die Gefühlsnote. Sie ist ursprünglich der bürgerliche Wert überhaupt und meint, mit Herz jedes aufsteigende Gefühl im Innern zu genießen. Ist das Bild vom aufsteigenden Bohnenduft auch nur ein Abklatsch dieser Gefühlsintensität, so bringt es doch die Auffassung der Liebe im aufkommenden Bürgertum auf den Punkt. In der frisch aufgebrühten Sentimentalität des Werbespots findet man Rührung, Empfindung und Sentiment, die die bürgerliche Werteapparatur damals antrieben.

Entsprechend stark hat sich die bürgerliche Kultur im achtzehnten Jahrhundert gefühlsmäßig verausgabt. Wird der Begriff des Sentimentalen heute auch entgegen den damaligen Intentionen gebraucht – sie zielten auf ein psychisches Gleichgewicht und innere Ruhe ab –, so viel Rühr- und Herzensseligkeit hat die abendländische Geschichte nie wieder verzeichnet. Die Zeitgenossen ertrinken in einem Tränenmeer, vor Gefühl, inniger Hingabe und Liebe stammelnd. Auch Goethe läßt in seinem Erstlingswerk »Die Leiden des jungen Werther« (1774) vor der Kulisse eines Gewitterregens Tränenströme fließen, Werther und Lotte lösen sich in ihrem Leid auf.

Werther hat sich stürmisch in eine Landschönheit verliebt, die unglücklicherweise schon an einen ›braven‹ Bürger vergeben ist.

Lotte ist die älteste Schwester und Ziehmutter einer rührenden Kinderschar, die des Lebens Unschuld und des Herzen Güte lebhaft vorführen. Mit Lotte könnte Werther seine Kindheit wiedererwecken und das Geschenk reinen Lebensgenusses. Lotte und Werther sind das Paar, das sich aufs Stichwort hin versteht, sie sagt nur »Klopstock«, und er versinkt sogleich »in dem Strome von Empfindungen, den sie in dieser Losung über mich ergoß«; beide kennen die »herrliche Ode« des damaligen Kultautors, die genau das Gefühl ausdrückt, das beide beim gemeinsamen Blick aus dem Fenster erfüllt. Aber die Umstände wollen es anders, und Werther lernt das Entsagen kennen, die Wehmut und einen so schlimmen Liebesschmerz, daß er sich erschießt. Er erträgt es nicht, allein mit sich, im Gefängnis der eigenen Existenz zu sein. »Werthers Echte«: der Produktname bürgt für die Echtheit des Gefühls. Originalität, Wahrheit und Naturtreue, Werther steht dafür mit seinem Leben ein.

Den damaligen Wertherkult und all seine Tränenseligkeit übertroffen hat ein Modeautor, der die Geschichte eines Liebenden statt mit Selbstmord im Kloster enden läßt. In Johann Martin Millers dreibändigem Roman »Siegwart. Eine Klostergeschichte« (1776) wird auf knapp 1 200 Seiten über fünfhundertmal geweint. Ausgezählt hat dies ein Forscher der modernen Unterhaltungsliteratur, Martin Greiner, der entsprechend kommentiert: »Der ganze Roman ist im Grunde ein einziger, immer stärker anschwellender Tränenstrom. Im ersten Band wird durchschnittlich auf jeder dritten Seite einmal geweint, im zweiten Band auf jeder zweiten Seite und im dritten Bande, dem umfangreichsten, alle dreiviertel Seiten.«

Eine besondere Qualität erhält die Träne dort, wo sie die private Seligkeit der Romanlektüre überschreitet und zum öffentlichen Ereignis wird, zum Theatererlebnis des ›Bürgerlichen Trauerspiels‹. Der erste international anerkannte deutsche Dichter, Gotthold Ephraim Lessing, schreibt denn auch gezielt auf Tränenkonvulsionen hin. Mit seinem Freund, dem Ästhetiker und Philosophen Moses Mendelssohn, wettet er, daß er das Publikum in einen Tränenrausch versetzen kann. Das ist die Vorgeschichte des Stücks »Miss Sara Sampson«, bei dem die Zuschauer dann in der

Uraufführung in Frankfurt an der Oder, am 10. Juli 1755, »drey und eine halbe Stunde zugesehen, stille geseßen wie Statuen, und geweint« haben.

Die Liebe erfordert für Lessing diese Dramaturgie der Träne. Für ihn und sein Mitleidskonzept, das er in einem genialischen Streich aus der antiken Dramenform entwickelt, gilt: Wer nicht lieben kann, soll es lernen, und am geeignetsten dafür sind vor allem Erschütterungen, Furcht und Mitleid. Sie treffen den Menschen im Innersten und rühren ihn derart, daß er weint und so mit-leidet, wie es liebende Zuwendung von ihm erfordert. Nur wer lieben kann, ist wahr.

Das aufkommende Bürgertum schafft das »weinende Saeculum«. Weinen heißt, sich seelisch durchspülen und reinigen. Und wer zuinnerst sauber, integer und moralisch ist, der ist reine Natur in der Unschuld eines Kindes. Friedrich Leopold Stolberg dichtet »An die Natur« (1775):

»Süße, heilige Natur,
Laß mich gehn auf deiner Spur!
Leite mich an deiner Hand,
Wie ein Kind am Gängelband!«

»Seid wie die Kinder«, erinnert entsprechend der junge Goethe im »Werther«. Ideal ist das Kinderherz, das allen Mitmenschen und allen Leidenschaften offensteht. Der Mensch ist des Menschen Freude und Freund in so rührender Unschuld, daß die Tränen strömen. Der Mensch ist also reine Liebe, mit einem unschuldigen Herzen und wie im Hochzeitskleid.

Diese Gefühlskultur entsteht zuerst in England, wo das Bürgertum früh politische Erfolge verbuchen kann. Durch die Glorreiche Revolution von 1688 gewinnt es, hundert Jahre vor der Französischen Revolution, entscheidenden Einfluß. Die industriell oder kaufmännisch tätigen Bürger festigen hier ihre gesellschaftliche Stellung und werden den feudalen Großgrundbesitzern gleichberechtigt. Diese beiden Oberschichten verschmelzen in der Folge, wie auch später unter Louis-Philippe in Frankreich. Der Aristokrat wird, nach der Formulierung von Karl Marx, zum »ersten Bourgeois der Nation«.

Gegen die Anschauungen der höfischen Kreise setzt sich damit zunehmend das Wertesystem der aufsteigenden Klasse durch. Es hat sich in den städtischen Bürgerkreisen und außerhalb Londons durch die ländliche Geistlichkeit in starker Opposition zu den herrschenden Gepflogenheiten ausgebreitet. Die wachsende Sittenlosigkeit in der Folge der Galanterie zeitigt im achtzehnten Jahrhundert Auswüchse, die die Liebe damals zum heiteren Spottwort werden lassen., Die sprichwörtliche ›Verderbtheit des Jahrhunderts‹, deren besonderes Vorbild neben Ludwig XV. der englische Hof unter Karl II. ist, fördert den Puritanismus im Bürgertum Englands. Die Sittenstrenge der Bourgeoisie manifestiert sich in moralischen Wochenschriften und einer bigotten Ideologie. Verstärkt durch das neue wirtschaftliche und politische Selbstbewußtsein des Bürgertums, entwickelt sich in England der künftig europaweit maßgebliche bürgerliche Wertekanon in Sachen Liebe.

Das neue Bild der Liebe gelangt aus den puritanischen Kreisen bald in die Wissenschaften und erhält in der Philosophie eine Grundlegung, die es weltanschaulich objektiviert. Zum übernationalen Kulturmuster wird es im zweiten Drittel des achtzehnten Jahrhunderts. Ihren Niederschlag findet diese neue Mentalität im Roman, der bisher hinter dem Drama weit zurückgestanden hat und nun zum Synonym bürgerlicher Lebensart wird:

»Das schönste Kind in seiner Blüthe
Bekommt nun ein Romangeblüthe,
Worinn ein schlaffer Mondsinn schleicht.
Das fade Zeug nimmt sie zu Herzen,
Und liebt bey Sternen Glanz und Kerzen,
Den ersten, den ihr Aug' erreicht.«

Parodistisch besingt Balthasar Anton Dunker 1785 das neue Liebesverhalten. Mond, Sterne, Glanz und Kerzen werden aktuell, die Stimmung sehnsuchtsvoller Träume. Die vieltraktierte ›romantische Liebe‹ kommt auf. Diese romantische oder empfindsame Liebe ist verknüpft mit dem Roman und mit romanhaftem Empfinden. Die Wortverwandtschaft zeigt, daß das neue Gefühl dem Roman als innovativem Medium zu verdanken ist. Zum ersten Mal in der europäischen Kulturgeschichte werden Denken und Fühlen von Medien vorbestimmt. Ein Held der Zeit, der dieser Erfahrung kompromißlos ausgesetzt wird, heißt Don Sylvio von Rosalva, eine komische Figur aus Christoph Martin Wielands Roman, »Der Sieg der Natur über die Schwärmerey, oder die Abentheuer des Don Sylvio von Rosalva« (1764). Don Sylvio liest leidenschaftlich, und das Gelesene wird für ihn derart zur Wirklichkeit, daß er sich in romantischen Träumen verliert. Eine haarsträubende Kopfwelt mit Feen, Elfen und Fröschen versetzt ihn in einen Liebesgarten voller Sehnsucht. Ein Baumhaus erklärt er zu seinem »grünen Schlosse«, das er »mit den schönsten Schmetterlingen austapezierte«.

»In diesem Kabinette brachte er oft halbe Nächte mit Träumereyen über die wunderbaren Begebenheiten zu, die er sich wünschte und die er in kurzem zu erfahren hoffte. Unvermerkt schlief er über diesen fantastischen Betrachtungen ein, und günstige Träume setzten die Abenteuer fort, worin er wachend sich zu verirren angefangen hatte. Eine schöne Prinzessin, die er liebte, war gemeiniglich der Gegenstand davon; nur war das Beschwerliche dabey, daß er sie allemahl in der Gewalt der Fee Fanferlüsch oder einer andern neidischen alten Hexe sah; die seiner Liebe die verdrießlichsten Hindernisse in den Weg legte.«

Man sieht: selbst im Bann der romanhaften, romantischen Liebe überwiegen die Schwierigkeiten. Sie sind Ausdruck eines verhinderten Lebenshungers. Was hat ein Don Sylvio in Verhältnissen zu erwarten, in denen die Abenteuer seiner Vorfahren längst zur Legende geworden sind? Nur weltabgewandte Schwärmereien bleiben als Lebensersatz. Die Lebensumstände haben sich im achtzehnten Jahrhundert gründlich geändert. Es geht Don Sylvio wie seinem literarischen Vorbild, dem armen Ritter Don Quichote, der mit seinem klapprigen Pferd Rosinante gegen Windmühlen kämpft. Don Sylvio kämpft gegen die Komik der bürgerlichen Verhältnisse mit seinem geflügelten Pferd, der Phantasie. Und so haarsträubend sich das auch ausnehmen mag, kraft seiner Einbildung entkommt er der furchtbaren Einsamkeit, den gottverlassenen Umständen. Doch was hat sich verändert? Was macht in der aufkommenden bürgerlichen Gesellschaft für viele das Leben so langweilig, einsam und befremdlich?

Von Aristokraten weiß man, daß sie sich die Zeit mit galanten Zerstreuungen vertrieben haben. Bürger dagegen sind bekanntlich fleißig und redlich. Unterschiedliche Mentalitäten herrschen, die entscheidend auf die Entstehung der Privatheit zurückgeführt werden können.

Der bürgerliche Alltag weicht fundamental von feudalständischen Lebensgewohnheiten ab. Auf Adelsgütern, Bauernhöfen oder am Fürstenhof verbringen die Bewohner ihre Zeit gemeinsam, sogar für den König beginnt der Tag mit dem ›Lever‹, dem Ritual, vor dem gesamten Hofstaat das Bett zu verlassen. Das bürgerliche Leben spielt sich dagegen im kleinen Kreis der Familie ab. Wenn auch Bedienstete des Kontors oder Angestellte von Manufaktur und Fabrik bis ins zwanzigste Jahrhundert noch zur Familie gehören: in der bürgerlichen Familie werden zwar Tischtücher und Halsbänder gestickt, aber kein eigenes Tuch, Bettzeug oder Schuhwerk hergestellt, wie einst in der Großfamilie der Feudalgesellschaft. Die selbständige Produktionsgemeinschaft, die die Güter ihres Verbrauchs im eigenen Betrieb produziert, geht im achtzehnten Jahrhundert stark zurück. Dieser Strukturwandel der Familie ist entscheidend für die weitere kulturelle Entwicklung. Sie macht die zunehmende Privatisierung des Alltaglebens verständlich. Vom Beginn der Privatheit ist schon im Übergang vom Mittelalter zur Renaissance die Rede gewesen. Gesellschaftlich bestimmend wird sie mit dem Aufkommen von Geldwirtschaft und Kopfarbeit, mit dem Erstarken des Bürgertums. Entlastet von den Aufgaben in der alten, feudalen Großfamilie, haben bürgerliche Familienmitglieder, insbesondere Frauen, Gelegenheit zu anderen Tätigkeiten. Eine davon ist das Lesen. Mit Zeit und Raum für die eigene Person und ihre Bedürfnisse, mit einem neuartigen Interesse am Ich, an Gefühlen und Assoziationen, entwickelt sich das Lesepublikum des achtzehnten Jahrhunderts. Die bevorzugte Lektüre ist der Roman, dessen episch getragener Ton sich auch zum Vortrag im Kreis der Familie anbietet. Diese bürgerliche Gefühlskultur prägt sich unter den günstigen politischen Verhältnissen in England besonders aus. Hier entsteht auch eines der prägenden Muster des romantischen Liebens.

Der neue Leser ist vor allem eine Leserin, die bürgerliche Frau.

Sie ist besonders an lebenspraktischen Fragen interessiert und will zugleich unterhalten sein. Ein englischer Buchdrucker kommt diesen Bedürfnissen nach und macht sich mit Illustrierten, die damals noch moralische Wochenschriften genannt werden, einen Namen. Von seinen Lesern aufgefordert, in Musterbriefen die Tugenden und Laster seines ›verderbten Jahrhunderts‹ zu proklamieren, verfaßt er einen Briefroman, der sich zwar eng an die anglikanischen Erbauungsbücher anlehnt, deren religiöse Moral aber psychologisch, rührend und sentimental auffrischt. Samuel Richardsons »Pamela« erscheint 1740 und gilt in der damaligen Damenwelt bald als lebenswichtige Lektüre. Dies haben sogar französische Intellektuelle bestätigt: »Ohne Pamela«, so schreibt der jüngere Crébillon an Lord Chesterfield, »wüßten wir hier nicht, was wir sagen oder tun sollten.« Um keine Fragen offenzulassen, hat Richardson anschließend einen zweiten, noch einschlägigeren Roman für die Damen seiner Zeit geschrieben: »Clarissa; or the History of a Young Lady« (1748).

Was sollen wir tun? Diese Frage wird von Richardson für die jungen Damen in den verderbten, galant-aristokratischen Liebeshändeln zweifelsfrei gelöst. Seine Antwort macht das Buch zur Modelektüre von Generationen. Es löst eine Flut von Frauenliteratur aus, die prägend für den Buchmarkt des achtzehnten Jahrhunderts wird: eine Literatur der ›neuen Frau‹, die als Nachfahr der renaissancehaften Virago jene imposante Stärke aufweist, die in Jeanne d'Arc zur Legende wird.

Richardson berichtet in »Clarissa« eindringlich aus dem Privatleben, und dort vom Krisenpunkt in der Entwicklung einer Haustochter, der »Verehelichung«. Clarissa Harlowe ist im heiratsfähigen Alter, drei Bewerber hat sie schon abgewiesen, den vierten verbieten ihr die Eltern und befehlen ihr dafür einen fünften. Die Liste der Bewerber begründet den entstehenden Konflikt: Störrischer Eigensinn wird der Tochter vorgeworfen. Zudem ist der fünfte Bewerber reich und den familiären Ambitionen genehm, hätte die Familie mit dieser Verbindung doch das Adelspatent zu erwarten.

Aber der angewiesene Bräutigam ist Clarissa zuwider, und überdies trauert sie insgeheim dem verbotenen Geliebten nach,

Hausmusik, Scherenschnitt, Kinderglück, Klopstock! Die sentimentale Herzensliebe erreicht mit den »Leiden des jungen Werther« ihren Höhepunkt. Niemals wird mehr geweint als zu jener Zeit der empfindsamen Herzen.

einem Lord Lovelace, dessen Name sprechend ist. Sogar eine der besten Partien Englands ist er, die harten Zahlen, »40 000 Mark jährliches Einkommen«, nicht gerechnet die zu erwartenden Erbschaften, sind im bürgerlich geldorientierten Zuhause von Clarissa bekannt. Allerdings gilt der reiche Lord auch als ›leichter Vogel‹ und Libertin. Doch weniger sein schlechter Ruf sabotiert Clarissas Hoffnungen. Ausschlaggebend ist ein Familienzwist, der durch Clarissas Bruder und dessen Haß auf den überlegenen Lovelace ausgelöst wird. Er hintertreibt nicht nur die potentielle Liebesheirat seiner Schwester und will sie aus Eigennutz an einen andern verschachern. Er provoziert auch seinen Widersacher Lovelace derart, daß dieser beschließt, sich an der Familie durch die Verführung der Haustochter zu rächen. Lovelace will also seinem Ruf als verderbter Adelssproß alle Ehre machen, und die Umstände im Hause Harlowe sind günstig dafür. Der Hausvater macht falsche Familienpolitik. Er ist ausschließlich auf die männliche Familienlinie bedacht und bereit, »die Unschuld seiner Tochter für Geld [zu] verkaufen«.

So sitzt Clarissa in der Falle. Der Ekel vor dem aufgezwungenen Bräutigam treibt sie dem intriganten Lovelace in die Arme. Sie scheint ihm zur leichten Beute zu werden. Lovelace gelingt es, Clarissa zu entführen und in einem Londoner Edelbordell in seinem Verführungsnetz einzuspinnen. Er kann jedoch, trotz aller feinmaschigen Verstrickungen ihrer Gefühle, die Unschuld nicht bezwingen. Schließlich setzt er sie unter Drogen und vergewaltigt sie. Erst dieser brutale Akt heilt Clarissa von dem Wahn, Lovelace zu bessern. Zugleich aber ruft er bei dem Wüstling tiefste Reue hervor. Lovelace trägt der ›gefallenen‹ Clarissa die Ehe an und schwört Besserung. Doch ihr Herz ist gebrochen und ihr entschiedener Wille nur noch zu sterben. Der Tod der Tochter erweicht dann sogar die steinernen Herzen der Harlowes und rührt sie zu Tränen. Ein Verwandter tötet Lovelace im Duell. Offen bleibt die Frage nach der Liebe dieser merkwürdigen Nachfahren von Romeo und Julia. Wie diese sind Clarissa und Lovelace verstrickt in familiäre Feindschaften und in die Tragik, sich ungleichzeitig zu lieben. Für Clarissa ist Lovelace der geheime Liebestraum – vor ihrer Vergewaltigung, für Lovelace ist sie der öffentlich eingestandene, danach.

Ganze sieben Bände umfaßt diese schlichte Liebestragödie in Briefen, die aus der erlebten Situation heraus entworfen sind. Aus den Schilderungen und Überlegungen, die Clarissa und Lovelace ihren jeweiligen Vertrauten zukommen lassen, und den Briefen ihrer Umgebung entsteht ein lebendiges Panorama der Abenteuer, die die junge Dame um ihrer Unschuld willen ausficht. Breite gewinnt die Korrespondenz durch die Orientierungsnöte der Hauptakteure: Clarissa in ihren Gewissenserforschungen, die zugleich Erkenntnis ihrer wahren Umstände und ihrer Wirklichkeit sind; Lovelace im strategischen Planspiel seiner Intrige. Die Zeitgenossen haben den Diskurs der beiden angeregt verfolgt und vor dem Erscheinen der letzten Bände vehement für ein Happy-End plädiert. Clarissa und Lovelace sollten sich schließlich doch finden und heiraten. Eine solche Lösung hätte die Tendenz des Romans tatsächlich mustergültig eingelöst. Die Sentimentalität wäre vollkommen geworden. Dafür hebt Clarissas letzte Entscheidung die rührselige und tränenreiche Szenerie wenigstens ins Erhabene: der »Tod am gebrochenen Herzen« macht sie zu »Zierde und Ruhm ihres Geschlechts« und monumentalisiert sie zur »erhabenen Clarissa Harlowe«.

So ist ihre Geschichte bis zum heutigen Kinothriller als Muster aktuell geblieben: Clarissa als Inbegriff der verfolgten Unschuld. Sie ist der »Engel«, der sich dem Schrecken ausgeliefert sieht, »daß alle Mannspersonen solche Scheusale sind« und die Frau »unter solchen Mißgestalten die Affenwahl« hat. Im Film wird diese Figur der Unschuld heute von Gorillas, archaischen Seeungetümen, Zombies oder übermenschlichen Kräften bedroht. Nach Sigmund Freud ist bekannt, daß hier der Ansturm aus den Regionen des Unbewußten, Triebhaften und Unkontrollierten Gestalt annimmt – in der Mitte des achtzehnten Jahrhunderts noch in Form des Wüstlings. Er fordert das unschuldige Herz heraus, das zu seinem Schutz, zur Orientierung über sich und sein Verhalten, all seiner Geisteskräfte bedarf. Diese Selbstdisziplin wird bis zu Clarissas selbstgewähltem Tod vom Autor eingeklagt und über alle natürlichen Gesetze der Selbsterhaltung gestellt. Aufgerüstet wird der bürgerliche Ich-Panzer, der das Individuum seinem Bewußtsein unterwirft. Selbstkontrolle geht vor Selbsterhaltung. Clarissa erklärt dies so: »Hauptsächlich folge ich den Eingebungen meines Herzens; ihm überlasse ich das Urteil über Gut und Böse; zuerst folge ich ohne Überlegung meinem Gewissen, er und die Welt kommen nur in zweiter Linie in Betracht. Die Grundsätze sind ohne Zweifel von dem gnadenreichen Schöpfer in mein Inneres geschrieben; ich fand sie dort. Deshalb bin ich gezwungen, ihnen zu folgen, und bin dadurch erst imstande, anständig zu leben, als unverheiratete und als verheiratete Frau. Andere mögen meinetwegen tun, was sie wollen.«

Die arme Clarissa sieht sich »gezwungen«, muß »folgen«, muß sich sogar eingestehen, nie wie andere das tun zu können, was sie will! Was für einem Tyrannen ist sie ausgeliefert! Wie unterjocht dieses Herz sie, wie herrschsüchtig spielt sich ihr Gewissen auf! Zeigt sich bei Clarissa gar der strenge und in Gottesgehorsam verkniffene Gesichtsausdruck der Puritaner? Ist sie überhaupt typisch für die bürgerliche Gefühlskultur und nicht eher englischer Sonderling? So viel stellt sie jedenfalls klar: Erst kommt das »Gewissen«, dann »in zweiter Linie« die »Welt«. Nie jedoch kommt das Vergnügen; bekanntlich sind in den sittlichsten Kreisen dieses Denkens, bei den Pietisten, sogar Musik, Tanz und ausgelassene Freude tabu. Es ist der geläufige bürgerliche Moralkodex in Reinschrift, den Clarissa immer wieder vorexerziert: Sie lauscht in sich hinein, hört eine innere Stimme und wird der Botschaft ihres Herzens gewahr; indem sie diesem inneren Wissen und Gewissen folgt, bleibt sie vor sich selber wahr, rein und gut und in höchstem Maß selbstkontrolliert.

Und für diese Selbstzurichtung wird die Liebe mobilisiert! Es geschieht die zweite Stufe im Akt der Naturaneignung. Der Mensch wird seiner selbst und seiner inneren Natur habhaft. Hat er im Mittelalter die Kontrolle über seinen triebgeladenen Körper und über die äußeren Empfindungen erlernt, im Barock die Selbstdistanz, so vollzieht sich im Kontext der bürgerlichen Moralerziehung die Beherrschung der inneren Empfindungen, des Selbstgefühls und des Bewußtseins. »Wir können nicht mehr tun«, so die Lehre der Clarissa, »als uns selbst regieren mit Hilfe jener Erleuchtungen, deren wir bisweilen teilhaftig werden.«

Die Religion dient als Instrument des Selbstdrills, und entsprechend wird Clarissa als »Engel« und als andere Marienfigur beschrieben. Lovelace dagegen verkörpert als Wüstling satanische Wollust, gesteht, »als Teufel an diesem Engel gehandelt« zu haben. Beide zusammen stehen also für den christlichen Dualismus, sind das Gute und das Böse, wenn auch in einer kuriosen Ausprägung. Ist Lovelace nicht genauso seelenwahr wie Clarissa? Wie sie ergeht er sich in ständigen Selbstbefragungen, hält innere Bilanz und sortiert seine Herzenswahrheit! Hält etwa auch der Teufel sein böses Gewissen in Ordnung?

Ob Engel oder Teufel, beide Liebenden sind vor sich selbst absolut ehrlich und integer. Die Wirkung der verinnerlichten Moral wird hier deutlich, als Folge der zweiten Stufe der Selbstaneignung: die Beherrschung der inneren Gefühle und des Bewußtseins. Clarissa und Lovelace – das ist das Schaurige an diesem Roman und das Gegengewicht zu seiner Sentimentalität – verhalten sich beide streng nach ihrem Gewissen und erforschen es in entscheidenden Situationen gründlich. Lovelace hinterfragt seine Beweggründe, über Clarissa siegen zu müssen. Clarissa erwägt exakt, ob und inwiefern Lovelace sich bessert. Für beide gilt, daß sie sich strikt unter Kontrolle haben und dem anderen nicht die geringste Möglichkeit zu einer Annäherung bieten.

»Kann ich keinen unbewachten Augenblick finden?« beklagt Lovelace diesen Umstand. »Womit kann ich sie nur in Versuchung bringen? Sie ist im Reichtum geboren; sie verachtet ihn, denn sie weiß, was er bedeutet. Juwelen und Schmuck gelten ihr nichts, ist doch ihr Herz der herrlichste Edelstein. Liebe – wenn sie überhaupt der Liebe zugänglich ist, so ist die ihre so sehr vom Verstand geleitet, daß ich Unrecht täte, auf sie zu hoffen. Argwohn und Furcht lassen sie alle Gefahren ausspüren. Ihre Keuschheit scheint angeboren oder doch so tief verwurzelt in ihrem Herzen, so verstrickt und verwachsen mit dem Sitz des Lebens, daß das eine mit dem andern geht, wie ich fürchte. Wie kann ich diesem unvergleichlichen Wesen näherkommen«?

So offen Lovelace sein Herz seinem Brieffreund darbietet, so offen Clarissa ihrer Freundin. Vor ihren lauteren Wahrheiten verpassen sich diese Geliebten! Vor lauter Gewissen erkennen sie das gewisse Etwas nicht mehr. Jeder der Liebenden hat sich in einer so eigenständigen Wirklichkeit eingerichtet und versponnen, daß jedes Verstehen ausgeschlossen ist. Richardson liefert sogar die Gründe dafür. Lovelace glaubt durch seine erste Frauenerfahrung, sich am ›Weib‹ rächen zu müssen. Clarissa unterliegt dem Zwang, die Unterwürfigkeit ihrer Mutter dem Mann gegenüber aufzuwiegen. Tatsächlich ist also ihr sogenanntes Gewissen durch Vorerfahrungen und Vorurteile geprägt, die das verhindern, worauf der Leser so sehr wartet: daß sich beide einmal unmittelbar und ›unbewaffnet‹ begegnen.

Gegensätzliche und widersprüchliche Codes herrschen. Richardson hat sie in die Sprachen der Liebe seiner Zeit übersetzt und mit den Liebenden identifiziert. Clarissa vertritt den moralischen Sinn der bürgerlichen Liebe. Lovelace dagegen ist der zeitübliche Libertin und typische Vertreter der aristokratischen galanten Liebe. Exemplare des damaligen Klassenkampfes im Spiegel der Liebe stehen sich also kompromißlos gegenüber. Daß sie sich verfehlen, ist unter diesen Umständen Notwendigkeit. Doch zielt der erwähnte Schluß, der Clarissa in ihrer Bürgertugend erhaben monumentalisiert, auf eine Lösung zwischen den sozialen Gegensätzen. Die Frage, die Richardson in seiner lebenspraktischen Botschaft umreißt, ist letztlich: Was ermöglicht eine Liebesehe?

Üblich ist bis zum Aufkommen des Bürgertums, abgesehen von den unteren, mittellosen Schichten, die aus gesellschaftlichem Ehrgeiz geschlossene Konvenienzehe. Liebe und Ehe sind strikt getrennt. Der galante Libertin heiratet um des Geldes und des Einflusses willen, für die Liebe hat er wechselnde Amouren und Geliebte. Oft wird sogar der Gattin dieselbe Freiheit zugestanden. Treue gilt nur bei streng religiösen Paaren als der hohe Wert, den die Kirchen zumeist vergeblich predigen. Richardson verweist auf die Schattenseite der Konvenienzehe, indem er Clarissa unter dem elterlichen Zwang vorführt, um des familären Vorteils willen einen Widerling zu ehelichen. Das freudlose Leben, das sie unter solchen Umständen zu erwarten hätte, motiviert sie zu ihrem beispielhaften Widerstand. Zwar endet er im Fiasko, doch spricht dieser Umstand um so mehr gegen die herkömmliche Praxis. Und ein positives Beispiel wird gleich mitgeliefert: Clarissas Busenfreundin und Korrespondentin, Fräulein Howe. Strikt lehnt sie zunächst einen

Bewerber ab, der sich aber bald als ihre wahre Liebe entpuppt. Und nur deshalb wird Fräulein Howe zur glücklichen Frau Hickmann, weil sie und der Erwählte einander einfühlsam entgegenkommen, jeder am andern derart Anteil nimmt, daß sich Gemeinsamkeiten einstellen, Vertraulichkeit und Vertrautheit entstehen. Das also ist der Kodex, den Richardson als bürgerliches Ideal propagiert: der Gemeinschaftssinn jenseits eigensüchtiger Verschlossenheit.

Dieser Gemeinschaftssinn hat damals nicht zufällig Hochkonjunktur. Das Bürgertum bedarf noch des Zusammenhalts um seiner Interessen willen. Einheit und Brüderlichkeit werden proklamiert und dort gesucht, wo Solidarität möglich ist: beim damals noch schwachen und ungefährlichen Proletariat. Die aufstrebende Bourgeoisie ist gesellig und propagiert diesen Wert als Programm. Aristokraten, so heißt es, sind selbstverliebt und egoistisch. Der Bürger dagegen ist mitfühlend, mitleidig und aufgrund dieses Gemeinsinns sittlich. Dieses Postulat des Sittlichen begründet die bürgerliche Ethik und verankert den Liebesbegriff gesellschaftlich.

Unabhängig vom puritanischen Ideal wird in Richardsons Roman verkündet, was bürgerliches Lieben ist. Der nationalökonomische Konkurrenzkampf nach dem aufklärerischen Verdikt von Hobbes, daß der Mensch des Menschen Wolf sei, gehört nicht zur bürgerlichen Gefühlspropaganda. Im letzten Drittel des siebzehnten Jahrhunderts macht in Cambridge eine Schule von sich reden, deren Position auch Richardson vertritt. Unter Berufung auf Platon behaupten die »Cambridge Platonists«, daß die sozialen Neigungen des Menschen den ichbezogenen gleichstünden und kein Konflikt zwischen individueller und gesellschaftlicher Wohlfahrt herrsche: Der Mensch findet sein persönliches Glück nur in der Begegnung mit anderen und ist daher grundsätzlich sozial eingestellt. So kann er sich vorbehaltlos seinen Gefühlen überlassen, kann seinen Affekten und Empfindungen trauen. Das wahre Gefühl, die Herzensempfindung, ist Richtschnur des Handelns und göttlich gegebene Moral. Eingängig, wie diese Lehre ist, wird sie rasch populär und, wider den Puritanismus, von den Kanzeln gepredigt. In den Schriften des Grafen von Shaftesbury wird dieses moralische Sentiment des Menschen, der ›moral sense‹ zum Standard bürgerlichen Denkens im achtzehnten Jahrhundert.

Danach ist der Mensch von Natur aus gut, spontan unterscheidet er zwischen Gut und Böse wie der Gaumen zwischen süß und sauer. Intuitiv handelt man also tugendhaft, so daß Moral nichts weiter als »a good taste in the art of living« ist, eine ausgesuchte, geschmackvolle Lebensart. Mit der Moral verhält es sich wie mit dem Essen und Trinken: Kultivierung ist gefragt. Wie der Gourmet seinen Geschmackssinn schult, so bedarf das moralische Gefühl seiner Ausbildung. Damit wird die herausragende Rolle der Liebe im Ideologieapparat des Bürgertums deutlich. Nur wer das Essen liebt, kann genießen; und nur wer die Gefühle liebt, kann moralisch sein. Bürgerliche Moral ist also Schulung der Gefühle und hochgradige Liebeskultur. Sie setzt das antike christliche Liebesprogramm auf »empfindsame« Weise fort, im Mittelpunkt stehen die Empfindungen und inneren Vorstellungen des Menschen.

Mit Religion hat dieses Moralkonzept nur noch vermittelt zu tun. Die Theorie vom moralischen Gefühl ist in der Natur des Menschen begründet. Die natürliche, sittlich-moralische Anlage des Menschen ist ein fundamentaler Gedanke, der unabhängig von allen Kirchenmeinungen Bestand hat. Atheisten, Calvinisten und Katholiken dient das bürgerliche Denken als Bollwerk gegen die aristokratische Sittenverwahrlosung. Wie einnehmend ein Adliger auch sein mag, wie aufgeklärt und selbstreflektiert (Lovelace), er kann sich nur als Wüstling und Schurke gebärden, solange er nicht das Primat der bürgerlichen Tugend anerkennt und verinnerlicht: das Gemeinschaftliche, Gesellige, das Sympathetische. Das sittliche Individuum braucht Sympathie für den Mitmenschen und ein hohes Maß an Toleranz (Clarissas Entgegenkommen). Gefragt ist die Identifikation mit dem Nächsten, das Mitfühlen und Mitleiden. Dieses Mitleid begründet die hochgradige Sentimentalität der bürgerlichen Herzens- und Liebeskultur.

Die Facetten dieser Sittlichkeit zeigen sich in den empfindsamen Vorlieben, die mit dem Gefühlskult in Europa seit 1750 um sich greifen: Naturschwärmerei und Träume vom Landleben, die Idylle unter der Dorflinde, Geselligkeit, Briefaustausch und Freundschaftskult; Liebesfetische, Herzensgeständnisse in unzähligen Romanen und in der gefühlsbetonten ›moralischen Anstalt‹ des Theaters.

Derart pflichteifrig widmen sich die Zeitgenossen der Sensibilisierung ihres Herzens, daß sie in ihrer Wahrhaftigkeit und Aufrichtigkeit wahrlich verblüffen. Der dichtende Herzensvater Gleim (»Tod, kannst du dich auch verlieben? ... Kannst du nicht die Mutter holen?«, so in dem Gedicht »An den Tod«) führt vertraute Zwiesprache von Seele zu Seele mit über hundert Personen. Der Schriftsteller Gellert übersetzt die »einfältige Sprache der Wahrheit« aus der »Fülle des Herzens« in rhetorische Regeln, die für jeden erlernbar sein sollen. Die Ansprüche an Echtheit und persönliche Einmaligkeit, an Individuation, sind damals noch recht gering, die Gefühlskultur leistet ja gerade erst die Entwicklung hin zur Individualität, die heute selbstverständlich ist. Beispielhaft veranschaulicht dies der Patriziersohn Goethe, bekannt als Muster-Bürger.

Als Goethe seiner angebeteten Charlotte von Stein das Du anbietet und eine Abfuhr erhält, springt er »wild auf vom Kanape«. Dann läuft er »ein paar mahl auf und ab um seinen Stock zu suchen, find ihn nicht, rent so zur Thüre hinaus ohne Abschied ohne gute Nacht«. In den Augen der Steinin verhält sich Goethe unmöglich, dem Arzt und Schriftsteller Johann Georg von Zimmermann gegenüber berichtet sie von Goethes »wildem Wesen, darum ihn die Leute hier so schief beurtheilen«. Die aristokratische Charlotte von Stein erwartet einen galanten Liebhaber, aber Goethe handelt individuell und gefühlsbetont, einem ›Originalgenie‹ entsprechend, wie es damals heißt. Die betont wilde, expressive Verhaltensnote hat Goethe damals, vor allem mit der kraftmeierischen Attitüde des Götz von Berlichingen, selbst in Mode gebracht. Frau von Stein lehnt insofern gerade die ›authentische‹ Person Goethe ab. Einmalig und echt, wie das einem Original ansteht, benimmt sich Goethe. Doch andererseits fällt auch er am Weimarer Hof anfangs durch seine »steife Haltung, die enge Bewegung seiner Arme« auf, durch seinen »Perpendikulargang«, wie Karl von Lyncker berichtet. Begegnet Goethe am Hof den Weimarer Galanen, pflegt er »statt der herkömmlichen Komplimente nur ganz kurze Kopfnicker zu machen«. Goethe kaschiert damit seine Verunsicherung durch Kompensation.

Dieser Zug, sich durch entgegengesetztes Verhalten profilieren zu wollen, stellt ein gesellschaftliches Verhaltensmuster dar. Den Bürgern ist allgemein ein »affectiertes Verhalten« nachgesagt worden, das damals schon hellsichtige Köpfe wie der Popularphilosoph Christian Garve durchschaut haben. Seine Diagnose lautet auf »Unwissenheit der bestimmten Rechte und Forderungen jedes Standes, und also Unwissenheit in Absicht des Grades von Freymüthigkeit und Zurückhaltung, die wir gegen die mit uns im Umgang begriffenen Personen, besonders gegen Personen eines höhern, oder selbst des höchsten Ranges zu beweisen haben«.

Christian Garve umschreibt hier mit umständlichem Anstand, daß der Bürger in Deutschland nichts zu sagen und deshalb sozial verunsichert und notgedrungen affektiert ist. Diese Krankheit der ›Affektation‹ steht im Zentrum der damaligen Diskussionen und hat sich besonders schlimm in den Konventionen der ›Herzensergießungen‹ ausgebreitet. Der angeführte kompensatorische Zug wirkt. Gegen das Machtmonopol der Aristokratie setzt das Bürgertum bekanntlich den Anspruch auf kulturellen Vorrang. Das politische Defizit wird in einem überfließenden Gefühlskult aufgefangen, der einmalig in Europa ist. Nirgends sonst werden Liebeswehmut und Herzensstärke derart traktiert, daß sie sogar in einer Mode des Wilden und Kraftstrotzenden gipfeln wie in der Jugendrevolte des Sturm und Drang, einer ausschließlich deutschen Erscheinung. Im Kraftspruch des Originals Götz mit der eisernen Faust (»er kann mich im Arsch lecken«) treibt Goethe die bürgerliche Gefühlsreinigung auf die Spitze.

Ist der Adlige damals allzeit bereit, für seine Amouren im Duell geradezustehen, so wartet der Bürger darauf, seinen Liebesschmerz am treuen Busen einer schönen Unschuld stillen zu dürfen. Er verhimmelt die Locke der Geliebten, die Silhouette im Scherenschnitt, Liebesband, Herzenspfand oder Seelenleid. Die Sehnsucht nach der Frau des Lebens geht um, nach dem Helden der Träume, nach dem Hafen der Ehe. In übertriebenen Allüren ist das Gespenst der Affektation unterwegs. Sprichwörtliche ›Flattergeister‹ suchen in deutschen Landen nach der ewigwährenden Erfüllung ihrer Brunst. Indes tun sie sich schwer mit dem letzten Schritt und eifern gerne auch galanten Sitten nach, bis sich die Familie offenbart, deren heiratsfähiges ›Engelsbild‹ das Karriereglück verheißt. Johann Friedrich Degen legt 1778 Zeugnis ab von der zartbesaiteten Wehmut eines brünstig Getriebenen. »An die künftige Geliebte« singt er erwartungsbereit:

»Zwar flattr' ich noch, wie rege Morgenwinde,
Um manches liebe Blümchen her und hin;
Doch glaube mir, wenn ich dich einmal finde,
Daß ich der Erdensöhne treuster bin!«

Die Geselligkeiten im ausgehenden achtzehnten Jahrhundert gestalten sich entsprechend. Die Mischung aus bürgerlichem Gefühlskult und berechnend verführerischer Galanterie stimuliert hochgradig und entwertet Tabus. Besonders ausgelassen sind die Zustände in Frankreich, Ludwig XV. dient dabei als Vorbild. Sein exklusives Liebesleben ist die Kulisse, vor der sich die bürgerliche Herzensliebe abspielt.

Ludwig XV. stilisiert sich zum Liebespriester von Gottes Gnaden. Die Kindfrauen und Knaben, die sein ausgesuchter Beamtenstab aus ganz Frankreich für sein Privatbordell in der Eremitage des Hirschparks anliefert, werden zeremoniell mißbraucht. Als guter Katholik vollzieht Ludwig XV. seine Handlungen in Gedenken an Gott und weiß auch für das Brot seiner Orgien das Tischgebet zu sprechen. Aus dem Tagebuch eines Zeitgenossen des Königs berichtet Eugen Dühren: »Sobald er sich mit einer seiner Odalisken eingeschlossen hatte, befahl er ihr, sich hinter einem Vorhang zu entkleiden, während er selbst das gleiche tat. Sodann knieten beide in Adams Kostüm auf dem Teppich und verrichteten die Tagesgebete, indem sie sich die Stirn mit Weihwasser benetzten, welches sich in einem Krystallgefässe am Kopfende des Bettes befand. Nach beendetem Gebet und nach geschehener Bekreuzigung, streichelte der König den nackten Busen der Kleinen mit seinem frommen Finger. Man erhob sich, stieg ins Bett, zog die Vorhänge zu, und die Namen des Herrn, der Jungfrau Maria und der Heiligen wurden so lange geflüstert, bis der Ritus der Liebe ein anderes Vokabular zum Ausdruck brachte.«

Die Perversität Ludwigs XV. macht seinem Zeitalter alle Ehre. Seine monströse Sexualität ist indes nur eine Variante unter den vielen, die die Lust am Anormalen in der ausschweifenden Phantasie der Zeitgenossen hervorbringt. Unter dem sprechenden Namen ›Haus der Launen‹ setzt der Prinz von Pallagonia der abnormen Abgeschmacktheit seines Jahrhunderts ein Denkmal, dessen Besichtigung nachgerade Pflicht für den Italienreisenden wird: ein Schloß des Widersinns mit grotesken Proportionen, monströsen Statuen, phantastischen Gestalten aus Mensch und Tier, mit Merkwürdigkeiten wie ungleich abgesägten Stuhlbeinen oder verborgenen Stacheln in den Sesseln. Nur wenige Zeitgenossen besitzen die Selbstironie und den Witz des eigenbrötlerischen Prinzen. Doch sein »barocker Ulk« führt den Besuchern ihr Zeitalter deutlich vor Augen. Der Diplomat und Erfolgsautor Kotzebue begreift spontan, worum es dem Prinzen gegangen ist: um ein verspieltes Denkmal der Epoche, die er »kalt simbolisch hätte abbilden wollen«.

Die ausufernde Faszination des Irrationalen im achtzehnten Jahrhundert, der Sonntagsausflug ins Irrenhaus, das Kuriositätenkabinett mit abstrusen Mißbildungen: Wie sollte ausgerechnet in der Liebe dieser Hang zum Abnormen fehlen? Am Ende des achtzehnten Jahrhunderts faßt der Marquis de Sade die Erfahrungen auf diesem Gebiet zusammen und legt ein philosophisch reflektiertes Zeugnis von der Langeweile ab, in der sich die Aristokratie mit sexuellen Exzessen, bis zu den Wonnen des Schmerzes, die Zeit vertrieben hat. Sein berühmtes Werk ist aufschlußreicher Sittenspiegel des Ancien régime.

Es sind nicht nur das Palais Royal mitten in Paris und die kleinen Lusthäuser, die sich der vornehme Adel mit prunkvoller Ausstattung und meist mehreren Mätressen hält, die ›petites maisons‹, die versteckt im Grünen, abseits städtischer Polizeikontrollen, zum alleinigen Zweck der Ausschweifungen, der alkoholisierten Sexorgien erbaut werden. Nicht nur die intimen Feste, die ›fêtes d'Adam‹, auf denen hochgestellte Damen der Gesellschaft und bezahlte Schönheiten nackt gehen und der Mätressentausch Ritual ist. Es sind nicht nur die berüchtigten Heroen der Liebe, wie der Graf von Artois und spätere König Karl X., Besitzer mehrerer Lusthäuser mit dem repräsentativsten Mätressenstab in Paris, oder die Herzogin von Polignac, das Vorbild der Juliette in der »Histoire de Juliette« (1796) des Marquis de Sade, die auf einem Ball das ihr entgegengerufene Wort »Hure« mit einem gefälligen Lächeln annimmt.

Die Unzucht im achtzehnten Jahrhundert ist öffentlich geworden, das Verständnis von Galanterie hat sich im Rokoko grundlegend gewandelt. Ihre Bedeutung engt sich auf die Kunst der Verführung ein, die zum alleinigen Lebenszweck der Aristokratie wird. »Das ganze Leben«, resümiert der Sittenhistoriker Eugen Dühren, »zielt auf den Geschlechtsakt ab, Wissenschaft, Kunst, die Konversation, die Gastronomie.« Folge davon ist eine lüsterne Aufheizung des Alltagslebens, die eine nachhaltige Erotisierung des öffentlichen Raums bewirkt. Aktdarstellungen werden in den Schaufenstern der zahlreichen Bordelle angeboten, pikante Kupferstiche und erotische Raritäten vertrieben. Bekannt ist die Vorliebe, Gespräche mit Obszönitäten zu würzen, mit pikanten Bildern aus der Tasche Unterhaltungen zu pointieren oder den Rock aufzuknöpfen und die auf der Weste aufgestickten Orgien zu entblößen, gemäß der Mode der ›vestes de petits-soupers‹. Allerdings ist die Verbreitung von Pornographie, Perversionen oder geilen Martyrien, die ihren Ruf im achtzehnten Jahrhundert der nachfolgenden bürgerlichen Prüderie verdanken, zwar ausgefeimter, aber kaum ausgeprägter als heute. Sogar der Heros des damaligen Liebeskonsums, Casanova, hat wohl nicht mehr Objekte der Lust ›besessen‹ als ein durchnittlicher Single am Ende des zwanzigsten Jahrhunderts.

Daß die galante Gesellschaft des achtzehnten Jahrhunderts derart versessen auf alles Geschlechtliche ist, nimmt man heute gelassen zur Kenntnis. Mehr verblüfft, daß sie dem Vollzug des Aktes selbst erstaunlich wenig Bedeutung beimißt und darum bemüht ist, ihn durch Raffinements aller Art begehrenswerter zu machen. Der Umstand, daß die aristokratische Jugend – die Herren vor der Ehe, die Damen durch sie – frühzeitig in die Künste der Wollust eingeführt werden, mag der Erklärung dienen. Erst die gewaltige Kurssteigerung der Moral, die das Bürgertum entfacht, verleiht dem Geschlechtsakt seine konkurrenzlose Faszination. Wer allzeit, so bei guter Kasse, haben kann, was er begehrt, den interessiert weniger der Vollzug als die Umstände und die delikate Situation:

der Kitzel des Besonderen. Die Erotik des Jahrhunderts bezieht daraus ihre Vitalität und auch ihre Kuriosität. Aufschlußreich ist ein Blick auf die Liebesinstrumente in dieser Epoche.

Ihre Funktionalität erstaunt noch heute, zum Beispiel die des ›Godemiché‹. Der Comte de Mirabeau, Schriftsteller und Geheimagent, Präsident des Jakobinerklubs und der Nationalversammlung, schreibt in der genüßlichen Weitschweifigkeit seiner Zeit (in dem Roman »Der gelüftete Vorhang oder Lauras Erziehung« von 1786): »Es ähnelte in allem einem Schwanz; der ganze Unterschied bestand lediglich in quer verlaufenden Wellen von der Spitze bis zur Wurzel, um die Wirkung des Reibens zu erhöhen. Es war aus Silber, doch überzogen mit den Farben der Natur und einem harten, glänzenden Firnis. Es war leer, dünn und leicht. In der Mitte verlief ein Röhrchen aus demselben Metall, rund und nicht dicker als eine Feder, in dem ein kleiner Kolben steckte; dieses Röhrchen ließ sich auf ein anderes Metallstück schrauben, das mit der Spitze des Ganzen verschweißt war. Auf diese Weise befand sich zwischen dieser kleinen Spritze und den Außenwänden, die den Schwanz nachahmten, noch genügend Raum. Ein Korkstückchen, das diese Spritze dicht verschloß, hatte ein Loch, in welches haarscharf der Anfang der kleinen Pumpe hineinpaßte und in das eine Spiralfeder eingefügt war, die den Kolben mittels eines Abzuges zurückstieß. ... Man füllt den Godmiché (!) mit Wasser, das so warm ist, daß man es mit den Lippen gerade noch ertragen kann; man verschließt ihn sorgfältig mittels des Korkenstückchens, an dem du diesen Ring siehst, mit dessen Hilfe man es zurückzieht; dann füllt man die Pumpe mittels des Kolbens mit aufgelöstem und weiß gefärbtem Fischleim. Die Wärme des Wassers überträgt sich sofort auf diese Flüssigkeit, die soweit irgend möglich dem Samen ähnelt.«

Perfekt, akribisch und luxuriös wird hier die Natur nachgeahmt, dabei läßt der Geruch auf eine stark vernachlässigte Sauberkeit schließen. Fischleim, hergestellt aus Fischabfällen, ist bekannt für seinen Gestank. Mirabeaus Godemiché ist gezielt auf ein Zusammenspiel aller Sinne hin konstruiert – eine hochfunktionale Liebesmaschine zur verfeinerten Genußsteigerung. Auch hier gilt, daß die Welt eine perfekte Maschine gleich dem Räderwerk einer

Uhr ist, das der einzelne aber zu seinen Gunsten und Nutzen beherrschen lernen muß.

Wo sich der Mensch im Zentrum des Weltgeschehens sieht, den Materialismus proklamiert und die eigene Lust am Leben, nimmt das Geschlechtliche eine neue Vorrangstellung ein. Die Zeitgenossen huldigen in allen Künsten dem Trieb der menschlichen Natur und feiern die Befreiung der Sinnlichkeit aus jahrhundertealten Fesseln. Mit dem Materialismus entsteht in Frankreich zwischen 1770 und 1800 ein Übermaß an delikater Liebesliteratur. Das anregende Modell für de Sade, Mirabeau und die erotische Literatur bis in die Moderne sind »Les Liaisons dangereuses« (1782) von Choderlos de Laclos, die den Liebesdiskurs im ausgehenden achtzehnten Jahrhundert vorführen.

Laclos eröffnet eine neue Perspektive im Reden über die Liebe. Er blickt gleichsam durch den Spalt der Zweisamkeit und seziert in bisher ungesehener Schärfe das Liebesdenken. Wer unterliegt wem und warum, wodurch und worin? fragt er. Anhand der ›Selbstbeobachtungen‹ der Romanfiguren untersucht er die letzten Fragen in der Liebe, die metaphysischen Abgründe des Geschlechtsakts. Dort, wo die Liebenden zu reinen Gourmets des Fleischlichen werden, entspinnt sich bei Laclos ein hochstehender Liebesdiskurs. Seine Charaktere bewegen erstaunliche Welten in ihren Köpfen. Ihre Anregungen beziehen sie aus den Spannungen der Zeit im Vorfeld der Französischen Revolution, aus der Konfrontation der vorherrschenden Wertesysteme: der bürgerlichen Gefühlsliebe und der aristokratischen Libertinage.

Choderlos de Laclos hält dem Sittenverfall im Rokoko den Spiegel vor, wie auch zeitgenössische Dokumente, die seit Ende des siebzehnten Jahrhunderts immer nachhaltiger den Niedergang der Galanterie beklagen: Aus der Frauenverherrlichung sei ein bloßer Frauenverschleiß geworden. Laclos entwirft aber zugleich eine Satire auf die bürgerliche Herzensliebe. Wie Richardson läßt er die Wertvorstellungen der beiden führenden Gesellschaftsschichten aufeinanderprallen. Die »Gefährlichen Liebschaften« können insofern als Fortsetzung der »Clarissa« im vorrevolutionären Frankreich gelesen werden. Richardsons Roman ist als Folie der Ereignisse ausdrücklich angeführt, bei Laclos ist es das

Jean-Baptiste Le Prince, »Der heimliche Liebhaber«, 1774
Das Rokoko macht das Liebesspiel vor allem zum Gesellschaftsspiel: Sobald man zur Sache kommen kann, wird sie schon wieder uninteressant, und so wie wir heute den Kitzel in extremen Sportarten suchen, besteht die wahre Kunst darin, bei einem Fehltritt im Dschungel der Verführungen gesellschaftlich nicht abzurutschen.

Brevier, aus dem die Verkörperung der bürgerlichen Tugend, die Präsidentin von Tourvel, ihre Kraft und Standhaftigkeit zieht.

Die Umstände sind freilich delikater geworden. Fräulein Cécile de Volanges hat ihre Erziehung im Nonnenkloster abgeschlossen und soll verehelicht werden, Mama hat den passenden Ritter schon ausgesucht. Doch eine Freundin der Familie beschließt zu intrigieren: die Marquise de Merteuil, die in hohem Ansehen ob ihrer Tugend und Schönheit steht und ihren lasterhaften Lebenswandel geschickt zu verbergen weiß. Dem Ritter hat sie einen unerquicklichen Liebeshandel abzugelten, ihrer ›Freundin‹ die Strenge der Moral. So wendet sie sich an einen Gesinnungsfreund mit der Bitte, der kleinen Volanges vorzeitig das Herz und die Unschuld zu entreißen. Der Auftrag erreicht den Vicomte de Valmont, während er sich gerade mit anderen Verführungsstrategien beschäftigt. Doch weil die Marquise seine beste Freundin und Liebhaberin ist, steht er ihr bald zu Diensten. Valmont vollbringt sein Werk an zwei Unschuldigen und scheint – ganz seinem Ruf und seinem Selbstanspruch gemäß – auf ganzer Strecke zu ›siegen‹. Dabei ist ihm die naive Cécile ein fast zu leichtes Opfer, doch auch die empfindsame Präsidentin von Tourvel erobert er und macht sie zu seiner hingebungsvollen Geliebten. Gleichwohl merkt die Marquise, daß hier nicht nur Berechnung und Kalkül im Spiel sind. Sie erfaßt intuitiv, daß Valmont sich in die Präsidentin wirklich verliebt hat und beschließt, sich für diesen Verrat zu rächen. Das Zerwürfnis setzt einen Mechanismus wechselseitiger Vergeltung in Gang, der das Geheimnis der Intrige rasch lüftet. Der Roman bietet ein Schlachtfeld: Valmont wird im Duell getötet, nachdem die Präsidentin dem Wahnsinn anheimgefallen und verstorben ist, Cécile flieht ins Kloster, und die Hauptintrigantin, die Marquise de Merteuil, wird im Theater ausgezischt, erkrankt bis zur Entstellung an den Blattern und verliert in einem Prozeß ihren gesamten Besitz.

So enthusiastisch der Schluß mit Moral aufwartet, die Zeitgenossen verstehen den Text zu lesen und sehen die Marquise in einem anderen Land weiterwirken. Die »Liaisons dangereuses« verweisen auf die Allgegenwart des Bösen in der Gesellschaft, und so sind sie später auch von Baudelaire aufgefaßt worden: als die Urfassung des Satanismus in der Literatur. Die Faszination des

Buchs liegt in der Geisteshaltung der Charaktere, in ihrer Idee der Liebe als zerstörerischer Kraft. Valmont und Merteuil sind Gestalten, die aus ihrem Denken heraus leben und die Realität nach ihren Gedanken gestalten. Der Marineoffizier Laclos, ein treuer Familienvater, wie man berichtet, demonstriert an ihnen die innere Zerrüttung der höchsten Gesellschaftskreise, die nach außen hin absolute moralische Integrität zur Schau stellen. Entsprechend wird auch im Roman der Skandal am Hof gekonnt vertuscht. Dabei entstammen die Ideen der Merteuil ausgerechnet der unschuldigen Sichtweise eines Kindes, das in einer zutiefst verlogenen Gesellschaft aufwächst. Von früh an hat die Marquise die Rituale der Verlogenheit wahrgenommen, hat die stereotypen Verhaltensweisen registriert, sie einstudiert und anzuwenden gelernt. Ihre Lügen sollen dabei dem Schutz ihrer seelischen Unschuld, ihrer inneren Wahrheit dienen. Sie beherrscht sich absolut, um der Freiheit ihres Handelns willen: »Ich war damals noch sehr jung und ziemlich uninteressiert, aber mein Denken hatte ich ganz für mich, und ich empörte mich bei der Vorstellung, daß man es mir rauben oder daß man wider meinen Willen meinen Gedanken auf die Spur kommen könnte. Mit diesen ersten Waffen versehen, erprobte ich ihren Gebrauch: nicht zufrieden damit, mich nicht durchschauen zu lassen, zeigte ich mich unter verschiedenen Masken. Meiner Gebärden war ich sicher und achtete nun auf meine Reden, stimmte diese auf jene, je nach den Umständen, oft auch je nach Laune, ab. Von diesem Moment an gehörte mein Denken mir allein, und ich zeigte nur, was sehen zu lassen mir nützlich schien.«

Das ist die Botschaft der »Liaisons«: Um deines Gottes willen sollst du lügen, verschreibe dich dem Teufel, um wahr zu sein. Der Satan ist hier zum Garanten aller göttlichen Werte geworden. Im erlebten Moment wird die notwendige Lüge zur Herzenswahrheit. Und eine andere Wahrheit negiert die Merteuil konsequent. Sie ist Figur des reinen Gefühls und lebt die Erkenntnis, daß Wahrheit und Empfindung über den Augenblick hinaus zur Lüge werden und deshalb nie von Dauer sein können.

Der Vicomte bestätigt eben diese Einsicht. Zwar verfügt er über dasselbe schauspielerische Talent und weiß sich stets zu seinem Vorteil zu verhalten. Doch er praktiziert seine satanischen

Seelenkünste aus einem entgegengesetzten Interesse heraus. Die Marquise sagt es ihm am Ende ihrer Beziehung auf den Kopf zu: Während sie selbst »das Vergnügen« suche, sei er auf »Unterwerfung« aus und bevorzuge es, seine »Macht zu mißbrauchen«. Der Vicomte verführt die Frauen, um sie zu »haben« und zu »besitzen«. Ihn interessiert das Haben, die Merteuil dagegen das Sein, das Vergnügen.

Die Besitzgier wird dem Vicomte zur Falle. Er verfällt der Präsidentin Tourvel, der verkörperten bürgerlichen Tugend. Und er merkt es noch nicht einmal! Weil er haben will und auf vorzeigbaren Besitz aus ist, denkt er nur äußerlich und vernachlässigt die innere Mechanik der Liebe, ihre Triebdynamik.

»Haben Sie noch nicht beobachtet«, fragt ihn die Merteuil, »daß das Vergnügen, das in der Tat die einzige Triebfeder ist, um zwei Menschen verschiedenen Geschlechts zu vereinen, doch nicht genügt, um eine Liebschaft zwischen ihnen zu begründen, und daß, wenn auch das Verlangen vorhergeht, das die beiden zusammenbringt, nichtsdestoweniger der Ekel folgt, der sie zurückstößt? Hier liegt ein Naturgesetz vor, das nur die Liebe umstoßen kann – und Liebe, kann man sie denn erzwingen, wenn man möchte? Dennoch muß sie immer dasein, und die Sache wäre höchst bedenklich, wenn man nicht zum Glück entdeckt hätte, daß es genügt, wenn sie auf einer Seite vorhanden ist. Die Schwierigkeit ist somit zur Hälfte behoben, und das sogar ohne spürbaren Verlust: In der Tat genießt der eine das Glück zu lieben, der andere das zu gefallen, das zwar ein bißchen weniger lebhaft ist, dem sich aber das Vergnügen zu täuschen gesellt; so ist der Ausgleich hergestellt, und alles ist in Ordnung.«

Für die Marquise liegt das Dilemma der Liebe im Faktor der Zeit. Nur selten lieben sich zwei Menschen zur gleichen Zeit. Liebe ist deshalb nicht als Beziehung lebbar. Entweder man wartet auf die Liebe, die viel zu selten kommt. Oder man bescheidet sich mit dem von der Marquise entworfenen Sparprogramm der Liebe, und das heißt: mit der Täuschung. Das Dilemma ist also, daß Liebe auf Dauer der Täuschung und Lüge bedarf. Zum Wesen der Täuschung gehört immer auch die Genugtuung eines Vorteils, oder anders ausgedrückt: ein Machtkalkül. Wer auf sich hält wie die Marquise, dem bleibt bei der Liebe auf Dauer nur der Machtanspruch. Die Alternative zwischen Selbstverwirklichung und Liebesbeziehung stellt daher ein weiteres Dilemma der Liebe dar. Um die Liebe als einmaliges Gefühl zu leben, zwingt sich der Lebenswandel der Marquise geradezu auf: in der Lüge auf den Augenblick der Liebe zu hoffen. Die gewissenlose Marquise verkörpert hier paradoxerweise die absolute Selbstintegrität: »Wann wäre ich von den Regeln abgewichen, die ich mir vorgeschrieben habe, und wann hätte ich meine Prinzipien je verleugnet? Können Sie sagen, sie hätten es gesehen? Ich sage: *meine* Prinzipien, und ich sage es mit Absicht; denn sie sind nicht, wie die der andern Frauen, vom Zufall geboren, ohne Prüfung hingenommen und aus Gewohnheit befolgt: sie sind Ergebnisse meines reiflichen Nachdenkens, ich habe sie geschaffen und kann sagen, daß ich mein eigenes Werk bin.«

Wer kann das schon sagen: Ich bin mein eigenes Werk? Wer ist so sehr Person und Persönlichkeit? Daß die Marquise diese Lebenshaltung aus tiefster Seele vertritt, beweist sie durch ihr radikales Handeln. Gegenüber Valmont kommt es zu einer »regelrechten Kriegserklärung«, und zugleich riskiert sie die gesellschaftliche Ächtung. So lebt die Marquise die Unmöglichkeit der Liebe bis zur letzten Konsequenz aus, bis zum Kampf der Geschlechter. Der Tugendtyp Clarissa hat sich emanzipiert. Auch die Marquise pocht auf ihre seelische Unschuld, doch als neue Clarissa steht sie dem Mann furchtlos gegenüber. Sie verkörpert das Ideal der Amazone. Die Marquise ist »dazu geboren«, wie sie an Valmont schreibt, »mein Geschlecht zu rächen und Ihres zu meistern«. Kein Wunder, daß sich Valmont so sehr zur »Betschwester« Tourvel hingezogen fühlt: Eine souveräne Frau wie die Marquise kann er nicht aushalten. Die Ansprüche dieser Aufgeklärten überfordern ihn in seiner galanten Machtliebe. Valmont sucht in der Liebe das Opfer und nicht die gleichgestellte Begegnung. Diese Unterscheidung läßt einen Umbruch in den Liebesauffassungen anklingen, der in eine neue Zeit führt.

Valmont ist nicht mehr der typische Galan. Um sein Opfer zu erlegen, wendet er eine unlautere Jagdtechnik an. Die Marquise beklagt bei Valmont den »Unterschied zwischen Reden« und

Revolutionen sind historische Momente, in denen Ekstase und Askese dicht beieinanderliegen. Eugène Delacroix' sinnliche Frauengestalt symbolisiert nicht nur den hehren Kampf um die Ideale der Französischen Revolution, sondern auch ungestüme Leidenschaft. »Die Freiheit auf den Barrikaden« ist auch die Freiheit von Korsett und Konvention in der Liebe.

»Handlungen«: Valmont redet empfindsam und handelt brutal. Dieses januskköpfige Verhalten setzt sich in den Eroberungen fort. Er erlegt sein Opfer nicht im günstigen Moment. Wie die Katze beim Spiel mit der Maus steigert er seine Lust durch Enthaltung und kostet dabei seine Machtphantasien aus. Auch diese Doppelstrategie weiß die scharfsinnige Marquise zu benennen: Er liebe, schreibt sie, »eine Liebe, wie ich mir die eines Sultans für seine Favoritin vorstelle, was ihn nicht hindert, ihr zuweilen eine gewöhnliche Odaliske vorzuziehen. Mein Vergleich scheint mir um so treffender, als Sie, genau wie der Sultan, nie der Geliebte oder der Freund einer Frau sind, sondern immer ihr Tyrann oder ihr Sklave.«

Tyrann oder Sklave, Henker und Opfer zugleich: die Amazone Merteuil durchschaut Valmont. Die Marquise beschreibt hier den um 1780 durch die Gefühlskultur ausgeprägten neuen Charakter des Liebenden: den sadomasochistischen Typus. Vermutlich hat es diesen Typus immer gegeben, doch gesellschaftlich bedeutsam wird er erst zu dieser Zeit.

Laclos' Roman läßt Rückschlüsse auf die Genese des sadomasochistischen Liebenden zu. Die Marquise nennt ihn romantisch und zeigt damit, wie dehnbar der Begriff der romantischen Liebe um 1800 geworden ist. In der Triebsezierung, die Laclos unternimmt, überkreuzen sich die Erscheinungen der galanten und der bürgerlichen Liebe – personifiziert in der Beziehung des Galans Valmont mit dem Tugendideal, der Präsidentin von Tourvel. Die Liebesmodelle, die sich in den oberen Klassen historisch entwickelt haben, vermischen sich im ausklingenden 18. Jahrhundert und werden durch triebdynamische Konzepte ersetzt. Die galante Liebe wirkt weitgehend in der Raffinesse der Geschlechtsliebe fort, die die Triebökonomie kurzfristig und hocheffizient nutzt. Die romantische Liebe dagegen verspricht Stetigkeit, die durch Selbstkontrolle möglich wird und sadomasochistische Züge aufweist. Das Gegenmodell, das die Marquise anspricht, heißt um 1800 ›Geliebte‹ und ›Freund‹ und besteht in der Liebesfreundschaft, der seit der Renaissance bekannten gleichberechtigten Partnerschaftsliebe.

In der weiteren Entwicklung der Geschichte setzt sich zunächst vor allem die Triebökonomie durch. Ihr wird in der Französischen Revolution nach dem Muster der Antike gehuldigt. Im antiken Kostüm, den nackten Körper mit Vorliebe in Gaze eingeschlagen, promenieren die Damen, die ›Merveilleuses‹. Die Männer, die ›Incroyables‹, bevorzugen dagegen eine Ästhetik des Häßlichen; greisenweiß sind die Haare gefärbt, und der halbnackte Körper erinnert an Herkules und seine wilde Kraft. Die Ausgelassenheit führt im Sommer 1796 auf dem Boulevard des Temples zu öffentlichen Orgien. Den Höhepunkt bilden die ekstatischen Reaktionen auf den blutigen September von 1793, wobei sich die Erregung auf täglichen Dirnenbällen entlädt. Auf den Bällen der pornologischen Clubs trifft man sich nackt mit Maske. Dirnen bestimmen das Bild von Paris; Zentren sind das Palais Royal, die Maison-Egalité, die Champs-Elysées. Auch in Sachen Liebe hat die Französische Revolution den Individualismus ausgelebt, der mit der Gier nach Geld und Genuß in das Zeitalter des Egoismus führt. Die revolutionären Ideale und Ereignisse werden in der deutschen Frühromantik eingehend gesichtet, und die abendländischen Liebescodes, die in der Tradition Platons stehen, werden zeitgerecht erneuert.

Die romantische Revolution

Caroline Michaelis-Böhmer-Schlegel-Schelling, Dorothea Mendelssohn-Veit-Schlegel, Sophie Schubart-Mereau-Brentano, Sophie Tieck-Bernhardi-von Knorring: die Namen zeigen, daß um 1800 Bewegung in die Institution Ehe und in das Leben der Frau kommt. Diese Damen aus gutbürgerlichem Haus verweigern ihr Schicksal. Vorteilhaft verheiratet und gesegnet mit Kindern, verlangen sie mehr vom Leben, streben nach der Erfüllung ihrer Bedürfnisse und Wünsche. Dafür nehmen sie auch die gesellschaftliche Ächtung auf sich. Verspottet und gemieden, sagen sie begeistert »Ich«. Als Caroline Schlegel Schillers »Lied von der Glocke« liest, das Generationen von Schülern auswendig lernen werden, schüttet sie sich aus vor Lachen:

»Der Mann muß hinaus
Ins feindliche Leben,
Muß wirken und streben
…
Und drinnen waltet
Die züchtige Hausfrau
Die Mutter der Kinder,
Und herrschet weise
Im häuslichen Kreise,
Und lehret die Mädchen
Und wehret den Knaben,
Und reget ohn' Ende
Die fleißigen Hände«

Caroline ist entrüstet über diese neue, steife Bürgermoral Schillers – um so mehr, als er mit einem Stück wie »Die Räuber« vormals von ihr und ihrer Generation als Revolutionär gefeiert worden ist. Für die junge Generation ist das Denken des Weimarer Klassikers Verrat. Schiller brüskiert die Werte, die er selbst bekanntgemacht hat: Gegen alle intriganten »Kastraten« und die waltende Günstlingswirtschaft hat er seine Individualität gestellt, das Ich und die Freiheit des Möglichen proklamiert. Sein Gesinnungswandel hat sich unter dem Eindruck des Terrors in der Französischen Revolution vollzogen. Doch warum hält die junge Generation in ihren Lebensentwürfen an Vorstellungen fest, die sich politisch als katastrophal erwiesen haben? Warum dieser Freiheitsdrang bei der Generation, die im ausgehenden achtzehnten Jahrhundert aufwächst?

Caroline verweigert die Rolle der ›züchtigen Hausfrau‹. Nicht, daß sie unfähig zur Hauswirtschaft wäre, zeitweise bewirtet sie fünfzehn bis achtzehn Personen täglich am Mittagstisch. Doch sie zieht der weiblichen Pflicht männliche Neigungen vor. »Die Würze« zum Mahl (so erinnert sich die ältere Tochter des Malers Tischbein, Karoline Wilken) »lieferten geistige Bestandteile bei der nachlassenden Gewandtheit der Wirtin«, Caroline versteht ihre Gäste »zu beleben und anzureizen, ihren Witz leuchten zu lassen, so daß die Gesellschaft über dem Sprechen das Essen vergaß«. Statt als Hausfrau brilliert sie durch zündenden Witz. Er ist das Markenzeichen ihres Hauses und der Gesellschaft, die darin verkehrt und als ›die romantische Bewegung‹ Geschichte macht. Für die damalige Öffentlichkeit ist Caroline, nicht zu Unrecht, deren Galionsfigur. Vor dem Hintergrund ihrer Lebensgeschichte wird der Geist der Frühromantik in Deutschland erst lebendig.

Doch wie fast alle Romantikerinnen verweigert auch sie ihrem Esprit den Tribut und schafft, ungleich den Männern um sie herum, kein Œuvre. Die romantischen Frauen schreiben Briefe, die sich wie Romane lesen; sie publizieren das eine oder andere Buch, hinterlassen Entwürfe. Schriftstellerin im eigentlichen Sinn ist kaum eine von ihnen. So hat »Mann« sich kulturgeschichtlich darauf geeinigt, ihnen die Kunst der Lebenspoesie zuzuschreiben. Ihre Texte rechtfertigen den hohen Rang, können jedoch nicht darüber hinwegtäuschen, daß sie die erste Generation von Frauen sind, die regelrecht zwischen den Stühlen ihrer ›Bestimmung‹ sitzen. Sie befreien sich zwar von ihrer Rolle als Heimchen, haben aber nicht die Chancen der Männer. Caroline ist noch eine Aus-

Caspar David Friedrich, »Frau am Fenster«, 1822
Sehnsuchtsvoll geht der Blick nach draußen, in die Welt. In diesem Jahrhundert verlassen Frauen wie Caroline Schlegel, Dorothea Mendelssohn oder Sophie Schubart das häusliche Gefängnis, um selbst über ihr Leben und Lieben zu bestimmen.

Die romantischen Frauen schicken sich an, die Welt des Geistes zu erobern, doch auch lesend und schreibend bleiben sie in der überkommenen Rollenaufteilung gefangen. Statt Eigenes zu schaffen, dienen sie ihren Männern und Geliebten, die als Dichter zu Ruhm und Ehre gelangen.

nahme, als Tochter des Göttinger Orientalisten Michaelis lernt sie Englisch, Französisch und Italienisch, verschlingt Bücher und liebt das Theater. Aber die obligate musische und hauswirtschaftliche Ausbildung steht im Vordergrund. Besser hat es nur ihre Freundin Dorothea Schlözer getroffen, die als erste Frau in Deutschland mit siebzehn Jahren promoviert.

Typisch für die Zeit ist dagegen die Biographie von Dorothea Veit, die als Rethel Mendelssohn, als Tochter eines berühmten Aufklärungsphilosophen zwar Klavierspielen und Sticken lernt, von »Morgenstunden der Philosophie« oder Lateinunterricht aber ausgeschlossen bleibt. In der jüdischen Familie werden die gesellschaftlichen Konventionen genau beachtet, und Moses Mendelssohn drängt seiner Tochter den üblichen Werdegang auf. Mit vierzehn Jahren wird sie dem Bankier Simon Veit anverlobt, lernt fleißig Hauswirtschaft und heiratet ihn mit neunzehn. Erst nach dem Tod ihres Vaters, nach der Geburt von vier Söhnen, nach vierzehnjähriger Ehe befreit sich Dorothea aus dem Hausfrauendasein. Bei ihrer Freundin Henriette Herz lernt sie den Kritiker und Schriftsteller Friedrich Schlegel kennen. Sie ist dreißig, als sie sich leidenschaftlich in ihn verliebt, und sie nimmt alle Unsicherheiten an der Seite eines mittellosen Genies in Kauf, um ein zweites, selbstbestimmtes Leben zu beginnen.

Unter solchen Bedingungen sind die Regeln der Liebe festgelegt. Die romantischen Frauen finden ihr Ich in der Liebe und sind gerne bereit dazu, auch die höhere Liebe ihres Geliebten zu befriedigen. Fleißig schreiben sie Manuskripte ab, redigieren und diskutieren, organisieren die Geselligkeiten ihrer Männer, die sie dafür immerhin begleiten dürfen. Trotzdem läßt sich von einem Fortschritt in der Geschlechterbeziehung sprechen. Zwar hat es vor ihnen genügend intellektuelle Frauen in Deutschland gegeben, sei es Benedikte Naubert mit ihren Schauergeschichten, Therese Huber als Mitherausgeberin des Cotta'schen Morgenblatts oder die Journalistin Helmine von Chézy. Aber diese Schriftstellerinnen beanspruchen noch keinen Selbstentwurf. Vor dem Hintergrund der Französischen Revolution ändern sich die Bedingungen grundlegend. Durch den Umsturz einer von Gott gegebenen Ordnung wird das Undenkbare vorstellbar und das Gedachte machbar.

Möglich wird damit auch der persönliche Freiheitsentwurf der Frau. Er stimuliert geradezu das Lebensexperiment.

Caroline erlebt die vorrevolutionäre Zeit in Clausthal im Harz mit ihrem Ehemann, dem Professorensohn und Bergarzt Böhmer. Vier lange Jahre verbringt sie dort mit ihm, bis Böhmer plötzlich an Wundstarrkrampf stirbt. Sie ist 25 Jahre alt, Mutter von zwei Töchtern und gerade wieder schwanger. Zuerst kehrt sie ins Elternhaus zurück, dann zieht sie zu ihrem Bruder nach Marburg. Er führt der schönen jungen Witwe Bewerber zu und drängt sie zur Wiederverheiratung. Als der neugeborene Sohn stirbt und ein Jahr später die jüngere Tochter, hat sie den philiströsen Bruder und alle familiären Abhängigkeiten endgültig satt. Sie macht die Idee, die sie umtreibt, wahr: ein anderes, neues Leben.

Mit ihrer Tochter Auguste bricht sie zu der Jugendfreundin Therese Heyne auf. Diese ist – man bleibt allemal im Milieu – die Tochter des berühmten Altphilologen Christian Gottlob Heyne, der mehrere Generationen deutscher Denker in den alten Sprachen ausgebildet hat. Er hat seiner Tochter einen interessanten Ehemann gestattet: seinen Schüler, den Weltumsegler Georg Forster. Inzwischen ist aus ihm der Kopf der Mainzer Revolution geworden. Caroline Böhmer macht sich also auf in ihr neues Leben, in eine neue Weltgeschichte. Sie kommt im Frühjahr 1792, auf dem Höhepunkt der Revolution, in Mainz an.

Im Hause Forster ist damals die Revolution auch privat ausgebrochen. Ihre Freundin Therese, Revolutionsanhängerin, verläßt gerade ihren Mann, um mit ihrem Geliebten, dem Publizisten Ludwig Ferdinand Huber, zusammenzuleben. Sie wird ihn heiraten, Leiterin des Cotta'schen Morgenblatts werden, sechzig Romane und Erzählungen schreiben und zehn Kinder zur Welt bringen. Caroline bleibt bei dem leidenden Forster. Wenn sie sich hier auch als Hausfrau nützlich macht, dann steht ihr der Sinn doch nach anderem: »Kein Augenblick geht leer vorüber«, notiert sie. Im November wird auf dem Mainzer Marktplatz der Freiheitsbaum errichtet, unter Kanonendonner tanzen Zehntausend die Carmagnole, schmettern das »Ça ira« und die Marseillaise. Carolines Briefe aus Mainz sind Zeitzeugnisse einer politisierten Frau mit einem Freiheitsbegriff, der die damals üblichen philosophischen

Definitionen weit übersteigt: Sie will, daß ihre Gedanken und ihr Körper frei sind, fordert geistige und sexuelle Freiheit. Eine Woche verbringt sie mit dem Begleiter der englischen Prinzen, Tatter, der nach Italien weiterziehen muß. Mit dem französischen Offizier Dubois-Crancé, einem Neunzehnjährigen, erlebt sie »Nächte der Glut und Leidenschaft«.

Das Erwachen ist hart. Als eine Freundin Forsters und Schwägerin des Revolutionärs Böhmer, als ›Auffällige‹, wird sie auf dem Weg nach Frankfurt verhaftet und auf der Festung Königstein im Taunus interniert. Sie erlebt, wie 160 Gefangene bis aufs Blut geprügelt werden und erträgt kaum die Haftbedingungen mit Ungeziefer, Schmutz und erstickender Luft. Zudem ist sie der Angst ausgeliefert, bei Entdeckung ihrer Schwangerschaft zum Tod verurteilt zu werden. Sie schickt Briefe an ihre Freunde, doch fast alle verleugnen sie. Nur einer aus der Göttinger Jugendzeit, der vergeblich um sie geworben hat, August Wilhelm Schlegel, erreicht schließlich, unter Vermittlung des Naturforschers Humboldt, ihre Verlegung nach Kronberg. Durch ein Gesuch ihres jüngeren Bruders Philipp an Friedrich Wilhelm II. wird sie schließlich freigelassen.

Es folgen öffentliche Schmähungen, Brandmarkungen. Göttingen verweigert ihr das Aufenthaltsrecht, sie gilt als »Hure« und »Teufel von einem Weibe«. Ein Versteck, um die Geburt des Kindes abzuwarten, besorgt ihr August Wilhelm Schlegel mit Hilfe des Verlegers Göschen. Weil er selbst in Amsterdam eine Hofmeisterstelle innehat, bittet er seinen Bruder Friedrich, der in Leipzig studiert, Caroline Böhmer im nahegelegenen Lucka zu versorgen. Friedrich ist wie sein Bruder fasziniert von dieser Frau. Wie weit ihr Verhältnis in der ländlichen Einsamkeit geht, sei dahingestellt. Jedenfalls errichtet ihr Friedrich ein literarisches Monument neben dem seiner späteren Frau, der erwähnten Dorothea Veit und künftigen Schlegel.

Caroline wird 1796 August Wilhelm heiraten und ihr Haus in Jena zum Zentrum des Freundeskreises machen, der als die Jenaer Frühromantik in die Geschichte eingeht. Von Romantizismus ist hier allerdings zunächst wenig zu sehen. Als verfemte Frau mit einer achtjährigen Tochter begibt sich Caroline gerne unter den

Schutz eines galanten Weltmannes wie Schlegel. Sie empfindet, wie auch bei ihrer ersten Ehe, die entscheidende Qualität jeder Vernunft- und Konvenienzehe: »Achtung«. In ihrem neuen Domizil ist man über die Verbindung wenig ergötzt. Schiller, der Schlegel als Mitarbeiter seiner Zeitschrift nach Jena geholt hat, spricht von »Madame Lucifer«, und die Jenaer Gesellschaft schneidet sie brüsk.

So halten Schlegels auf eigene Geselligkeit, und man kann sich vorstellen, wer hier verkehrt: der revolutionäre Restposten Sachsens. Das sind die Philosophen Fichte und Schelling, der Naturforscher Steffens, der Physiker Ritter, der Student Clemens Brentano, der Sprachforscher Bernhardi. Friedrich Schlegel hat sich mit Dorothea Veit einquartiert und durch die Gründung einer Literaturzeitschrift zusammen mit seinem Bruder auswärtige Gäste angezogen. Aus Berlin kommen der Jugendfreund und Theologe Friedrich Schleiermacher und der Dichter Ludwig Tieck mit Familie; aus dem nahe gelegenen Weißensee der Studienfreund Friedrich von Hardenberg. Der Kreis ist noch völlig unspektakulär, doch die Jenaer Bürger und die damalige, so überschaubare Gelehrtenwelt haben genügend Stoff für Klatsch. Eine bessere Werbung als die ruchbare Caroline hätten die ehrgeizigen Kulturrevolutionäre kaum haben können. Sie repräsentiert als Person das, was Friedrich von Hardenbergs Dichtername als Programm signalisiert. Nach einer erloschenen Nebenlinie der Hardenbergs nennt er sich Novalis: ›Entdecker von Neuland‹. Seine Entdeckungen betreffen vor allem das eine, die Liebessehnsucht.

Caroline Schlegel, wie sie jetzt heißt, ist der Beweis dafür, daß diese jungen Leute von Konventionen nichts halten. Auch haben sie von der Liebe ihre eigenen Ansichten. Das erweist sich im Jenaer Kreis bald überdeutlich. Caroline verliebt sich in Schelling, der zwölf Jahre jünger ist und eigentlich die Wunschpartie für die inzwischen vierzehnjährige, liebreizende Tochter Auguste. Caroline hält sich entsprechend zurück, doch noch während des frühromantischen Zaubersommers 1799 kommt es zu eifersüchtigen Szenen mit Auftritten August Wilhelms, der seinerseits mit Elisabeth Wilhelmine van Nuys eine Liebesbeziehung unterhält. Die Fronten sind klar, »nach einem kleinen Ball bei Schlegels, als alle

Gäste schon fort waren«, beobachtet Karoline Wilken, daß »Schlegel und seine Frau in großer Aufregung nebeneinander einherschritten. Er weinte, sie sah sehr entschlossen und erhitzt aus.« Schlegel ist bereit, das Verhältnis seiner Frau zu dulden und vielleicht wäre die Geschichte auch galant verlaufen, hätte sich nicht der Bruder Friedrich eingemischt. Die Position von August Wilhelm betrachtet er als ›unehrenhaft‹ und stachelt ihn gegen Schelling auf.

Schließlich kommt es zum Zerwürfnis aller mit allen. Caroline verteufelt Friedrich, seine Gattin Dorothea verteufelt dafür Caroline, so daß August Wilhelm seinerseits mit Dorothea und dem Bruder in Streit gerät, der daher wiederum Caroline doppelt haßt. Folge davon ist ein Nervenfieber Carolines, sie fährt mit Schelling zur Kur. Als ihre Tochter Auguste dort an der Ruhr stirbt, ist der Eklat endgültig. Dorothea und Friedrich werfen ihr vor, mit ihrer Liebesgier das Kind umgebracht zu haben und führen den Arzt Hufeland an, den Entdecker der Makrobiotik. Er behauptet, daß an der Ruhr allein inzwischen keiner mehr sterbe. In der Trauer um ihre Tochter zieht sich Caroline von Schelling zurück, leidet unter abgrundtiefen Gewissensbissen und erholt sich nur schwer. Nach dreijähriger Trauerzeit heiratet sie schließlich Schelling. Sie bleibt – nach wie vor gesellschaftlich geschnitten – revolutionär gesinnt und, wie Heinrich Heine, überzeugt von der Sache Napoleons. 1809, mit 46 Jahren, stirbt sie selbst an der Ruhr.

Wäre es nach Caroline gegangen, hätte ihr Liebesleben so ausgesehen, wie es später Dorothea Schlegel lakonisch formuliert: Zwischen ihr, Schlegel und Schelling wäre »alles recht friedlich und aufgeklärt zugegangen, Car[oline] hätte heute einem, morgen dem andern zugehört, oder wohl gar Auguste selbst, hätte die Ehe en quatre vollständig gemacht«. Glücklicherweise habe ihr Gatte solch moralisches Fiasko hintertrieben, so Dorothea, die mit Friedrich inzwischen zum Katholizismus konvertiert ist.

Ihre Vermutung dürfte zutreffen. In der Familie Tieck jedenfalls werden die Liebesdinge auf diese Weise gehandhabt. Ludwig Tieck, der ›König der Romantik‹, lebt bis ins hohe Alter eine Dreierbeziehung. Er heiratet früh und verliebt sich unmittelbar nach seinem Besuch bei Schlegels unsterblich in Henriette von Finckenstein. Er lernt sie bei einem Studienfreund kennen, der dafür die Gattin Amalie Tieck tröstet und bald ihr und dem Dichter, Tieck weilt in Italien, eine zweite Tochter schenkt. Dieser Graf von Burgsdorff ist 1793, nach seinem Abitur, begeistert als Revolutionsanhänger nach Paris aufgebrochen, freilich nur bis zur französischen Grenze gekommen, wo er als vermeintlicher Spion verhaftet worden ist. Burgsdorff ist eine lebenshungrige Natur, ständig auf Reisen und so großzügig, daß Tieck und seine Familie auf seinem Gut Ziebingen unweit von Frankfurt an der Oder auf Jahre hinaus ihren Lebensunterhalt finden.

Die Revolutionsstimmung überdauert die Schrecken der Jakobinerherrschaft und das Scheitern politischer Freiheit. Die Frühromantiker ziehen daraus die bestmögliche Konsequenz: die Revolutionierung des Intellekts.

Ideen sind der Auslöser der Französischen Revolution gewesen. Das Eindrückliche damals ist, daß Ideen Geschichte machen. Den ›wilden Philosophen‹ in Deutschland geht es vor diesem Hintergrund nur um eines: um die Idee und wie die Idee Geschichte macht und daß die Idee den Kosmos betreibt. Wenn der blutige Verlauf der Französischen Revolution zeigt, daß der Mensch noch unreif für die neue Welt der Freiheit ist, dann heißt die Schlußfolgerung: Wir revolutionieren das Denken.

Gründliche Inventur des abendländischen Denkens ist gefragt. Drei Freunde proklamieren damals gemeinsam: Wir brauchen eine neue Mythologie, die das erstarrte christliche Weltbild ersetzt und ein lebendiges Denken zuläßt. Dieses sogenannte »Älteste Systemprogramm des deutschen Idealismus« entwerfen die Jugendfreunde Hegel, Hölderlin und Schelling. Einige Jahre später kehrt ein solcher selbstbewußter Erneuerungsruf in der Jenaer Frühromantik wieder. Rückhaltlos stellt Friedrich Schlegel, in seinem »Gespräch über die Poesie« (1800) die Forderung nach einem neuen Mythos auf: nach einem innovativen Weltbild für ein bedürfnisgerechtes Leben. Hier wie dort mag Robespierres Revolutionsprojekt einer ›Vernunftreligion‹ Pate gestanden haben. Die Intention der jungen Romantiker geht aber ungleich tiefer.

Die deutschen Idealisten, die aus der Ferne den Verlauf der Französischen Revolution beobachten, beschäftigt nicht mehr die

Vernunft, die in Paris gescheitert ist. Sie interessiert deren Rückseite, die erdabgewandte Seite der Vernunft, die das Scheitern verantwortet. Sie interessiert die irrationale Seite im Menschen, die Seelenbewegung. Das ist das ursprüngliche Terrain des Heiligen. Entsprechend eng an der Theologie orientiert sich die Romantikergeneration. Sie erkundet das unsichtbare Ding, das Seele heißt. Wie immer es genannt wird, Weltseele, Weltgeist, absolutes Ich oder Wille, das Betriebsgeheimnis dieses verweltlichten Gottes ist die Liebe.

Die Dialektik Hegels ist immer wieder als Verklausulierung des Liebesspiels erläutert worden. These – Antithese – Synthese: was liegt näher, als sie durch den Dreierschritt von Mann – Frau – Vereinigung der Gegensätze zu illustrieren? Wie diese Liebesvereinigung näher zu betrachten ist, hat Friedrich Schlegel ausdrücklich geschildert. Seine Erzählfigur Julius in dem damals skandalösen Liebesbrevier »Lucinde« (1799) will beim Liebesakt unter allen Umständen unten liegen und zur Geliebten aufschauen. Friedrich Schlegel macht sich nichts daraus, eine Platitüde aufzugreifen und in den Mittelpunkt seiner Schriften zu stellen. Er will das Selbstverständliche auffrischen und neu beleben. In ›stiller Größe‹ und ›edler Einfalt‹, nach dem Vorbild der klassischen Antike, entwirft er ein Konzept, das seiner Auffassung nach allem Heiligen zugrunde liegt: eine Liebesreligion. Doch wie will man um 1800 eine solche Religion verständlich machen?

Schlegel huldigt der Liebesreligion mit den bewährten Mitteln seiner Zeit, mit individueller Erfahrung und Selbstentblößung. Er beschreibt in »Lucinde« seine eigenen Liebeserfahrungen und mystifiziert sie. Er überhöht das eigene Leben zur Kunst und Religion. Die Zeitgenossen nehmen ihm das Sakrileg übel. Auch haben sie endlich den Vorwand, dem frechen Kritiker Schlegel seine »Teyfeleien« und Anfeindungen heimzuzahlen. Sie alle verschlingen das schmale Bändchen und die intimen Details, die seine Schwägerin Caroline und seine Geliebte Dorothea als Liebespriesterinnen preisgeben. Endlich glaubt man zu wissen, wie alles zugegangen ist. Man liest von einem Julius, in dem unschwer Friedrich Schlegel zu erkennen ist, von Caroline im einsamen Lucka, wo ihr Friedrich Gesellschaft leistet und erfährt, wie die dunkeläugige

Dorothea ihren schwermütigen Blick auf Schlegel richtet. Mit Erstaunen wird seine brennende Liebe registriert, die man zu einer zwölf Jahre älteren Frau, die als wenig attraktiv bekannt ist, keineswegs vermutet hätte. Indes macht nur die Klatschsucht das Buch zum Skandal. Wenn auch freimütig über Liebe und Sex gesprochen wird, so sind die Zeitgenossen unter anderem durch Übersetzungen aus dem Französischen eine erheblich deutlichere Sprache gewohnt.

Das Skandalbändchen in Form eines objektivierten Selbstportraits berichtet, wie Julius-Friedrich sich mit galanten Vergnügungen seine Zeit vertreibt, mit Verführungsstrategien und mit Beziehungen zu »beinah öffentlichen Mädchen«. Lebensüberdruß quält ihn, die Langeweile galanter Lebensart bis zur Todessehnsucht. Aus diesem psychischen Sumpf befreit ihn eine Frau, in der jeder Caroline erkennen kann und in die er sich auf den ersten Blick verliebt. Doch ist es höchst anständig, was Schlegel über seine Schwägerin und sein Verhältnis zu ihr ausplaudert. Man kann ihm seine Darstellung sogar glauben. Denn die Fortsetzungsgeschichte ist der erwähnte Familienstreit in Jena. Gerade weil Friedrich nie ein sexuelles Verhältnis mit Caroline hatte, muß ihn Schellings Allianz mit ihr provoziert haben. Er selbst übt sich, obwohl er vor Liebe nach ihr »brennt«, in einem brüderlich-schwesterlichen Verhältnis mit Caroline, hält sich aus Respekt vor seinem Freund und Bruder Wilhelm zurück. Und dieser toleriert ausgerechnet, daß Schelling hemmungslos um sie buhlt und von der »Vergötterten« auch noch erhört wird.

Nach seinen Ausführungen verdankt Friedrich Schlegel allein Caroline die strikte Arbeitsweise, die seinen Ruhm begründet. Ab sechs Uhr morgens arbeitet er mit festem Stundenplan bis nachts. Zu dieser Disziplin soll es auf eine Weise gekommen sein, die mustergültig für damalige Verhältnisse ist: Denn »wie er dachte, daß es sein höchstes Gut sein würde, von ihr geliebt zu werden und sie ewig zu besitzen, so fühlte er zugleich daß dieser höchste und einzige Wunsch ewig unerreichbar sei.« Da die vergötterte Frau schon an seinen Freund vergeben ist, »wandte sich die ganze Kraft seiner Leidenschaft« gegen die eigene Liebe. »Er entsagte der Hoffnung, und dem Glück, aber er beschloß, es zu verdienen, und Herr über sich selbst zu werden.« Um dieses hohen Anliegens willen »drängte er alle Liebe in sein Inneres zurück, und ließ da die Leidenschaften wüten, brennen und zehren; aber sein Äußeres war durchaus verwandelt, und … einer gewissen brüderlichen Härte« ähnlich. Mit anderen Worten: Dieser Julius übt sich in der Verzichtliebe, dem damals höchsten Ideal des Bürgers. Die Liebe ersetzt er durch »Härte« und Arbeitsdisziplin. Wie es ihm weiter ergeht, läßt keinen Zweifel daran, daß die Rede von romantischer Liebe ist.

»Sein ganzes Wesen war gleichsam von der Oberfläche zurückgetreten nach seinem Innern«, Julius ist damit die Verkörperung romantischer Innerlichkeit: »er versank in eine allgemeine Verschlossenheit und floh den Umgang mit Menschen. Rauhe Felsen waren seine liebste Gesellschaft, am Gestade des einsamen Meeres hing er seinen Gedanken nach, und ging zu Rate mit sich selbst, und wenn das Sausen des Windes in den hohen Tannen rauschte, so wähnte er, die mächtigen Wogen tief unter ihm wollten sich aus Teilnahme und Mitleiden ihm nähern, und schwermütig blickte er den fernen Schiffen nach und der sinkenden Sonne. Dieser Ort war sein Liebling, er ward ihm durch die Erinnerung zu einer heiligen Heimat aller Schmerzen und Entschlüsse.«

Welch gewaltiges Sehnen und romantisches Träumen! Welch göttliche Zerknirschung und Wehmut! Die verbreiteten Motive der romantischen Liebe bürgen für die Echtheit dieser Liebe: Einsamkeit, Meer, rauhe Felsen, Tannen, der Blick in die Weite mit Schiffen und Sonnenuntergang. Caspar David Friedrich wird die Stimmung später unvergeßlich machen. Doch weshalb dieser gänzlich unromantische Fortgang seiner Schilderung? »Die Vergötterung seiner erhabenen Freundin wurde für seinen Geist ein fester Mittelpunkt und Boden einer neuen Welt. Hier schwanden alle Zweifel, in diesem wirklichen Gute fühlte er den Wert des Lebens und ahndete die Allmacht des Willens. Er stand in Wahrheit auf frischem Grün einer kräftigen mütterlichen Erde, und ein neuer Himmel wölbte sich unermeßlich über ihm im blauen Äther. Er erkannte in sich den hohen Beruf zur göttlichen Kunst, er schalt seine Trägheit, daß er noch so weit zurück sei in der Bildung und zu weichlich gewesen war zu jeder gewaltigen Anstrengung. Er ließ sich nicht in müßige Verzweiflung sinken, sondern er folgte der weckenden Stimme jener heiligen Pflicht.«

Zerstört, die ganze schöne Romantik, und statt dessen ein Plädoyer für Pflicht und Tugend. Heißt das Kapitel deshalb »Lehrjahre der Männlichkeit«? Oder handelt es sich um eine der berüchtigten Schlegelschen Witze, bestes Beispiel für die romantische Ironie und zugleich beißende Selbstironie? Deutlicher geht es kaum als mit diesem Schlußwort zur Tugend des Liebesverzichts: »Ein anderesmal lachte er lauter über seine alte Heftigkeit nach so langem Enthalten, da ihm eine schnelle Gelegenheit einen frischen Genuß anbot, und sein Gemüt durch einen Roman, der in wenigen Minuten angefangen, vollendet und beschlossen war, wenigstens von einigem Brennstoff befreite und erleichterte.«

Schlegel sieht die Sache mit der romantischen Liebe demnach ziemlich unromantisch: Das »Enthalten« führt zu erheblichen Ansammlungen von »Brennstoff«, der sich durch die »Allmacht des Willens« entweder »in der Bildung« verzinsen kann oder »befreit und erleichtert«. Hundert Jahre später wird Freud diese Ansicht wissenschaftlich bestätigen und vom Triebverzicht als Bedingung für Kulturleistung sprechen. Schlegel macht sich hier über das Sublimieren lustig, das er in seiner Mechanik sehr genau beschreibt und als entscheidendes Kriterium der romantischen Liebe herausstellt, verbunden mit Selbstkontrolle, Verinnerlichung und den sadomasochistischen Zügen von Selbstmitleid und Ermannung, von innerer Weichheit und äußerer Härte. Schlegel analysiert somit exakt das bürgerliche Liebesmuster, das die Epoche der Empfindsamkeit in ihrer Tränenseligkeit gepflegt und als romantische Liebe bekannt gemacht hat. Entsprechend werden auch die Motive dieser Liebe, die er in ihrer Erhabenheit ausbreitet, die Klippen, das Meer, der Sonnenuntergang von ihm parodiert. Die romantische Bewegung selbst lebt ein anderes Liebesideal, von dem Schlegel immer wieder betont, daß es sich der Sprache entziehe. Kaum verwunderlich also, daß es im Klischee der empfindsam romantischen Liebe weithin aufgegangen ist oder besser umgekehrt: daß die Frühromantik weithin als Statthalter der romantischen Liebe gilt.

Doch worin besteht das Liebesideal der Frühromantiker?

Schlegels Roman »Lucinde« gilt allgemein als die erste literarische Darstellung der Liebesehe. In wahrer Zuneigung vereinigen sich Mann und Frau dank des irrationalen ›Zauberschlags‹ der Liebe, wodurch sie sich geistig wie sexuell ergänzen und zu einer ausgeglichenen, geselligen Lebenspoesie finden. Trieb und Zärtlichkeit finden zusammen. Der Kulturwissenschaftler Hermann August Korff kommentiert: »Aus dem zerrissenen Problematiker ist durch die romantische Ehe der harmonisch-klassische Mensch geworden.« Körper und Geist finden zu einem harmonischen Gleichgewicht. Tatsächlich liegen die Akzente vor und nach der Frühromantik so verschieden wie in unserem Jahrhundert die Ansichten über Liebe vor und nach der sexuellen Revolution. Von rauschhafter Sexualität berichtet Schlegel und von den Schwierigkeiten, sie anzunehmen: »Er lernte das schöne Glück ehren, was er gefunden hatte … Aber weder im Taumel der Nächte noch in der Freude der Tage wollte er es Liebe nennen. So sehr hatte er sich beredet, daß diese gar nicht für ihn sei und er nicht für sie! Es fand sich leicht ein Unterschied, um diese Selbsttäuschung zu bestätigen. Er hege, so war sein Urteil, eine heftige Leidenschaft für sie und werde ewig ihr Freund sein. Was sie ihm gab und für ihn fühlte, nannte er Zärtlichkeit, Erinnerung, Hingabe und Hoffnung.«

Diese »Selbsttäuschung« ist sprechend. Julius-Friedrich lebt sich Tag und Nacht sexuell und geistestrunken in einem Rausch aus, den er »Leidenschaft« nennt, und hütet sich geflissentlich vor dem Wort Liebe. Eine ›freie Liebe‹ heißt das damals und wird als jene Lebensart der Caroline Böhmer verteufelt. Dieselbe Gesinnung findet sich bei Lucinde-Dorothea: »Auch sie hatte mit kühner Entschlossenheit alle Rücksichten und alle Bande zerrissen und lebte völlig frei und unabhängig.« Die Frau, die ihren »leichtsinnigen« Willen auslebt, wird hier als »herrliche Frau« gefeiert im Affront gegen die sogenannte »fatale Gesellschaft«.

Julius macht in der freien Liebe nun diese merkwürdige Erfahrung: »Er hatte die Liebe und das Glück überall gesucht, wo sie nicht zu finden waren, und nun da er das Höchste besaß, hatte er nicht einmal gewußt oder gewagt, ihm den rechten Namen zu geben. Er erkannte nun wohl, daß die Liebe, die für die weibliche Seele ein unteilbares durchaus einfaches Gefühl ist, für den Mann nur ein Wechsel und eine Mischung von Leidenschaft, von Freundschaft und von Sinnlichkeit sein kann; und er sah mit frohem Erstaunen, daß er eben so unendlich geliebt werde wie er liebe.« Wer nicht die männliche Rolle hintergeht, so die Einsicht Schlegels, wird nie die Liebe kennenlernen. Er wird Leidenschaft, Freundschaft und Sinnlichkeit genießen, die Liebe aber bedarf einer Selbstüberschreitung. Sie wird nur dem möglich, der nach Schlegel »mit der Maske spielt« und Verwirrungen und Täuschungen nicht ausweicht.

Immer sind »unter die schöne Wahrheit bedeutende Lügen gemischt«. Liebe setzt die Befreiung von Konventionen und gesellschaftlichen Normvorstellungen voraus. Offen für sie ist nur der Mensch, der die gesellschaftlich geprägten Ichs hintergeht und auch Selbstbetrug übt. Dieser Mensch ist unvoreingenommen gegenüber allen möglichen Erfahrungen. Denn als ›Zauberschlag‹ ist die Liebe eine Berührung von anderswoher, Begegnung mit einem Fremden und Unbekannten. Sie ist stets anders und einzigartig und daher oft nicht auf Anhieb zu erkennen. Erlebbar ist sie nur Menschen, die kein versteinertes Herz haben und sich selbst im Spiel mit den eigenen Masken durchsichtig sind.

Lieben ist für die Frühromantiker daher ein Lebensprogramm und der Liebende ein Lebenskünstler. Er verfügt über eine innere Freiheit, die das Leben zum Kunstwerk macht. Er läßt geschehen. Julius betont: »Wie seine Kunst sich vollendete und ihm von selbst in ihr gelang, was er zuvor durch kein Streben und Arbeiten erringen konnte: so ward ihm auch sein Leben zum Kunstwerk, ohne daß er eigentlich wahrnahm, wie es geschah.«

Eine neue Auffassung von Liebe vertritt die Frühromantik, die mit Ehe im engen bürgerlichen Sinn nichts zu schaffen hat. Liebe meint hier im eigentlichen Sinn das, was Erich Fromm hundertfünfzig Jahre später verkündet: »Liebe heißt loslassen können.«

Liebesehe, Synthese von Sinnlich-Körperlichem und Geistig-Seelischem, kosmische Vereinigung und Unio mystica, was immer dem Schlegelschen Liebesverständnis subsumiert worden ist, es setzt die Loslösung von festen Vorstellungen voraus, den Sprung ins unerschöpflich Neue, Originelle und Unbekannte. »Er hatte es nicht geahndet, daß ihre Originalität so unerschöpflich war wie ihre Liebe.«

Diese Bindung der Liebe an Originalität wird von Schlegel in langen Passagen traktiert. Warum bedarf es dieser Nachdrücklichkeit? Von heute aus gesehen liegt die Schlußfolgerung nahe. Das Originelle, Neue und Unerwartete sind als entscheidende Kriterien der Moderne gewertet worden. Wenn Schlegel diese Charakteristika für sein Liebeskonzept in Anspruch nimmt, kann das nur heißen, daß mit der Frühromantik die eigentlich moderne Auffassung von Liebe beginnt. Die empfindsam romantische Liebe, die an Gefühlswahrheit und Sublimation gebunden ist, wird in der Frühromantik parodiert und verabschiedet. An deren Stelle entsteht das neue Konzept moderner Liebe. Nicht nach der Echtheit des Gefühls wird hier gefragt, sondern nach der Neuheit der Erfahrung und ihrer Faszination.

Die bürgerlich empfindsame Sublimationslust weicht somit rauschhaft universellem Genuß. Liebe wird zum leidenschaftlichen Genießen in vollen Zügen. Tabu sind allein Allüren, ernstgenommene Konventionen. Der Genuß will originell sein. Nur wer Traditionen hinter sich läßt, sich selbst und sein Gegenüber ernst nimmt, kann die Liebe, ihre Launen und eine schalkhafte Lebensart im Hier und Jetzt goutieren. Schlegel weiß um die Naivität seiner Wünsche. Die »schöne Gegenwart«, der Augenblick, sie sind Maskeraden vor dem immer wiederkehrenden Gesicht der Gewohnheit. Vorherrschend ist zweifellos »ein *reines Vegetieren*«: der Mensch ißt, trinkt und koitiert, und ist »von Natur eine ernsthafte Bestie«. Doch, so Schlegels Freund Tieck: »Es kömmt wohl nur auf die Übung an …, haben doch Elephanten gelernt auf dem Seile tanzen. Die meisten Menschen machen sich außerdem ihr Leben noch viel beschwerlicher, und sie leben es doch ab: o wahrlich, hätten sie nur etwas Leichtsinn in den Kauf genommen, so entschlössen sich viele, sich sterben zu lassen.«

Die politische Revolution in Frankreich führt in Deutschland zur Revolution im Persönlichen und zu einer neuen Lebens- und Liebesauffassung. Programm ist, das Leben zum Kunstwerk zu machen und das Werk der Kunst als Leben zu begreifen. Ästhetisierung läßt sich diese Verspiegelung von Kunst und Leben auch nennen. Ihr Betriebsgeheimnis ist das Geschehen-lassen-Können und das Lieben. Bereits Choderlos de Laclos hat einen solchen neuen Lebensentwurf in der Figur der Marquise de Merteuil skizziert. Sie wagt es, sich selbst zu erschaffen. Daß die Liebe als Medium für diesen Neuentwurf des Ich prädestiniert ist, ist seit Platon kultureller Gemeinplatz. Wenn der Mensch nur als eine Hälfte gilt, die sich nach ihrer Ergänzung sehnt und allein im Wechselspiel zwischen Du und Ichs existentielle Befriedigung und innere Ruhe zu finden vermag, dann ist das Reden über die Liebe Kern der Gespräche über das Ich. Platon, seine Dialektik und seine Ironie sind deshalb der wichtigste Bezugspunkt und, neben Shakespeare und der Renaissance, die Quelle für die frühromantische Aufklärung über den Menschen.

Laclos erzählt, wie ein Meister des Liebesmetiers, der Vicomte Valmont, in Schattengefechten und Selbsttäuschungen vor lauter Liebe das Lieben vergißt. Lesbar wird hier der Konflikt zwischen Ichentwurf und Liebesauffassung, das Ich und die Sexualität verbünden sich gegen die Liebe. Und zum ersten Mal in der Kulturgeschichte klingt hier das moderne Liebesdilemma an: nicht mehr lieben zu können. Allerdings könnte Valmont, durch ein Leben im Einklang mit seinen Gefühlen, diesem Debakel noch entgehen.

Das Liebesdilemma Laclos' wird in Deutschland bruchlos weiterreflektiert. In den frühen neunziger Jahren entsteht dort ein Roman, der Vorbote der frühromantischen Bewegung ist. Sein Held ist ein Libertin im vorrevolutionären Europa, nach Vorlagen von Rétif de la Bretonne, Choderlos de Laclos und dem damals verbreiteten Geheimbundroman. Er hurt, verführt, raubt, ja mordet sogar, und das völlig planlos, launisch und in einer Weise überdreht, die den Typus des Wüstlings auf die Spitze treibt. Anarchisch tobt sich hier einer aus und zieht alle angelesenen Register, um die Freiheit seines Ichs rigoros auszuleben. In Erinnerung an den Bösewicht Lovelace von Richardson und andere empfindsame Plagiate heißt er Lovell, ist also Inbegriff eines Liebenden. Der Autor läßt ihn im Roman sogar der Marquise de Merteuil begegnen; wie sie will Lovell seine Persönlichkeit entfalten und schreckt vor nichts zurück. Vorgeführt und parodiert wird anhand dieser Figur der Mensch, der ein Ideal lebt. Wie schon die Figuren von Laclos verliert er sich an ein kurioses System von Selbsttäuschungen, das alle Wahrheiten aufhebt und den Menschen in einem dunklen Labyrinth schildert.

Doch der Autor, Ludwig Tieck, geht noch einen Schritt weiter: »Geh' ich nicht wie ein Nachtwandler, der mit offenen Augen blind ist, durch dies Leben? Alles, was mir entgegenkommt, ist ein Phantom meiner innern Einbildung, meines innersten Geistes, der durch undurchdringliche Schranken von der äußern Welt zurückgehalten wird. Wüst und chaotisch liegt alles umher, unkenntlich und ohne Form für ein Wesen, dessen Körper und Seele anders, als die meinigen organisiert wären: aber mein Verstand, dessen erstes Prinzip der Gedanke von Ordnung, Ursach und Wirkung ist, findet alles im genauesten Zusammenhange, weil er seinem Wesen nach das Chaos nicht bemerken *kann*. Wie mit einem Zauberstabe schlägt der Mensch in die Wüste hinein und plötzlich springen die feindseligen Elemente zusammen, alles fließt zu einem hellen Bilde ineinander – er geht hindurch und sein Blick, der nicht zurücke kann, nimmt nicht wahr, wie sich hinter ihm alles von neuem trennt und auseinander fliegt.«

Die exakte Selbstbeobachtung geht hier übergangslos in eine Philosophie über, die behauptet: »wir *können* nicht die wahre Gestalt der Dinge erkennen«. Die Täuschungen, die in der Vorromantik inszeniert werden, nehmen sich gegen diese neue Position harmlos aus. Wirklichkeit und Wahrheit sind unvorstellbar geworden, sie sind entschwunden. So banal die Einsicht heute ist, für die Zeitgenossen ist es der Schock, den das Denken des Königsbergers Immanuel Kant ausgelöst hat, die durch ihn ausgelöste »kopernikanische Wende in der Philosophiegeschichte«, die den Verlust einer vorstellbaren Wahrheit bedeutet.

Hat Kants neue Weltsicht Auswirkungen auf den Liebesdiskurs? Tieck bejaht diese Frage. Im abendländischen Denken läßt sich die Wahrheitsfrage nicht vom Liebesverständnis trennen, und mit dem Abschied von der Vorstellung einer absoluten Wahrheit wird der metaphysische Gehalt der Liebe negiert.

Tiecks Figur William Lovell, die zum ersten Mal in der Literatur diese neue Welterfahrung vorführt, ist deshalb ohne Mutter, ohne Mutterliebe und ohne die Fähigkeit zu Gefühlsbindungen aufgewachsen. Er repräsentiert erstmalig einen Menschen, der liebesunfähig ist. Verantwortlich dafür wird in letzter Instanz die damals übliche Erziehung der Aufklärung gemacht, die sogenannte philanthropische Erziehung, zu deren Vertretern Pestalozzi, Salzmann und Campe gehören. Tieck macht ihr rigoros den Prozeß. Lovell kann nicht lieben, weil er philanthropisch erzogen worden ist. Was verbirgt sich hinter diesem brüsken Vorwurf?

Ziel der philanthropischen Erziehung ist die Sublimation kindlicher Triebenergie, ihre Umsetzung in geistige Potentiale. Auch die Bezeichnung der kindlichen Geschlechtsorgane mit pejorativen Ausdrücken soll dazu beitragen. Zum Ausgleich taucht hier erstmalig der Sport als erzieherisches Verdikt auf. Als Tochter im fortschrittlichen Professorenhaus der Böhmers ist Caroline den neuen Erziehungspraktiken ebenso ausgesetzt gewesen wie Tieck, dessen Vater in Berlin die Aufklärung und ihre Maximen begeistert aufgegriffen hat. Als Folge der angewandten Aufklärungspädagogik sind die um 1770 Geborenen später gezwungen, die Einheit von Geist und Körper neu zu entdecken. Verständlich also, daß diese Generation zum ersten Mal die Liebe modern betrachtet.

Wie Tiecks Lovell hat schon Schlegels Julius davon berichtet, wie er erst nach langen Irrungen und gegen seine Denkgewohnheiten die Liebe als Lieben und geistig-körperlichen Genuß zulassen kann. Auch er laboriert an einer vorgegebenen Liebesunfähigkeit. Wie kompliziert die Verhältnisse geworden sind!

Das neue Dilemma des Liebens wird in der Frühromantik genauestens diagnostiziert. Das Ergebnis: Ein Ich ohne Körper sabotiert die Liebesfähigkeit. Die falsche Menschenfreundlichkeit der philanthropischen Erziehung lehrt, alle Wahrnehmungen und Erfahrungen im Denken zu bewältigen. Mit der Auslöschung des Gefühls für den eigenen Körper entfallen aber alle Grenzen im Denken. Das Denken ist ohne Widerstand und Halt. Wie bei einem Kind, das alles darf, sind Orientierungslosigkeit und Egozentrismus die Folge. Der Mensch wird ›Weltallgefühlen‹ ausgesetzt. So taumelt er im Universum seines Ichs wie betrunken; so haltlos, wie der Zufall ihn lenkt.

Brisant wird damit die Frage nach dem Fremden am Rand des Eigenen, nach dem Du und der Möglichkeit von Liebe. Gibt es, ohne den Anspruch auf das Ich aufzugegeben, eine Chance für die Liebe? Läßt sich die Schere von Ichbezogenheit und Liebesfähigkeit auch als neue Möglichkeit begreifen? Läßt sich aus dem Zusammenspiel des Gegensätzlichen gar ein Gewinn ziehen, indem der Mensch das Überkommene zerschneidet und eine bessere Welt zusammensetzt?

Die Konsequenz aus der Analyse des philanthropisch erzogenen Menschen zieht ein enger Freund Tiecks, Wilhelm Heinrich Wackenroder. Er hat die Entstehung des Lovellschen Liebesdilemmas aus nächster Nähe verfolgt, teilweise sogar in einer gemeinsamen Wohnung in Erlangen, wo beide studiert haben. In einem genialen Wurf macht er das Liebesdefizit zum Programm. Er proklamiert beides zugleich: Lernt lieben und lernt das Ich achten! Lernt das Leben zum Kunstwerk zu machen und die Kunst zum Leben. So entsteht das erste Kultbuch der Frühromantik, »Die Herzensergießungen eines kunstliebenden Klosterbruders« (1796). Der schmale Band versammelt Biographien von Renaissancekünstlern, deren Werke beweisen, daß ihr Leben zur Kunst geworden ist und die Kunst sich einem Leben in Liebe verdankt.

Die Musterbeispiele sind vor allem Dürer und der »göttliche Raffael«. Sowenig sie Entdeckungen Wilhelm Heinrich Wackenroders sind, so inszeniert ist die Schrift. Sie rekapituliert alle Merkmale der bürgerlich empfindsamen Liebe – bis in den herzensreinen Ton kindlich unschuldiger Liebe. Doch unverkennbar ist: Hinter der Naivität verbirgt sich eine hochreflexive Analyse der Zeitumstände. Sie verantwortet den Programmcharakter der Aufzeichnungen. Aus den empfindsamen Liebesgeschichten des achtzehnten Jahrhunderts ist ein Liebesprogramm geworden, das die Einheit von Kunst und Leben im Lieben verkündet.

Diese Tendenz des Kultbuchs wird in einem zweiten Projekt der Freunde noch stärker herausgearbeitet. Auf Spaziergängen durch den Berliner Tiergarten entwerfen Tieck und Wackenroder einen Roman mit derselben Zielsetzung. Sie wollen eine Lebensgeschichte schreiben, in der die Kunst und der Lebensentwurf durch die Liebe wieder als Einheit konzipiert sind. Das Konzept von Liebe soll diesmal in aller Ausführlichkeit dargestellt werden. Tieck wird das Projekt allein durchführen, da sein Freund 1798 schwer erkrankt und stirbt. »Franz Sternbalds Wanderungen« sind Fragment geblieben.

Erzählt wird darin die Lebensgeschichte eines Dürerschülers. Sternbald ist mit zwölf Jahren in die Lehre des Meisters gekommen, und sein Leben ist ganz der Kunst gewidmet. Um seine Ausbildung zu vollenden, bricht er in die Fremde auf, zu den Kunstzentren der Renaissance, nach Holland und Italien. »Wanderungen« im vieldeutigen Sinn werden daraus. Sternbald kehrt auch an die Stätten seiner Kindheit zurück und durchwandert sein Inneres. Zuerst muß er sich selbst kennenlernen, bevor ihm die Malerei gelingt. Bis in die Gründe seiner Seele muß er hinabsteigen, und dort muß er Irrungen und Wirrungen durchleben, bis er schließlich das Bild der Liebe, das er in sich trägt, als reale Geliebte vor sich erkennt und der Schönen schmachtend zu Füßen fällt.

Eine einfache Geschichte der Liebe, so scheint es. Wieder werden alle Klischees der bürgerlich empfindsamen Liebe traktiert. Doch das »artige Gefäß«, das nach den kritischen Worten Goethes »leer« sein soll, hat eine Revolution in der Kunstgeschichte ausgelöst. Philipp Otto Runge hat, hingerissen durch »Sternbald«, die Bilderwelten gefunden, die der Beginn der romantischen Kunst sind und Vorboten der Moderne. Und scharenweise haben sich junge deutsche Künstler aufgemacht, den Entstehungsort des Romans, den Giebichenstein bei Halle, andachtsvoll zu umwandern, um weiter den Wegen Sternbalds nach Italien zu folgen. Zu seinem Gedenken und vereint in der Lektüre des ›Klosterbruders‹ konstituiert sich in Rom die Bruderschaft der Nazarener. Sie geben bis ins zwanzigste Jahrhundert die Bilder der göttlichen Liebe vor, die die Dorfkirchen in ganz Europa und die Gesangbuchbildchen der Kommunionkinder schmücken. Diese Gemeinschaft der Suchenden wird in Sternbalds Äußerungen schon beinahe vorweggenommen: »Viele suchen schon gar nicht mehr, und diese sind die Unglücklichsten, denn sie haben die Kunst zu leben verlernt, da das Leben nur darin besteht, immer wieder zu hoffen, immer zu suchen, der Augenblick, wo wir dies aufgeben, sollte der Augenblick unsers Todes sein. So ist es auch vielleicht, und jene wahrhaft Elenden müssen dann an der Zeit hinsterben und wissen und empfinden nicht, woran sie das Leben verlieren.«

Diese Lebensphilosophie macht deutlich, daß keineswegs, in den Worten Sternbalds, »alles auf Essen, Trinken und Kleidung hinauslaufen« muß, »daß ich sicherer schlafe oder besser ein Schiff regiere, bequemere Maschinen erfinde, wieder nur um besser zu essen«. Mit dem Klischee, die Romantik sei gegen das Nützliche, hat das wenig zu tun: »Denn freilich bedarf der Mensch vieles, aber er muß seinen Geist nicht zum Knecht seines Knechtes, des Körpers, erniedrigen: er muß wie ein guter Hausherr sorgen, aber diese Sorge für den Unterhalt muß nicht sein Lebenslauf sein. So halte ich die Kunst für ein Unterpfand unserer Unsterblichkeit, für ein geheimes Zeichen, an dem die ewigen Geister sich wunderbarlich erkennen.«

Wer also seinen Glauben an einen lebenswerteren Teil in sich, an sein »eigentlichstes Selbst«, nicht aufgibt, der gehört, nach Sternbald, zu den »Auserwählten«, zu denen gleichwohl jedermann zählen kann. Die Kunst hilft dabei, sie garantiert, der Scheinlebendigkeit im bloß Materiellen zu entkommen.

Sein Leben befriedigt Sternbald nicht, er bekennt, wie sein »Gemüt zugerichtet ist«; »ich matte mich ab in mir selber, ... mein Mut verzehrt sich«, »es gebricht mir die Kraft, die den übrigen Menschen verliehen ist«. Abgeschlagenheit, »eine trübe Leere in seinem Innern« gesteht er sich ein, ein Vegetieren ohne vitalen Funken.

Mit Hilfe seines Lebensentwurfs gelingt es Sternbald jedoch, zum individuierten Künstler zu werden und Lebenspoesie zu erlangen. Das ihm Unbekannte, das Nicht-Wissen macht Sternbald zum Ziel seines Wegs. »Ich wünsche, was ich selbst nicht kenne«, lautet sein Motto. Sternbald begibt sich auf die Suche nach seinen eigenen Grenzen, er gibt sich seiner Entgrenzung hin. Wie die biblischen Drei Könige läßt sich auch Sternbald von einem Stern führen. Dieser Stern ist die »Traumgestalt« in ihm, die am Rande des Erlebbaren steht. Radikal überläßt er sich seinen äußersten Wünschen.

Und die Traumgestalt wird tatsächlich mehr und mehr zur Realität. Zunächst erinnert er sich nur an ein Erlebnis in seiner Kindheit. Er hat einem Mädchen einen Strauß Blumen geschenkt und erkennt nun, daß es sich um ein Abschiedsgeschenk gehandelt hat. Ein Abschied, der ihm »das Herz zerrissen« hat, seither kennt er Wehmut und Melancholie. Doch eine Wiedererinnerung heilt diese Wunde, Sternbald löst sich in Tränen auf, spült sich seelisch rein und erlebt seine Katharsis. Als Belohnung für diese mühevolle Erinnerungsarbeit gelingt ihm zum ersten Mal ein eigenständiges Kunstwerk.

Sternbald hat im Innern etwas wiedergefunden – oder auf frühromantisch: »er empfand zum ersten Male in seinem Leben den harmonischen Einklang aller seiner Kräfte und Gefühle, ihn ergriff und beschirmte der Geist, der die Welt regiert und in Ordnung hält, er gestand es sich deutlich … Die ganze Welt, die mannigfaltigsten Begebenheiten, Unglück und Glück, das Niedre und Hohe, alles schien ihm in diesen Augenblicken zusammenzufließen und sich selbst nach einem kunstmäßigen Ebenmaße zu ordnen. Tränen flossen ihm aus den Augen, und er war mit sich, mit der Welt, mit allem zufrieden.«

Ein sehnlichster Wunsch geht in Erfüllung. Innere Leere und Unruhe sind überwunden. In seinen Selbstgesprächen hat er sie auf ein mangelndes Selbstvertrauen zurückgeführt und sich entsprechend vorgenommen: »ich will mir selbst vertrauen«. Zum ersten Mal erfüllt sich hier dieser Wunsch. Er erlebt das satte Gefühl innerer Verschmelzung und Seelenruhe: Selbstliebe.

Sterntalermärchen, innigste Wünsche können also in Erfüllung gehen, wenn das Wünschen nur hungrig genug ist; wenn es aus dem persönlichsten Mangel heraus entsteht und ausgelebt wird. Der Wunsch ist dann ›romantische Sehnsucht‹ – auch heute noch. Romantische Märchen leben von diesen Wünschen.

Wie kein anderer verkörpert Novalis den Wunsch, das Kunstwerk Leben und das Lebenswerk Kunst werden zu lassen. Er ist das Emblem der romantischen Liebestherapie, mit wallendem Haar und tiefdunklen Augen. Die Vergöttlichung seiner jung verstorbenen Geliebten und sein eigener früher Tod, den eine Poesie der liebenden Todessehnsucht ankündigt, hat ihn zum romantischen Idol gemacht. Abschließend also der Liebesentwurf dieses Dichterphilosophen.

Zwölf Jahre alt ist Sophie von Kühn, als Novalis sich in sie verliebt. Weil sie ein charmantes Naturwesen ist, identifiziert er sie (wie Petrarca seine Laura und Tieck seine Marie im ›Sternbald‹) mit der Göttin Sophia und macht sie zur Ahnherrin seiner ›Philo-Sophie‹. So kann er seine Liebe zum Denken und Dichten trotz der Verliebtheit beibehalten und sogar, wie sein Lesepensum dieser Jahre zeigt, noch steigern. Sophie wird seine Muse. Ihre Nähe ist ihm anschauliche Mystik, die er lebensnah durchdenkt und der literarischen Moderne vererbt. Wie sehr ihn seine Gegner auch als »pubertär« schelten: ein Physiker, Psychologe und Mathematiker wie Robert Musil wird von Novalis ausgehend sein Jahrhundertwerk vom »Mann ohne Eigenschaften« schreiben. Diese Nähe ergibt sich aus gemeinsamen Vorlieben, denn Novalis hat nicht nur beim »eisernen Fichte« Philosophie und bei Schiller Geschichte und Literatur studiert, sondern auch bei dem berühmten Physiker Johann Wilhelm Ritter, der sich freilich später durch die Erforschung der Wunschelrutengängerei seinen wissenschaftlichen Ruf ruiniert hat.

Novalis' Genialität besteht darin, alles mit allem zusammenzudenken und die eigene, kritisch reflektierte Wahrnehmung als Grundlage seines Denkens zu nehmen. Sein Entwurf einer »Enzyklopädistik« will Makrokosmos und Mikrokosmos, Natur und Geist, Wissenschaft und Mystik in ihrer Einheit und Einfachheit zusammenfassen. Genaugenommen ist das Projekt die erste Vision eines universell arbeitenden Gedächtnisses, wie es prosaischer inzwischen der Computer realisiert. Der denkende Computer, in der Vision von Novalis, arbeitet mit der Software Liebe, die, wie auch das menschliche Gehirn, Einfälle und Ideen hervorbringt. Denn, so resümiert er: »Was man liebt, findet man überall, und sieht überall Ähnlichkeiten. Je größer die Liebe, desto weiter und mannichfaltiger diese ähnliche Welt.«

Zaubern müßte man können, den Zauber der Liebe mit einem Zauberstab rekonstruieren: »Alle geistige Berührung gleicht der Berührung eines Zauberstabs. Alles kann zum Zauberwerckzeug werden. Wem aber die Wirckungen einer solchen Berührung so fabelhaft, wem die Wirckungen seines Zauberspruchs so wunderbar vorkommen – der erinnre sich doch nur an die erste Berührung der Hand seiner Geliebten – an ihren ersten, bedeutenden Blick, wo der Zauberstab der abgebrochne Lichtstrahl ist, – an den ersten

Kuß, an das erste Wort der Liebe – und frage sich, ob der Bann und Zauber dieser Momente nicht auch fabelhaft und wundersam, unauflöslich und ewig ist?«

Das Universum liegt in der Liebe zum Ergreifen und Begreifen bereit. Wer liebt, hat die Weltformel in der Hand. Der perfekte Zauberstab wäre die Liebe. Und was könnte diese Errungenschaft alles verändern?

Der Alltag würde zum Zauber und zur Magie. »Liebe ist der Grund der Möglichkeit der Magie. Die Liebe wirckt magisch.« Magie ist »Stimmung«: »der Geist, der sich mit tausend bunten Farben in deine Sinne drängt, der wie eine unsichtbare Geliebte dich umgibt«. Solche magische Stimmung nennt Novalis »eine neue Art von Wahrnehmungen, die nichts als zarte Bewegungen eines färbenden und klappernden Stifts, oder wunderliche Zusammenziehungen und Figurationen einer elastischen Flüssigkeit zu sein scheinen«. In dieser »neuen Wahrnehmung« herrscht, weil sie mit Stimmung aufgeladen ist, eine sogenannte »plastische Kraft« vor.

Man kann diese Überlegungen ausprobieren. Frisch verliebt beobachte man die veränderte Wahrnehmung. Sie wird sich, bei aufmerksamer Inspektion, intensiviert haben. Sie hat sich magisch aufgeladen, ist plastischer als zuvor. Woher kommt diese gesteigerte Intensität des Wahrnehmens?

Für Novalis ist sie abhängig von der Berührung mit einem anderen. »In jeder Berührung entsteht eine Substanz, deren Wirkung so lange, als die Berührung, dauert.« Diese gesteigerte Wahrnehmung kann die Geliebte auslösen. Novalis kennt sie auch im Alleinsein, er analysiert sie als seelische Übereinkunft, als den Moment, in dem man den Sitz seiner Seele verspürt: »Der Sitz der Seele ist da, wo sich Innenwelt und Außenwelt berühren. Wo sie sich durchdringen, ist er in jedem Punkte der Durchdringung.«

Es gehört Übung dazu, diese Analyse der Selbstliebe nachzuvollziehen. Sich selber im Tun innerlich mitzuempfinden ist ungewohnt. Pantomimen können das, und jeder, der verdutzt merkt, daß er von etwas berührt und gerührt ist. Wenn solch eine Rührung und Berührung von innen und außen stattfindet und das Erleben sich intensiviert, dann ist die romantische Lebensqualität da.

Bekanntlich sind solche Zustände vorübergehend. Auch Novalis weiß das, und doch glaubt er einen Weg zu kennen, der zumindest die beständige Wiederkehr dieser Ausnahmezustände vereinfacht. Aufschluß darüber gibt die Geschichte von Sophies Tod, ihrer Wiederkehr und der Dichtung der »Hymnen an die Nacht« (1800) – der Liebesschmerz des Novalis in Poesie.

Friedrich von Hardenberg hat sein »Söphchen« am 17. November 1794 auf einer Dienstreise als Aktuarius des Tennstedter Kreisamtes im nahe gelegenen Grüningen, kennengelernt, »eine Viertelstunde«, so schreibt er seinem Bruder, die sein Leben bestimmt hat. Romantisch im heutigen Sinn sind ihre fast täglichen Begegnungen trotzdem nicht, Hardenberg hat an seiner dreizehnjährigen Braut neben ihrer »Frühreife«, ihren »Launen« und ihrem »Hang zum kindischen Spiel« auch gesehen: »Meine Liebe drückt sie oft. Sie ist *kalt* durchgehends.« Doch ein eigener Zauber umgibt diese Frau, allseits überliefert bis hin zu Goethe, der sie auf dem Krankenlager noch besucht hat. Zwei Tage nach ihrem fünfzehnten Geburtstag stirbt sie an ›Lungensucht‹, der Tuberkulose.

Auf den Tod der Braut folgt einen Monat später der Verlust des innig geliebten Bruders Erasmus. Der Dichter Novalis erinnert sich an die Schicksalschläge in hymnischem Ton:

»Einst, da ich bittre Tränen vergoß, da in Schmerz aufgelöst meine Hoffnung zerrann, und ich einsam stand am dürren Hügel, der im engen, dunkeln Raum die Gestalt meines Lebens barg – einsam, wie noch kein Einsamer war, von unsäglicher Angst getrieben – kraftlos, nur ein Gedanke des Elends noch. – Wie ich da nach Hülfe umherschaute, vorwärts nicht konnte und rückwärts nicht, und am fliehenden, verlöschten Leben mit unendlicher Sehnsucht hing: – da kam aus blauen Fernen – von den Höhen meiner alten Seligkeit ein Dämmerungsschauer – und mit einem Male riß das Band der Geburt –«

Was Novalis in dieser existentiellen Situation – die deutlich an den Anfang von Dantes »Commedia« anknüpft – erlebt hat, schildert eine berühmt gewordene Notiz in seinem Tagebuch vom 13. Mai 1797: »Abends ging ich zu Sophien. Dort war ich unbeschreiblich freudig – aufblitzende Enthusiasmusmomente – das

Grab blies ich wie Staub vor mir hin – Jahrhunderte waren wie Momente – Ihre Nähe war fühlbar, ich glaubte, sie solle immer vortreten.«

Diese Ekstase am Grab ist ähnlich dem Rausch durch Wein, Opium oder der Wollust des Eros: »Hin floh die irdische Herrlichkeit und meine Trauer mit ihr – zusammen floß die Wehmut in eine neue, unergründliche Welt – du Nachtbegeisterung, Schlummer des Himmels kamst über mich – die Gegend hob sich sacht empor; über der Gegend schwebte mein entbundener, neugeborner Geist.« Der Aufschwung führt direkt in die Arme der himmlischen Geliebten: »Zur Staubwolke wurde der Hügel – durch die Wolke sah ich die verklärten Züge der Geliebten. In ihren Augen ruhte die Ewigkeit – ich faßt ihre Hände, und die Tränen wurden ein funkelndes, unzerreißbares Band. Jahrtausende zogen abwärts in die Ferne, wie Ungewitter. An ihrem Halse weint ich dem neuen Leben entzückende Tränen. – Es war der erste, einzige Traum –«

Novalis' Erlebnis gleicht einer erotisierten Kurzfassung von Dantes Paradieserlebnissen in der ›Commedia‹, Nacht respektive Liebe »umschwebt des zarten Mädchens Busen und macht zum Himmel den Schoß«. Erst die Frühromantiker, erst Tieck und Friedrich Schlegel haben Dante wiederentdeckt und auf die Bedeutung der Liebe in der Renaissance aufmerksam gemacht. In Anlehnung an Dantes »Vita nuova« entwirft auch Novalis ein ›neues Leben‹.

»Mensch werden ist eine Kunst«, betont er, indes handelt es sich um eine höchst angenehme. Denn wo sie »zum Himmel den Schoß« macht, lohnt sich die Mühe einer Menschwerdung.

Gewöhnlich, so verdeutlicht Novalis in seinem Gedicht, lebt der Mensch im Tageslicht seinen Alltag, »wo das Licht in ewiger Unruh hauset« und »unselige Geschäftigkeit« herrscht. Tagesgeschäft und »Irdische Gewalt« befehlen. Unter solchen Umständen versteht sich der Zauber der Nacht von selbst: die ›Nachtbegeisterung‹, die in diesem Gedicht (im Bruch mit der Tradition verhimmelnder Sonnengöttlichkeit) zum Ausdruck kommt. Das Heilige ist hier zum ersten Mal kompromißlos die Nacht. In jener »Epoche der Unruhe«, die Pflichtethos und Leistungsdruck aufbringt, ist das nächtliche Ehebett der alleinige Ort der Liebe. Erst in der

Nacht besteht die Chance, »der Liebe geheimes Opfer« zu bringen. Novalis drückt das selbst begeistert aus. »Liebe!«, so sein Anruf, »beglücke zu selten nicht der Nacht Geweihte in diesem irdischen Tagewerk«! Um 1800, im Einklang mit der romantischen Mittelalterrezeption, wird der Mensch in der Liebeszeit der Nacht »zum Menschen gemacht«. Wenn er die Nacht geschehen läßt, vergißt er die Unruhe seines Tagewerks und erhält den »Schlüssel ... zu den Wohnungen der Seligen« und ins Liebesparadies.

Die geistige Tür, die aufgeht, führt zunächst dorthin, wo Dante beginnt: es ist die existentielle Situation. Auf existentiellen Gründen geht im tiefsten Dunkel ein neues Licht auf, die »Sonne der Nacht«. Es ist die Empfindung von Liebe. Möge sie Beatrice heißen oder Sophie oder Marie: Liebe, so tief gefühlt, ist ein Gefühl, das sich nicht beschreiben läßt. Novalis hüllt es in die Bilder von Rausch und Ekstase, Eros und Verzückung. Und was wollte der Mensch mehr, als mit dieser Qualität von Liebe weiterleben? Der Fortgang des Gedichts berichtet von der Dauer dieser Lebensqualität. »In mir fühl ich [d]einer Geschäftigkeit Ende – himmlische Freiheit, selige Rückkehr.« Der Weg vorwärts ist das Zurück zu den Kräften der Selbstliebe.

Ein Jahr danach hat sich Novalis prompt wieder verliebt und verlobt. Bei der gesteigerten Liebesfähigkeit, die er sich implizit bescheinigt, nimmt das nicht wunder. Mit Sophie hat das Sophienerlebnis nur so viel zu tun, als Friedrich von Hardenberg durch sie eine tiefe und vorher verschüttete Selbstliebe durch sie gefunden hat – wiedergefunden hat. In seiner Vorstellung hat er sie schon als Kind erlebt und durch Erziehung und Gesellschaft verloren. Das Sophienerlebnis hat Novalis die Wiedererinnerung ermöglicht, vergleichbar der platonischen Wiedererinnerung, der ›Anamnesis‹, der sinnlichen Erfahrung der in einem früheren Dasein geschauten Ideen.

Der Schriftsteller Novalis tritt erst nach dieser Offenbarung hervor, innerhalb weniger Jahre entstehen seine Dichtungen. Sein Sophienerlebnis, das den Stoff der traditionellen Sophia- und Marienlegende neu verständlich macht, kleidet er in seinem legendären romantischen Roman vom »Heinrich von Ofterdingen« (1802) in das eindrückliche Bild, das zum Emblem nicht nur der

Frühromantik, sondern der romantischen Liebe überhaupt geworden ist: die blaue Blume.

Aus dem Blumenbouquet, das Sternbald in Tiecks Roman als sein Stern leitet, macht Novalis eine einzige blaue Blume, das Sinnbild romantischer Liebe. Sie führt Ofterdingen auf einem dunklen Pfad des Nicht-Wissens hin zu seinen Wünschen. Im Blütenkelch dieser Blume sitzt Sophia als Bild der Liebe. Man muß sich klarmachen, was sich in diesem Zaubermotiv verbirgt. Die frühromantische, erneuerte platonische Liebe wird in solchen Pflanzendarstellungen, inspiriert durch »Sternbald«, von Philipp Otto Runge gemalt: Er verbindet den Blütenkelch der Liebe mit dem Innersten der Erde und den Weiten des Kosmos.

Hitze, Feuer und Lebenskraft sind dem Lieben immer zugeschrieben worden, doch in der Frühromantik werden sie ekstatisch aufgeladen. Nicht die Liebe, sondern der Rausch des Liebens wird gefeiert, die unvergleichliche Kraft einer Erweckung. Sie führt zu Selbstfindung und Selbstverwirklichung. Der Weg ist, etwas Unbekanntes und Fremdes in sich dasein zu lassen, es als ein Du zu begreifen.

Ekstase heißt nach der griechischen Urbedeutung ›Aus-sich-Heraustreten‹. Einem Du gegenüber tritt der Mensch aus sich heraus, mit der Chance, mehr vom Leben zu haben. Liebe ist eine persönliche Auferstehung. Für die Frühromantiker beglaubigen diese Auffassung sowohl Platon als auch Christus und Dante. Lieben ist danach eine Heilsgeschichte. Doch nicht in jeder Kirche ist der bittere Lebensernst zu Hause, der frühromantischen Liebesreligion ist auch das Lachen in all seinen Formen heilig: Ironie, Witz, Komik und Unsinn. Lieben als Loslassen-Können heißt an erster Stelle, von Sinn und Bedeutung frei zu sein und die Geheimschriften eines Du als Heilmittel für den Seelenfrieden zu genießen. Liebe: frühromantisch ist sie ein glühendes Etwas, das als alleinige Kraft das zerrissene Ich des Menschen in eins verschmilzt, der Schmelztiegel einer neuen Ichvielfalt. Die Schmähung des Geschlechtlichen, die die philanthropische Erziehung den Frühromantikern abfordert, provoziert die Bedeutung des Ekstatischen. Für die nachfolgende Generation, die um 1800 aufwächst, hat sich die Erziehungsmethode noch verschärft. Ziel ist nun die absolute

Philipp Otto Runge, Begründer der Malerei der deutschen Romantik, hat Bilderwelten erfunden, die bis ins zwanzigste Jahrhundert die Vorstellungen von allumfassender göttlicher Liebe geprägt haben. Noch heute sind sie in gewandelter Form auf Heiligenbildchen und in Dorfkirchen zu finden.

Negierung des Geschlechtlichen. Schweigend sieht man in der Erziehung über die Geschlechtsorgane hinweg, tabuisiert sie. Bis ins zwanzigste Jahrhundert hinein hat sich dieses Tabu des Körperlichen gesteigert, verbunden mit der zunehmenden kulturellen Bedeutung des Körpers. Die Vorzeichen für das neunzehnte Jahrhundert sind damit klar: Stehen die Frühromantiker noch zwischen den Zeiten, beginnt nach der Romantik die Hochkonjunktur der Körperliebe und zugleich der Sublimationsakrobatik.

Die imaginäre Liebe im 19. Jahrhundert

Das Tabu der Geschlechtsorgane, das sich mit der philanthropischen Erziehung im zweiten Drittel des achtzehnten Jahrhunderts durchsetzt, verändert das Lieben nachhaltig. Die verbotene Zone wird geheimnisvoll, sie lädt sich magisch auf. Die mit der körperlichen Lust verbundene Angst wird existentiell. Das Sexuelle wird im neunzehnten Jahrhundert zur Weltfrage und zur Allerweltsfrage. Die Sprache verpackt sexuelle Nöte, und aus Wörtern werden Kofferworte mit verschlüsselten Botschaften aus dem Tabubereich. Der Liebesmord am eigenen Körper setzt alle Potentiale der Triebenergie frei, die Spannungen im Bereich des Liebens steigern sich immens. Und die Allmacht des Tabus führt zur Entstehung zweier unvereinbarer Welten, zum schroffen Gegensatz zwischen Zuneigung und Sinnlichkeit. Sigmund Freud wird dieses Dilemma als »psychische Impotenz« bezeichnen und kommentieren: »Wo sie lieben, begehren sie nicht, und wo sie begehren, können sie nicht lieben.« (»Über die allgemeinste Erniedrigung des Liebeslebens«, 1910)

Um so erstrebenswerter wird die Verschmelzung von Seele und Trieblust – ein Ideal so alt wie die christlich-antike Kultur. Plutarchs Liebesbuch steht dafür. Seine Position war bis zum neunzehnten Jahrhundert höchst umstritten, doch nun wird sie zur fast widerspruchslos akzeptierten Wahrheit. In der wahren Liebe verbinden sich Begierde und Zuneigung, irdische und himmlische Leidenschaften sind eins. Garant dafür ist die Liebesehe als standardisierte Form der empfindsam romantischen Liebe. Novalis distanziert sich ironisch von diesem Ideal: »Eine Ehe sollte eigentlich eine langsame, kontinuierliche Umarmung, Generation, wahre Nutrition, Bildung eines gemeinsamen harmonischen Wesens sein.« Mann und Frau verschmelzen symbiotisch und werden zu einem einzigen, undifferenzierbaren Ganzen.

Aber wie das zu zweit schaffen? Ist doch der einzelne schon zerrissen; seine Trieblust unvereinbar mit Zuneigung und Zärtlichkeit. Wie in Liebe ehelichen und gleichzeitig die Sexualität zu ihrem Recht kommen lassen? »Die physische Liebe ist ein Bedürfnis, das dem Hunger gleicht«, schreibt Balzac in der »Physiologie der Ehe« (1829). Diese Liebe ist wie ein jagender Löwe. Die Zärtlichkeit dagegen ist zerbrechlich, eine ›femme fragile‹. Wie beides vereinen?

Eine innere Unruhe beherrscht die Zeitgenossen. Die Wunschpotentiale sind unverbunden in Bewegung, wie große Ströme fließen irdische und himmlische Sehnsüchte ineinander und lösen die Unwetter des Liebens aus. Noch in keiner Epoche ist mehr von der Liebe die Rede gewesen als im neunzehnten Jahrhundert. Es ist das Jahrhundert der großen Liebesromane: »Anna Karenina«, »Madame Bovary«, »Effi Briest«, die Bücher der Charlotte und Emily Brontë, Jane Austen, Maupassant, George Sand, Goethes »Wahlverwandtschaften« oder Reinhart und Lucie in Kellers »Sinngedicht«, Stifters »Nachsommer«, Heyses Novellen. Keine Geschichte mehr ohne Liebe! Und dieses Jahrhundert der romantischen Liebe wirkt bis heute nach – von Hedwig Courths-Mahler bis zu Scarlett O'Hara und den Happy-Ends in Hollywood-Filmen.

Im neunzehnten Jahrhundert ist die romantische Liebe noch gesellschaftlich vital. Bei aller bürgerlichen Verlogenheit und Doppelmoral, den Heiratsannoncen mit Angabe der geforderten Mitgift, der Liebeskäuflichkeit: das Modell der romantischen Liebe gilt in der Mittelschicht als verläßlicher Garant für ein zufriedenes, glückliches Leben. Doch wie läßt sich dieses oft dokumentierte Ideal mit den inneren Stürmen der Bürger vereinbaren, ihren Alpträumen, Hemmungen, Begierden und Eheängsten?

Schier endlos ist damals allein der Weg bis zum Eingeständnis der Liebe vor sich selbst. Da sind »die kleinen Holzschuhe von Mademoiselle Emma auf den frischgewaschenen Fliesen der Küche; ... und wenn sie vor ihm herging, klang das rasche Geklapper der Holzsohlen neben dem Geräusch seiner ledernen Stiefel hell und hart.« Ihre Haare waren über den Schläfen »leicht gewellt, was der Landarzt noch nie gesehen hatte«. Vor allem aber sind da »ihre Augen: Sie waren braun, wirkten aber schwarz unter den Wimpern, und ihr Blick traf einen offen und unschuldig kühn.« Mit diesen ersten Eindrücken prägt sich Emma ihrem künftigen Gatten ein. Noch lebt Charles Bovary in einer Vernunftehe, doch nach dem Tod seiner ersten Frau überläßt er sich bald hemmungslos seinen Gedanken, die wieder und wieder um Emma kreisen. Zum ersten Mal in seinem Leben lernt er die Liebe kennen. Emma ist seine ›Auserkorene‹. Wie er sie mit den Augen verschlingt! »Zwischen dem Fenster und dem Herd saß Emma und nähte; sie hatte kein Tuch um, und auf ihren nackten Schultern saßen kleine Schweißtropfen.«

Charles fühlt sich in dieser Phase seiner Liebe wie besessen. »Aber immer wieder sah er ihr Gesicht vor sich, und etwas Monotones wie das Brummen eines Kreisels tönte ihm im Ohr: ›Wenn du dich nun verheiraten würdest! wenn du dich verheiraten würdest!‹ Er konnte keinen Schlaf finden, seine Kehle war wie zugeschnürt, er hatte Durst; er stand auf, um einen Schluck aus der Wasserkaraffe zu nehmen, und er öffnete das Fenster; der Himmel stand voller Sterne, ein lauer Wind wehte herein, Hunde bellten in der Ferne. Er wandte den Kopf in die Richtung, in der Les Bertaux lag« – das Gut von Emmas Vater. Hitze der Liebe allein ist das gleichwohl nicht. Mit dem brennenden Durst irdischer Liebe ist Angst vermischt. Längst kann Charles nicht mehr ohne seine Emma sein und doch schiebt er die Eroberung weiter und weiter hinaus. »Er überlegte, daß er schließlich nichts riskierte, und nahm sich vor, bei der ersten Gelegenheit um Emma anzuhalten; aber sooft sich diese Gelgenheit bot, verschloß ihm die Angst, die richtigen Worte nicht zu finden, den Mund.« Die Sprachlosigkeit sitzt gleichwohl tiefer; Flaubert läßt seinen Charles neben der Geliebten sterbende Fliegen in »Todesangst« und »kalte Asche« betrachten; sie sind ironische Hinweise darauf, welche Gefühle in seinem Innern regieren. Schließlich nimmt ihm Emmas Vater die Entscheidung ab. Er sieht, wie Charles »rote Backen bekam, wenn er mit seiner Tochter zusammen war, woraus er schloß, daß eines Tags um sie angehalten würde«.

Der Zauber der ersten Liebe ist paradox. Irdische Gier und himmlische Todesangst kämpfen miteinander. Sie verzögern das Liebeseingeständnis maßlos. Das Werben selbst ist mit heftigen Depressionen verbunden, die der wenig gefestige, »erbärmliche« Charles nur mit Hilfe des zukünftigen Schwiegervaters und dessen bürgerlichem Pragmatismus überwindet.

Der langwierigen Entscheidungsfindung – über Selbstbekenntnis und Schwärmerei bis endlich zum Heiratsantrag – folgt für gewöhnlich die monatelange Verlobungszeit. Diese Übergangszeit sind die »Wonne-Wochen« und der »*tagende* Traum« (Jean Paul). Die hohe Zeit der Küsse und Zärtlichkeiten ist angebrochen, der Annäherungen und Vertraulichkeiten, des Schwelgens und der Andacht. Die Begegnungen sind erotisch aufgeladen und vor allem durch die auferlegte Enthaltsamkeit wohlig quälend. In diesem Übergangsstadium vollzieht sich die Erziehung der Sinne. Zärtlichkeit und Sinnlichkeit nähern sich einander an, die Kunst besteht darin, sogar unter dem akutem Triebdruck in unmittelbarer Nähe des geliebten Wesens die Sublimation zu beherrschen.

Romantisch lieben ist also anstrengend. Den Liebenden wird Zeit auferlegt, sich aufeinander einzustellen, Zärtlichkeit und Sinnlichkeit zu verbinden. Das langwierige Verfahren ist die Voraussetzung dafür, daß die Liebesehe eine Chance hat. Modellfall für das Scheitern dieses Konstrukts hingegen ist die Ehe der Bovarys. Der bürgerliche Pragmatismus ist Teil der romantischen Liebe. Doch hat er ihnen allzu hilfreich zur Seite gestanden. Charles und Emma Bovary erleben den »elysäischen Zwischenraum« der Verlobungszeit, dieses »goldne Alter« (Jean Paul) im inneren Erleben verkürzt auf die Organisation des Hausstandes: Emma »beschäftigte sich mit ihrer Aussteuer. Ein Teil davon wurde in Rouen bestellt, und sie nähte sich Hemden und Hauben nach Modezeichnungen, die sie sich auslieh.« Und wenn ihr Verlobter »zu Besuch kam, plauderten sie von den Vorbereitungen zum Hochzeitsfest und überlegten, in welchem Zimmer man die Hochzeitstafel aufstellen sollte; sie überlegten, wie viele Gänge nötig wären und welche Vorspeisen auszuwählen seien.«

Statt sich zu umschwirren, zu gurren und die subtile Erotik

einer romantischen Liebe auszukosten, üben sich Bovary und seine künftige Gattin in pragmatischer Organisation und Repräsentation. Diese Hingabe an Äußerliches wird auch der Umstand sein, der ihr bürgerliches Glück bald zerschlägt. Der »erbärmliche« Charles und seine träumerische Emma versäumen, sich innerlich zu begegnen und die Wirren ihrer unbewußten Gefühle im Beisammensein zu befrieden. Im Verlauf ihrer Verlobungszeit registriert Emma: »Je mehr aber die Vertraulichkeit ihres Lebens zunahm, um so größer wurde die innere Entfremdung, die sie von ihm trennte.«

Flaubert legt psychologisch scharfsichtig die Entstehung der ehelichen Misere dar. An Charles liegt es scheinbar nicht, er ist zufrieden, liebt seine Gattin und stellt keine großen Ansprüche an sein Leben. Emma dagegen ist ehrgeizig und gewillt, mehr vom Leben zu haben. Unvereinbare Charaktere kennzeichnen diese Ehe. Doch wo wäre das Naturell von Mann und Frau kein Gegensatz im neunzehnten Jahrhundert? In einer differenzierten Verspiegelung ihrer Eigenschaften führt Flaubert die allmähliche Verselbständigung der Ehegatten und ihrer Welten vor. Charles, der sachliche Mann, lebt seinen Berufsalltag als Landarzt und instrumentalisiert sein Leben. In unversöhnlichem Gegensatz dazu steht Emma als emotionale und ausdrucksstarke Frau. Sie lebt immer mehr in ihren Träumereien und verliebt sich in die Bilder ihrer Vorstellungen. Inspiriert von Personen ihrer Umgebung, malt sie sich ergötzliche Liebeswelten im Kopf aus: »Sie … suchte die Einsamkeit, um ungestört in seinem Bild zu schwelgen. Sein leibhaftiger Anblick trübte die Wollust dieser Betrachtungen. Sie zitterte, wenn sie seine Schritte auf der Treppe hörte; sobald er aber eintrat, verschwand ihre Erregung, und es blieb nichts als ein ungeheures Staunen, und schließlich eine tiefe Traurigkeit.«

Gelangweilt von ihrem Dasein als Hausfrau, trauert sie um die verpaßten »Wonne-Wochen« ihrer Verlobungszeit, malt sich rauschhafte Erlebnisse mit anderen Männern aus. Diese ungelebten Phantasien erwecken ein neues Lieben in ihr: eine imaginäre Liebe. Sie verliebt sich in Wunschbilder, Gedanken, Welten im Kopf.

Allmählich findet sie zu diesen Liebesgespinsten auch die passenden Objekte. Es entsteht eine Traumwelt, die sie betreten und erleben kann. Doch nicht die Männer, die sie findet, liebt sie. Sie begeistert sich an ihren eigenen Gedanken und an den Träumen, die diese Männer ihr erfüllen: »Sie wiederholte immer wieder: ›Ich habe einen Geliebten! einen Geliebten!‹, und dieser Gedanken berauschte sie, als ob sie zum zweiten Mal zur Frau geworden wäre. Sie sollte also endlich jene Freuden der Liebe kennenlernen, jenen Rausch des Glücks, auf den sie schon nicht mehr gehofft hatte. Sie war dabei, in eine wunderbare Welt einzutreten, in der alles Leidenschaft, Ekstase, Taumel sein würde; eine blaue Unermeßlichkeit umgab sie, die Gipfel des Gefühls funkelten in ihren Gedanken, und der Alltag lag weit unten, im Schatten zwischen diesen Höhen.«

Emma erlebt die Seligkeit in ihren auschweifenden Gedanken und Vorstellungen. Ihren Geliebten liebt sie so wenig wie dieser sie. Fast in einem Vergewaltigungsakt bemächtigt er sich ihrer. Er macht sie in der irdischen Liebe zu seinem Objekt. Sie gebraucht ihn dafür in der himmlischen Liebe als ihr Werkzeug. Der Egoismus floriert. Die Liebenden befriedigen aneinander ihre Träume und sind jederzeit austauschbar. Die Gesetze der Ökonomie beherrschen das Liebestreiben.

Diese neuartige Form der romantischen Liebe, die Objektliebe mit imaginären Seligkeiten, setzt sich gesellschaftlich mit dem Biedermeier durch. Neben der Norm finden sich dabei auch Provokationen des Modells sowie existentielle Zuspitzungen.

Charlotte Stieglitz rebelliert gegen den um sich greifenden Pragmatismus, indem sie sich der vermeintlichen Liebestugend der Selbstlosigkeit mit verheerenden Folgen hingibt. Um ihrem schriftstellernden Gatten das seelentiefe Erlebnis zu verschaffen, das wahre Kunst erfordert, begeht sie 1834 Selbstmord. Doch ihr Heldenmut ist umsonst, Heinrich Stieglitz bleibt Mittelmaß.

Kleist und Henriette Vogel handeln realistischer. Sie täuschen in stillem Einverständnis einen Liebestod vor, den sie szenisch kalkuliert vollziehen. Der theatralische Akt ist ein Abgesang der Liebe. Statt Herzensgeliebten töten sich Gesinnungsfreunde. Kleist hat das Leben satt, und Henriette Vogel ist sterbenskrank. Die Liebe, die sie im Leben nicht finden, lösen sie als gelebten Tod. Sie erhöhen den Tod-im-Leben zum Kunstwerk. Die Figuren des Dramatikers Kleist weisen zur Genüge aus, was ihn umgetrieben hat. Rigide sind sie den Mechanismen ihres Bewußtseins ausgeliefert und ohne jede Chance, die Seele dasein zu lassen und Gegenwart zu erleben, Liebe unkontrolliert geschehen zu lassen. Der Mensch wird im Gefängnis seines Bewußtseins dargestellt, im Käfig seines Ichs.

Die Zeitgenossen diskutieren den Wahnwitz der Kleistschen Figurenmaschinerie unter dem Begriff des Egoismus. So gängig diese Charakterschwäche zu allen Zeiten gewesen ist, im beginnenden neunzehnten Jahrhundert wird sie nicht mehr als individuelles Versagen gesehen: Egoismus wird zur gesellschaftlichen Krankheit. Kleists inszenierter Liebestod ist eine schroffe Anklage, angeprangert wird der Verlust jeglicher Erlösung im Leben. Der Selbstkontrolle zu entgehen und zu lieben: diese Freiheit ermöglicht nach 1800 anscheinend nur mehr der Tod.

»Die Menschen waren sich damals mehr als jetzt gegenseitig Objekte der Betrachtung, und zwar – ich nehme nicht Anstand es auszusprechen – weil mehr Liebe zu den Mitmenschen in ihnen wohnte, als heut wo sich der Egoismus tief in die meisten hineingefressen hat.« Henriette Herz, Hausdame eines Salons, in dem sich das geistige Berlin um 1800 trifft, spricht geradezu von »Gemütsrevolutionen« im beginnenden neunzehnten Jahrhundert. Läßt die Selbstkontrolle den Menschen innerlich verkrampfen und zum ichbezogenen Monster werden? Oder überrollt der Frühkapitalismus in Deutschland alles Dagewesene?

Das Gefühl des Umbruchs, das typisch für die Zeit ist, beschreibt der Dichter Karl Leberecht Immermann: »Man muß noch zum Teil einer andern Periode angehört haben, um den Gegensatz der beiden Zeiten, deren jüngste die Revolution in ihrem Anfangspunkte bezeichnet, ganz empfinden zu können.« Immermann trennt die Generationen, die vor und nach der Französischen Revolution geboren sind. Sich selbst sieht er als einen Nachgeborenen oder als »Epigonen« an, dem die Unruhe der Zeit kein echtes Gefühl mehr ermöglicht. Das »Wahre« ist ihm ausdrücklich zur »Ware« geworden. Das Zeitalter des Geldes hat begonnen. Was Karl Marx bald den Fetischcharakter der Warenwelt nennen wird,

Johann Andreas Engelhardt: »Sein, Werden und Vergehen«, 1835
Im biedermeierlichen Familienidyll ist an die Stelle der leidenschaftlichen Liebe die treue Pflichterfüllung getreten.

heißt für die Lebensgeschichte jedes einzelnen: »der Wahn hat eine furchtbare Macht gewonnen. Es ließe sich der Fall denken, daß jemand unter der Last eines eingebildeten Schicksals sein Leben hinkeuchte und stürbe, ohne das Antlitz der Wahrheit geschaut zu haben.« So schreibt Immermann in seinem zeitgeschichtlichen Roman »Die Epigonen« (1825–36).

In einer Welt, in der Täuschung, Verlogenheit, Illusionen und Aberwitz herrschen, wird das Private zum magisch aufgeladenen Heiligtum. Der Rückzug aus der Gesellschaft erfolgt in trivialisierter Romantik: »Zwischen diesen vier Wänden«, so heißt es in den »Epigonen«, »liegt mein Asyl; hier kann ich sein, wie ich will, und nur mein innigster Freund soll dieses kleine Königreich mit mir teilen. Kein kaltes, kein freches Gesicht störe den Frieden, der hier mich umsäuselt! Hier bleibe es Ordnung, wenn die Unordnung draußen auch noch so groß wird.«

›Biedermeier‹ heißt dieses Asyl kulturell, zu dem auch die Politik ihren Teil beiträgt. Der Sturz Napoleons und die Neuordnung Europas durch den Wiener Kongreß 1815 führen zur Erstarkung der ständischen Interessen. Die Heilige Allianz und das System der Karlsbader Beschlüsse von 1819 lassen Zensur und Geheimpolizei zwei Jahrzehnte lang allgegenwärtig erscheinen.

Zur Restaurationszeit gehören die Idyllenbilder des Biedermeier, Pfeifenraucher und Stickerinnen, das ›Dämmerstündchen‹, betende Kinder in der Stube, die Gartenlaube und das Teelöffelgeklapper im Salon. Gesungen wird das Lob der Familie und des Hauses, der Mutter und der Heimat.

Mit der Liebe wird es ernst in dieser Epoche. Sie wird in die Pflicht genommen. Das Hohelied gilt dem Wäscheschrank und der emsigen Hausfrau, der Dienerin ihres Herrn. Die gestickten Spruchbänder verkünden es allenthalben: »Der Wäscheschrank, das glaube mir, das ist das beste Stück von dir.« Ratgeber empfehlen, sich Zugang zur Kommode der Geliebten zu verschaffen und im Fall von ungestopften Strümpfen von einer Heirat abzusehen.

Die Pflichtethik triumphiert, eine schlechte Voraussetzung für die Liebe, die um so mehr traktiert und verherrlicht wird. Johann Andreas Engelhardt malt die ideale Großfamilie, charakterisiert durch die Darstellungen der Mutterliebe, Geschwisterliebe, Gattenliebe und der Liebe zu den kleinen Dingen am Rande des Alltags. In einer Korbmacherfamilie weist eine Kundin auf die verschlissene Stelle ihres Korbs hin. Ihr Fingerzeig macht die biedermeierliche Liebe zum Detail explizit. Sorgsamkeit herrscht in diesem Familienidyll. Jedes Ding ist an seinem Ort, jeder Mensch erfüllt seine Pflicht: die Mutter gegenüber dem Kind, der ältere Bruder gegenüber seiner kleinen Schwester und der arbeitende Korbmacher seiner Kundschaft gegenüber. Die beiden Alten am Tisch charakterisieren die dargestellten Liebespflichten. Sie sind beieinander, ohne sich aufeinander zu beziehen, sie strahlen Vertrautheit aus und zugleich, durch ihre gegenläufige Körperhaltung, Getrenntheit. Selbstversunken lebt hier jeder in einer Gemeinschaft, die überzogen dargestellt wird und als Puppenstubenidyll erscheint.

Realistisch, detailverliebt wird hier ein Alltag festgehalten, existentiell überhöht durch den Bildtitel »Sein, Werden und Vergehen« (1835). Der verschlissene Korb weist auf das Vergängliche hin. Auch hier ist das Wahre zur Ware geworden, Geschäfte und Pflichten prägen die Beziehungen der Menschen. Ernst sind die Mienen, einer heiligen Familie angemessen. Die Physiognomien drücken einen Verlust aus und verweisen auf eine im Bild nicht dargestellte Liebe. Mit Joseph von Eichendorff ausgedrückt, »schweigt der Menschen laute Lust«.

Pflicht, Nutzen und Selbsteinkehr bis zum rigiden Egoismus erobern im Biedermeier die Liebe. Doch wer das den Zeitgenossen vor Augen hält, wird geächtet und verfemt. Karl Gutzkow hat seinen Lesern dennoch den gewöhnlichen Gang der Liebe in der Restaurationszeit unverblümt geschildert. Sein Buch ist zum Skandal geworden, zehn Wochen lang hat er dafür in Haft gesessen. Heute dokumentiert die Reaktion auf »Wally, die Zweiflerin« (1835), den »ersten modernen Frauenroman«, deutlich die rabiat gewordene Kleingeisterei.

Auf einem Ball lernen sich Wally und Cäsar kennen. Sie ist aus bestem bürgerlichem Haus, er ist aufstrebender Beamter von Geburts- und Geistesadel. Magisch voneinander angezogen, pflegen sie eine lautere Freundschaft und verbringen alle Zeit zusammen.

Als Wally Cäsar eröffnet, daß sie einen sardinischen Gesandten heirate, weiß er das ihrer launischen und unsteten Art zuzuschreiben und reagiert, seiner Gewohnheit entsprechend, gelassen und zynisch. Nur eines bedingt er sich bei ihrer Abschiedsbegegnung aus. Sie möge sich ihm doch einmal nackt am Fenster zeigen. Wally ist entrüstet, kommt sich dann allerdings »mit ihrer Tugend recht abgeschmackt vor« und zieht daraus den Schluß, daß »das wahrhaft Poetische unwiderstehlich ist, daß das Poetische höher steht, als alle Gesetze der Moral und des Herkommens«. So erfüllt sie Cäsars Bitte, allerdings in der Hochzeitsnacht im Augenblick, bevor sie sich ihrem Gatten hingibt.

An der Seite des einflußreichen Diplomaten stürzt sich Wally in das Pariser Leben, sie betäubt die Langeweile und ihre immer stärker werdenden Depressionen. Ihr Gatte mißbraucht sie außerdem als Köder, um seinen Bruder zugrunde zu richten. Im Liebeswahn erklimmt dieser schließlich das Fenster zu Wallys Zimmer und erschießt sich vor ihren Augen, so daß ihr sein Blut und Hirn entgegenspritzen. Das Schicksal ihres Schwagers öffnet ihr endlich die Augen für die Verhältnisse, in die sie geraten ist. Schockiert flüchtet sich Wally zu Cäsar, gesteht ihm ihre Liebe, und beide leben glücklich in freier Ehe.

So schön sich damit die Magie des nackten Leibes erweist, der die Liebenden zusammenhält, so schwierig erweist sich jetzt ein neuer Umstand. Wie soll man eine Liebe erhalten, die der Lust des Körpers geweiht ist? Wallys Tagebucheintragungen an dieser Stelle des Romans gehen an die Grenze des Möglichen angesichts der biedermeierlichen Moralstrenge: Der mädchenhafte, grazil »schwebende« Körper einer Freundin von Wally betört Cäsar derart, daß er Wally verläßt. Diese Freundin, Delphine, ist Jüdin und (nach Gutzkow) frei von der »Zerissenheit« des Christen in Körper und Intellekt. »Für christliche Männer«, so schreibt Wally in ihr Tagebuch, soll »die Liebe einer Jüdin von besonderm Reize sein. Sie … weiden sich an der reinen, ungetrübten, natürlichen Weiblichkeit, an einem sinnlichen Schmelz der Liebe, welcher die der Christinnen bei Weitem übertreffen soll.« Ohne Zweifel vereinfacht sich Cäsars Leben durch die Entscheidung für Delphine, für die »Musik des Körpers« und »eine rein civile Ehe«. Einem

Schlagwort der Zeit gemäß feiert Cäsar ›die Emanzipation des Fleisches‹. Und Wally?

Wally entdeckt sich als im Christentum verfangene Walpurgis, erfüllt von kirchengespenstischen Umtrieben. Ihr Leben lang hat sie an Gott geglaubt, doch wo bleibt dieser Gott jetzt, wo sie, verlassen von ihrem Geliebten, einen existentiellen Halt sucht? Sie liest Lessings herausgegebene Schriften von Reimarus und rekapituliert die Kirchengeschichte. Sie sucht nach dem Fels in der Brandung, auf dem Gott für solche Verlassene in Petrus seine Kirche gebaut hat.

Die Trennung von Cäsar, ihre »grausame Wirkung« hat unvermutete Folgen. Wally muß sich eingestehen, daß ihr Liebesleid mit der Person Cäsars wenig zu tun hat. Im Gegenteil, sie hat Cäsar nur als Schutzwall benutzt, der sie vor den Problemen mit sich selbst bewahrt hat. Mit der »Wegnahme dieses Dammes der Liebe« fragt sie sich erschrocken: »Was muß dann kommen, wenn ich die Trümmer sehe, welche sich in meiner Seele aufgehäuft haben!«

Mit sich selbst konfrontiert, wird Wally zur »Zweiflerin« und erkennt das Nichts, dem sie ausgeliefert ist. In einem finalen Akt erdolcht sie sich. Wally vollzieht damit das höchste Glaubensbekenntnis, zu dem sie als Walpurgis fähig ist: wahrer kann sich niemand vor sich selbst verhalten. Sie zieht die Konsequenz aus ihrer Zerrissenheit und opfert christlich den Leib der Erkenntnis. Denn, so Gutzkow, das Christentum intellektualisiert die Liebe. Wally sucht im abstrakten Denken anstatt im gegenwärtigen Gefühl. Aber warum glaubt sie nicht ihrer Erfahrung, daß Denken und Fühlen zugleich möglich sind, Festigkeit und existentiellen Halt bieten können?

»Ich fühle wie die Erde unter meinen Füßen kreist und ich gleichsam nur auf ihr stationirt bin, sonst aber dem Allgemeinen angehöre. Wie vielen Stolz das giebt! Ich habe jetzt einen Begriff von der Ruhe des Weisen. Ihn kann nichts erschüttern, denn er hört die Planeten rauschen und fühlt sich als Glied einer großen Wesenskette. O, vielleicht ist noch Hülfe für mich! Ich fange an, mir die Möglichkeit einer zufriedenen Stimmung zu denken.«

Wally kennt Selbstzufriedenheit, hat »einen Begriff von der Ruhe«, den sie als Trost und Geborgenheit in Gott sucht. Und trotzdem kann sie der eigenen Erfahrung nicht vertrauen. Sie scheitert an ihrer Unfähigkeit, das kulturelle Sinnangebot persönlich zu füllen. Das ist der Paukenschlag dieses frühen Dokuments moderner Denkweise: Das Kulturerbe zeigt sich ohne Lebenswert, es erscheint abstrakt und inhaltsleer. Die Selbstliebe ist als Wert verloren und der Lebenstrieb, der in der Liebe domestiziert wird, entpersönlicht.

Die Alternativen sind nach Gutzkow eine Abschaffung aller ideologischen Selbstvergewaltigung und ein demokratischer Umgang mit sich selbst. Die politischen Parolen im Vorlauf der bürgerlichen Revolution von 1848/49 besitzen für ihn auch im Seelenhaushalt Gültigkeit. Er plädiert wider alle Konventionen und ergreift die Partei des Unterdrückten nach der erwähnten Parole von der ›Emanzipation des Fleisches‹. Seine Revolution steht für das Recht ein, über sich selbst zu verfügen, für das Recht auf Selbstliebe. Wally hat zwar eine solche »zufriedene Stimmung« mit sich erlebt, doch ihr fehlt die persönliche Reife, sich mit Selbstvertrauen zu ertragen. Sie muß sich eingestehen, daß sie sich allein, ohne Cäsar, nicht aushalten kann. Sie erkennt: Die Liebe zu Cäsar hat mich von der Last meiner selbst bisher erlöst. Liebe, wie ich sie bisher kennengelernt habe, hat mich der Bürde meiner Existenz enthoben. Und wenn Cäsar mich jetzt verläßt, hat er keine Schuld, wenn ich sterbe. Ich habe mit ihm nur eine Kinderliebe gelebt. Gegenseitig haben wir uns die Last unseres Daseins abgenommen. Wenn er jetzt zu Delphine geht, dann findet er wieder das unreife Mädchen, mit dem er seine Kinderliebe weiterspielt. Eine solche Symbiose ist mir zu wenig. Doch zu mehr Liebe, zur Selbstliebe und zur Liebe meines Daseins, bin ich unfähig. Was soll ich nun mit meinem Leben anfangen?

Wally, so Gutzkows Schlußfolgerung für die zeitgenössischen Leser, hätte besserer Lehrer bedurft und einer Erziehung, die sie ein persönliches Gleichgewicht und Selbstzufriedenheit gelehrt hätte. Doch so ist Wally ohne den Gott und die Religion, die bis in die Tiefen der Existenz zu fühlen sind, ohne die Möglichkeit, sich mit sich selbst auszusöhnen.

Das Modell, nach dem die Seele in Ruhe mit sich selbst lebt, liefert im beginnenden neunzehnten Jahrhundert der Neuhumanismus. Platon und Aristoteles haben zwischen drei Seelen unterschieden: der Pflanzen-, der Tier- und der Menschenseele. Die vegetative Seele fühlt und lebt abgeschlossen in sich, sie umfaßt Nahrungsaufnahme und Wachstum, die organischen Bildungen und Entwicklungen. Auf der nächsthöheren Stufe, der sensitiven Seele, kommen die organischen Reaktionen hinzu, insbesondere die »seelische Kraft der Ortsbewegung«. Beide zusammen bilden die Körperseele des Menschen. Sie untersteht der Geistseele, der intelligiblen Seele, dem Denken. Wally sieht sich in ihrer Zerrissenheit gespalten in Körper- und Geistseele. Sie weiß nicht, daß es neben dem Bewußtsein noch ein Selbstbewußtsein gibt. Wie und wodurch Selbstbewußtsein mit den Seelenanteilen in Beziehung steht, ist die philosophische Frage der damaligen Zeit. Hegel, der Meister des Weltgeistes, versucht das platonisch-aristotelische Seelenverständnis zur Phänomenologie des Kosmos zu universalisieren. Er will das antike Weltbild in die Neuzeit übersetzen.

Die damaligen Dichter gehen bescheidener vor und verstehen unter Selbstbewußtsein zunächst die Selbstwahrnehmung: die Fähigkeit, sich selber zu denken. Der Mensch hat die Möglichkeit, sich selbst im Spiegel seines Bewußtseins zu sehen, kann sich in der inneren Vorstellung betrachten. Diese Selbstspiegelung ist ein reflexiver Vorgang. Ist es deshalb die Reflexion und das Denken selbst? Begründet das Selbstbewußtsein das Denken oder umgekehrt das Denken die Selbstreflexion? Nach Novalis und Friedrich Schlegel ermöglicht das Selbstbewußtsein zwei Dinge: den Rückbezug auf das eigene Ich und das Denken über sich hinaus. Wenn sie gleichzeitig stattfinden, im Selbstbewußtsein, vereinigen sich Denken und Fühlen. Der Mensch erkennt dann seinen gesamten Seelenraum, seine Totalität. Nimmt er sich in diesem Selbst-bewußtsein an, erfährt er das, woran es Wally so existentiell mangelt: Selbstliebe.

Selbstliebe umfaßt demnach die Bejahung des Raums von der vegetativen bis zur intelligiblen Seele: den gesamten Seelenraum zwischen Geistigem und Fleischlichem. Die Selbstliebe erlaubt dem Menschen so, sich »die Möglichkeit einer zufriedenen Stimmung zu denken«. Das Modell verdeutlicht Wallys Desaster und Liebesfiasko. Sie ist eine ›Zerrissene‹ – der damals vieldiskutierte

Charakter –, und daher ist ihr die Wahrnehmung ihrer Seeleneinheit unmöglich. Wally denkt zuviel und empfindet zuwenig, sie ist gleichsam von ihrer Pflanzenseele abgeschnitten und dafür zu sehr mit ihrer Geistseele beschäftigt. Mit ihrer Egozentrik verkörpert sie das Zeitalter. Nach Gutzkow sind die Zeitgenossen in intelligiblen Seelenräumen verfangen und ohne Erdung. Zur Therapie des verlorenen Gleichgewichts im Menschen steht daher das Programm des Fleischlichen an. Gutzkow und die literarische Bewegung des Jungen Deutschland propagieren es vehement und verkünden eine neue »Religion der Liebe«.

Die Anregungen dazu kommen von den Saint-Simonisten, die als frühe sozialtheoretische Bewegung einigen Einfluß in der Julirevolution von 1830 in Frankreich gewinnen. Saint-Simon betont zum ersten Mal die Bedeutung der Ökonomie, die er der Politik überordnet. Diese Aufwertung von Erfindungen, Entdeckungen und dem Fortschritt der Produktivkräfte und Produktionsverhältnisse trägt entscheidend dazu bei, daß die Normen und Werte der Gesellschaft als historisch bedingte Erscheinungen erkannt werden. Moral und Liebesnormen sind damit veränderbar und den persönlichen Bedürfnissen gemäß gestaltbar. Programm wird der Kampf gegen den christlich-mittelalterlichen Entsagungszwang und die kirchlich indoktrinierte Zerknirschung des Menschen. Gekämpft wird für die freie und allgemeine Liebe und, als ihre Voraussetzung, für »das freie Weib«. »Rehabilitierung des Fleisches« heißt der Kampfruf.

Heinrich Heine steht dieser Bewegung eine Zeitlang nahe und findet, als Fünfunddreißigjähriger, hier die theoretischen Grundlagen seines Lebensgefühls. Er verkündet den »Cultus der Liebe«, spricht von einem »dritten neuen Testament«. Die frohe Botschaft richtet sich wider alle christlichen Körperzwänge: »Das Leid ist ausgelitten«, frohlockt er und fährt fort:

»Vernichtet ist das Zweyerley,
Das uns so lang bethöret;
Die dumme Leiberquälerey
Hat endlich aufgehöret.

...

Der heilge Gott der ist im Licht
Wie in den Finsternissen;
Und Gott ist alles was da ist;
Er ist in unsern Küssen.« (Seraphine VII)

Die Zweiheit von Körper und Intellekt, die Zerrissenheit des Menschen in Fleisch und Geist werden begraben und die Versinnlichung des Glaubens gefeiert. In der neuen Religion soll das Wort wieder Fleisch werden. Die Existenz des Menschen wird neu begründet nach dem (ironisierten cartesianischen) Vernunftschluß: »Ja, ich küsse, also leb' ich!«

Ausgerechnet von Prosper Enfantin, dem Saint-Simonisten, der für den Abstieg der Sozialbewegung zu einer religiösen Sekte verantwortlich ist, stammen Heines Inspirationen. Er hält ihn für »den bedeutendsten Geist der Gegenwart«. Heines Urteil beruht auf dessen Heilslehre vom harmonischen Menschen. Enfantin materialisiert Gott zu einem »dieu progrès«, einem »wachsenden Gott«. Geist und Materie sind in Harmonie. Gefeiert wird ein göttlich schöner Lebenstrieb, der schrankenlose Lebensfülle spendet. Er macht die Liebe zum Zentrum des Daseins, eine enthusiastische und orgiastische Haltung wird hier zum Evangelium. Der zeitgenössische Kulturhistoriker Karl Biedermann erklärt: »Es ist dies die sogenannte frei natürliche Liebe, die Liebe als Naturgesetz, als Cultus, die Liebe nicht mehr als aristokratisches Vorrecht des dichterischen Gemüthes, das damit aus der Misere des Lebens sich herausflüchtet, sondern als demokratisches Institut dieses Lebens selbst und Gemeingut Aller. Die junge Literatur hat sich zu Priestern dieser neuen Religion, zu Wächtern dieser Charte des Lebens gemacht; für sie ist das geschlechtliche Verhältniß oder die Liebe ein Problem, eine Lebensfrage geworden.«

Die körperliche Liebe hat sinnstiftende Wirkung erlangt, und dies sogar im Namen eines »Naturgesetzes«. Diese Vorstellung von der Natur findet sich bereits in der Antike, und auch das neue orgiastische Lebensgefühl wird als Wiederkehr des Geistes der Antike gesehen. Für Heine ist Christus der verhärmte, sinnenverketzernde, schwermütige und zerknirschte Lebensverneiner. Homer und die alten Götter dagegen bejahen seiner Auffassung nach das

Leben mit Heiterkeit, Freude, Lachen, Witz und Geselligkeit. Erst ein Menschenalter später, mit Bachofen, Nietzsche und Freud, werden die blutigen Schrecken im antiken Erbe wahrgenommen, das konfliktbewußte Denken der Alten.

Heine, die Saint-Simonisten und die Jungdeutschen beschönigen das christlich-antike Bild des Menschen. Sie haben einen Traum vom Leben: Gib dich deinem Lebenstrieb hin; lebe alle deine Wünsche aus, dann vollendest du dich in den Künsten. In jungen Jahren soll Heine dies, nach Biedermeiergerüchten, erstaunlich gut gelungen sein, angeblich hat er es nicht nur in seiner Dichtung zu einer »Riesenwollust« und zu einem wahrhaft »erfüllten Leben« gebracht.

Heine ist der erste Liebhaber, dem ›die Nerven offenliegen‹, wie es am Ende des Jahrhunderts heißt. Als Neurastheniker ist er übererregbar und heftigen Stimmungsschwankungen unterworfen. Seit seinem dreiundvierzigsten Lebensjahr leidet er an Lähmungen und immer wieder an Magen- und Darmstörungen, Grippe und Erkältung. Die letzten acht Jahre seines Lebens verbringt er in seiner »Matratzengruft«, auf einem halben Dutzend gestapelter Matratzen, immer wieder tot gesagt, doch ohne sterben zu können.

Seine letzte Liebe, die legendäre Mouche, die Fliege, läßt nochmals »seine Seele brennen«. Noch einmal lernt er seinen Wahlspruch kennen: »Wer am meisten genießt, betet am meisten.« Verliebt wie ein Primaner, doch mit dem eingefallenen Gesicht eines Toten, liegt er mit ihr Kopf an Kopf, erlebt willenloses Fleisch und bloßes Dasein: seine sogenannte »Gesundheitsliebe«. Schon kastriert vom Tod, beglückwünscht er seine Geliebte in Troubadourmanier: »Du weißt gar nicht, wieviel Glück du hast, Mouche; wie schön von einem sterbenden Mann geliebt zu werden!« Er mag sich bei diesen Worten daran erinnert haben, wie er sich einmal einer Jugendliebe genähert hat: der Göttin Diana, als Marmorbild in einem verwilderten Garten. Heine erzählt in den »Florentinischen Nächten« (1836/37) davon: »Im grünen Grase lag die schöne Göttinn … regungslos, aber kein steinerner Tod, sondern nur ein stiller Schlaf schien ihre lieblichen Glieder gefesselt zu halten, und als ich ihr nahete, fürchtete ich schier, daß ich sie durch das gringste Geräusch aus ihrem Schlummer erwecken könnte. Ich hielt den Athem zurück als ich mich über sie hinbeugte, um die schönen Gesichtszüge zu betrachten; eine schauerliche Beängstigung stieß mich von ihr ab, eine knabenhafte Lüsternheit zog mich wieder zu ihr hin, mein Herz pochte, als wollte ich eine Mordthat begehen, und endlich küßte ich die schöne Göttinn mit einer Inbrunst, mit einer Zärtlichkeit, mit einer Verzweiflung, wie ich nie mehr geküßt habe in diesem Leben.«

Heines minnigliche Verehrung gilt häufig dem Marmorweißen, Reinen, dem Zurückweisenden, der Lust der enthaltsamen Liebe. Die Parodie dieser Liebe ist Teil seiner Liebesreligion, wenn auch in eigenwilliger Weise. Wie schön er den Kuß der Marmorgeliebten schildert: »nie habe ich diese grauenhaft süße Empfindung vergessen können, die meine Seele durchflutete, als die beseligende Kälte jener Marmorlippen meinen Mund berührte …« Feinsinnig kostet er hier den wundersamen Zauber des kalten Gegenübers aus. Ironisch beschreibt er die Begegnung mit einem Liebesphantom. Es ist der Reiz und Schauder vor einem bloßen Objekt der Begierde.

Als Prophet des Genusses weiß Heine um die Magie egoistischer Liebe: Sie macht den andern zum versteinerten Objekt, zur Marmorfigur. Heine gesteht sich sogar seine Verführbarkeit zur egoistischen Liebe ein. Doch kennt er den Genuß zu gut, um den Unterschied nicht zu bemerken. Seliges Fleisch liebt er mehr und spottet über nekrophile Liebesgelüste. Heine dokumentiert gleichwohl, wie brisant die Objektliebe inzwischen ist. Der Liebende weiß oft selbst nicht mehr, ob sein erhofftes Gegenüber nun ein Du oder ein Ich ist:

»Sind es meine eignen Thränen,
Die ich leise rinnen hör'?
Oder gehst du, Liebste, wirklich
Weinend neben mir einher?« (Seraphine I)

Läßt sich Gefühlen noch trauen? Die aufkommende Objektliebe verunsichert, sie demontiert das Echte und Originale, die romantischen Träume und empfindsamen Tränen. Sicher ist sich der Liebende jetzt seiner Unsicherheit. Die zärtliche Hingabe bedarf, wie in Heines Gedicht, der Vergewisserung. Bist du wirklich? Bist du Du? Heine horcht, schaut, spürt, er prüft sein Gegenüber, er vergewissert sich mit allen Sinnen. Im Spiel der Illusionen zeichnet sich das Lieben ab, in den Silhouetten der Täuschung. Die Zweifel verleihen dem Körperlichen mehr Bedeutung, nur in der Berührung, im tatsächlichen Fühlen werden die Klischees im Kopf überwunden. Und Heines Kopf ist randvoll mit Liebesbildern, romantischen Klischees. Spöttisch traktiert er sie und reißt innere Fenster auf, als wollte er den Mief von Jahrhunderten vertreiben und nicht nur die Abgeschmacktheit des eigenen Zeitalters.

Die jungdeutschen Liebesrevolutionäre dokumentieren die Verhältnisse in der Epoche. Sie halten sie für »unerträglich, pedantisch, aristokratisch«. Ironisch kommentieren sie die Tendenz der Zeit, sich wie Goethe selbst zu historisieren: »Göthe's Kunstform«, so erinnert sich Karl Biedermann, »widerte sie an; Hegels starre, die lustigen Sprünge genialer Individualität zügelnde Objektivität empörte sie. Daß beide das Absolute flüssig gemacht, den abstrakten Gott verlebendigt und verkörpert hatten, war wohl ganz gut; aber daß dieser lebendige Gott nun bloß in der Person des Geheimraths von Göthe oder des preußischen Hofphilosophen Hegel zur vollendeten Erscheinung gekommen sein solle, und daß jede natürliche Lebensregung, die nicht in das natürliche System dieses oder in die ästhetische Anschauung jenes paßte, hier vornehm ignoriert, dort dialektisch vernichtet ward, das schien der neuen Schule ein Absolutismus nicht viel besserer Art.«

Dem Denken in widerspruchsfreien Wertigkeiten wird der Prozeß gemacht, den Matadoren des neunzehnten Jahrhunderts, Hegel und Goethe, ein philosophisches und ästhetisches Systemdenken vorgeworfen. Der egoistische Geist der »Gemessenheit und Strenge« herrscht, das Autoritative.

Das Biedermeier setzt den Maßstab für das neunzehnte Jahrhundert. Jeder will sich selbst ein Denkmal sein. Ein Monumentalismus ist aufgekommen, das Gespenst der modernen Autorität. Sie ist selbstgerecht und bar aller Selbstironie. Das Genie des achtzehnten Jahrhunderts ist zur Karikatur erstarrt. Wie der neue Held der Liebe aussieht, zeigt Johann Baptist Reiters »Familienbildnis«. Da steht er, der miniaturhafte Goethe, Hegel, der Herr und Gebieter des quirligen Lebens um sich herum. Doch der Anschein dieser fröhlichen Familie trügt. Die Kinder sind fein gestriegelt, üben sich als künftige Mesdames, Messieurs. Sogar der Hund hat Haltung angenommen. Und auch sein Herr wirft sich in Pose.

Das unendliche Selbstbewußtsein und Ego dieses Familienvaters offenbart, wie sehr für den Bürger die Liebe zur Lebensfrage geworden ist. Der Sinn seines Wirkens liegt in der Familie, sie ist ihm heilig. Über das häusliche Glück hinweg hebt er den Blick zu Gott. Der festlich geschmückte Garten auf dem Bild verweist im Diesseits auf den Paradiesgarten im Jenseits. Die Gattin hält ihr Kleines wie eine frohe Botschaft, ihre Gestik erinnert an Maria mit dem Kinde.

Wo sollte der Mann auch brillieren außer in der Familie? Der bürgerliche Markt regelt das Berufsleben nach Angebot und Nachfrage, die Souveränität des Familienernährers ist Vergangenheit. Industrialisierung, Bürokratisierung, drohende Verarmung und Leistungskontrolle schaffen eine soziale Vernetzung und eine Vielfalt von Abhängigkeiten. Mit der Auflösung der souveränen Produktionsfamilie haben sich öffentliches und familiäres Leben gespalten. Doch auch wer im Beruf dienern muß, kann in der Familie als Autorität repräsentieren und Unterwerfung fordern. Die gesellschaftliche Bedeutung der Familie liegt von nun an in der Herausbildung autoritärer Gesinnung. Der Durchschnittscharakter ersetzt den Charakter. Gehorsam, Moral, Sitte und Pflichten sind angesagt und dienen der Herstellung des Untertanen.

Die veränderte Auffassung von der Geschlechterbeziehung ist ein wichtiges Element dieses fabrizierten autoritären Charakters. Mann und Frau sind von nun an als Gegensatz aufzufassen. Der Erziehungkanon zielt auf das mit Puppen spielende Mädchen und den kleinen Soldaten und Forscher. Stereotype Rollenbilder werden erzeugt, männlich, sachlich, instrumentell versus weiblich, emotional, expressiv. Wie leicht einmal, vor der Verbürgerlichung der Kultur, der Wechsel vom einen zum andern Geschlecht möglich war, zeigt eine Geschichte von Montaigne, die historisch belegt ist. Montaigne berichtet von einer Geschlechtsumwandlung. Der königliche Dienstmann Germain Garnier soll einen prächtigen roten Bart getragen haben, obwohl er bis zu seinem fünfzehnten Lebens-

Johann Baptist Reiters: »Familienbildnis Schegar«, 1842
Bilder wie diese wurden bald von photographischen Familienportraits abgelöst, die hierarchische Anordnung, die alles überragende Position des Pater familias wurde noch lange beibehalten. Wer kennt nicht solche Aufnahmen aus den Photoalben der Großeltern?

jahr keine Anzeichen von Männlichkeit aufwies. Bis dahin hieß er Marie und soll ein normales Mädchen gewesen sein. Das ändert sich in der Pubertät – den folgenreichen Sprung über einen Graben kommentiert der erste Chirurg von Karl IX., Ambroise Paré: »Im selben Augenblick geschah es, daß die Genitalien und die männliche Rute sich bei ihm entwickelten, weil die Bänder gerissen waren, durch die sie im Innern gehalten worden waren.« Das nach innen gestülpte Genital der Frau kommt zum Vorschein, aus der Frau ist ein Mann geworden. Wundärzte und Chirurgen bestätigten die Verwandlung, so daß der Bischof in einer Versammlung Marie offiziell in Germain umbenennt und den Schafhirten mit Männerkleidern versieht. Marie-Germain ist kein Einzelfall in den Quellen; bis in die Antike zurück finden sich Quellen, die die Androgynität des Menschen belegen. Gleichwohl tritt nie die umgekehrte Version auf – der Mann, der zur Frau wird. Da nach christlich-antikem Denken die Schöpfung fortschreitet und der Mann in der ›Kette der Wesen‹ über der Frau steht, ist dieser Fall ausgeschlossen.

Bis in das bürgerliche Zeitalter sind Mann und Frau in der Kulturgeschichte wertabgestuft, als Einheit betrachtet worden. Ihre Beziehung wird aus dem körperlichen Begehren abgeleitet, der Koitus gilt als kosmisches Prinzip. Die Frau wird als das Gegenstück zum Mann gesehen und umgekehrt. Erst zusammen sind beide eins und ganzheitlicher Mensch. Bereits in der Antike werden diese Entsprechungen bis in die anatomischen Details diskutiert, der Penis als nach außen gestülpte Vagina, die Vagina als ins Körperinnere zeigender Penis. Und noch Freud ist geprägt von diesem Verständnis der Gleichheit der Geschlechter, wenn er die Klitoris der Frau als rudimentären Penis begreift. Zwischen dem siebzehnten und neunzehnten Jahrhundert wird diese Physiologie der Einheit zusehends zurückgedrängt und durch eine Biologie ersetzt, die die geschlechtliche Gleichheit von Mann und Frau nicht nur aufgibt, sondern ins Gegenteil verkehrt. Nicht mehr die Einheit, sondern der Unterschied kennzeichnet fortan das Verhältnis von Mann und Frau.

Die neue Erkenntnis der biologischen Geschlechter ist kulturell und politisch interpretiert und als Kampfparole vom Bürgertum aufgegriffen worden. Aus der antiken Interpretation einer Einheit des Gegensätzlichen ist das Anderssein von Mann und Frau geworden, verbunden mit dem kulturellen Zwang, die zugewiesenen Rollen zu verinnerlichen. Selbst der jungdeutsche Schlachtruf von der »Emancipation der Frauen« hat dem biologistischen Rollenzwang Genüge geleistet. So revolutionär von der Frau als »einer vollkommenen Persönlichkeit, einer schönen, interessanten, geistreichen Erscheinung« die Rede ist, so konsequent wird ihr »eine untergeordnete Art der Thätigkeit« zugeordnet. Der Mann achtet die Frau »als Hausfrau und Mutter, weil er die rechte Stellung des Weibes begriffen hat und in ihrer Nothwendigkeit und Naturgemäßheit anerkennt«, schreibt der sonst so fortschrittliche Karl Biedermann in seinen Überlegungen zur *Reform des Geschlechtsverhältnisses*.

Nach der gescheiterten Revolution von 1848/49 erübrigen sich die Diskussionen zur Liebesrevolution. Politisch etabliert sich ein Konservatismus, in Liebesfragen die bürgerliche Konvention. Einer der damaligen Bestseller, Gustav Freytags Roman »Soll und Haben« (1855), preist schon im Titel den vorherrschenden Pragmatismus an. Um die Jahrhundertmitte sieht der Traum der Frau demnach so aus: »Sabine war in ihrer Schatzkammer. Dies war ein Raum, unwohnlich für einen Gast, aber für jede Hausfrau ein heimliches, herzerhebendes Zimmer. An den Wänden standen mächtige Schränke von Eichen- und Nußbaumholz mit schöner eingelegter Arbeit, in der Mitte ein großer Tisch mit geschnörkelten Beinen, darum einige alte Lehnstühle. Aus den geöffneten Schränken glänzten im Lampenlicht unzählige Gedecke von Damast, hohe Terrassen von Wäsche, Linnen und bunten Stoffen, Kristallgläser, silberne Pokale, Porzellan und Fayence im Geschmack von mehr als drei Generationen. Die Luft war mit einem kräftigen Duft erfüllt, der aus uraltem Lavendel, Eau de Cologne und frischer Wäsche aufstieg. Hier herrschte Sabine allein.«

Die alleinige Herrschaft der Frau erstreckt sich auf das, was heute Abstellkammer genannt wird. Sabine »ist die gute Fee, welche den Haushalt in Ordnung hält«. Und der Mann ist der Held der Gesellschaft, im Roman: »ein Mann, welcher sich durchschlägt, und wenn er auch Wunden erhält«. Der Mann weiß um seine Bedeutung: »jeder fühlte die Wichtigkeit seiner bürgerlichen Stellung und seine Würde als Mensch und Kollege«. Die Kontoristen, von denen hier die Rede ist, haben nur eine unbedeutende Position inne. Doch der Held glaubt an die heroische Tatkraft, deren Lohn gesellschaftlicher Einfluß und die Wunschfrau ist, die Bett und Mahl bestellt.

Die Liebe verfällt dem Materialismus, die Geldheirat wird zum Normalfall. Im Zeitalter des Egoismus weiß jeder, wo er seine Prinzessin oder seinen Prinz finden kann. Die Klassen vermischen sich nur, wenn die Kassen stimmen, und nennen das Ergebnis dann Liebesheirat.

Delikat wird die Liebesehe, wenn sie einseitig geschlossen wird und der eine um der Karriere willen die Liebe des andern ausnutzt. Die Vernunftsehe hält die Partner auf Distanz. Die Liebesehe dagegen klagt beständig den Einsatz aller Gefühle ein. Die Verwirrungen bei verlogenen Liebesheiraten lassen im neunzehnten Jahrhundert ein neues Muster aufkommen: die Karriereliebe. Erst in der mobil gewordenen bürgerlichen Gesellschaft wird sie bedeutsam. Wie viele sich ihr Glück auch immer erschlafen haben: die ungleich engere Beziehung der Gatten im Vergleich zur herkömmlichen Konvenienzehe bringt eigene Probleme mit sich. Das Muster verkörpert Julien Sorel in der »Chronik von 1830«, so der Untertitel von Stendhals »Le rouge et le noir« (1830).

Julien Sorel ist einfacher Herkunft und probt in der Restaurationsepoche den sozialen Aufstieg. Um sein Recht auf individuelle Selbstverwirklichung einzuklagen, muß er, den Zeitumständen gemäß, das Rot seiner Ideale, seiner revolutionären Gesinnung, mit dem schwarzen Pfaffenrock vertauschen. Doch die Verstellung hat ihre Folgen. Sie zerreißt den verkleideten Revolutionär in seinem doppelten Streben nach persönlichem Glück und gesellschaftlichem Aufstieg. Konsequent führt erst das Scheitern seiner Ambitionen zum persönlichen Glückserlebnis. Erst im Augenblick des Todes, im Bewußtsein des endgültigen Verlustes aller gesellschaftlichen Ambitionen, kann er sich zu seinen Gefühlen bekehren, zu seiner Liebe. Doch als Ausnahmemensch bringt er wenigstens zuletzt die Kraft auf, seine Zerissenheit zu überwinden und wahres Glück zu empfinden.

Der Egoismus in dieser »Chronik« des Zeitalters zeigt sich als Ehrgeiz, Karrierezwang und Machtgier unter Verlust der persönlichen Befriedigung und der Selbstliebe. Stendhal weiß, wovon er schreibt, er bezeichnet den Drang Juliens als »Beylisme«: als die ureigenste Sache des Henri Beyle, wie Stendhal mit bürgerlichem Namen heißt. Mit diesem Namen bezeichnet er die Existenz, nach der er strebt, die die höchstmögliche Zufriedenheit verspricht. Die Konflikte in diesen Lebensentwurf, die Beyle zwischen Wunsch und Wirklichkeit in seiner Epoche gesehen hat, führen seine Erzählfiguren vor. Stendhals »Jagd nach dem Glück« setzt voraus, wie Julien Sorel die engen Schranken von Moral und Konvention zu überwinden; wie Julien in Leidenschaft zu leben und die Gewöhnlichkeit des Daseins hinter sich zu lassen. Die Vorbilder dazu findet Stendhal in der italienischen Renaissance. Doch weiß er um die Kluft zwischen dieser Epoche und der eigenen. Mit Julien Sorel fällt Stendhals Bilanz ernüchternd aus und enthält auch einen aufschlußreichen Beitrag zur Geschichte der Desillusionierung der Liebe: Sorel übersieht seine Beatrice. Erst in der existentiellen Todessituation wird er der Liebe überhaupt gewahr:

»Er trat ein wenig zurück und bedeckte ihre Hand mit glühenden Küssen. ›Wer hätte das gedacht, damals, als ich dich zum letztenmal in deinem Zimmer in Verrière sah? … Immer habe ich dich geliebt, das mußt du wissen. Immer nur dich habe ich geliebt.‹

›Ist es möglich?‹ rief Frau de Rênal selig.

Sie legte ihre Hände auf Juliens Schultern. Er lag vor ihr auf den Knien, und sie weinten beide lange Zeit schweigend. Noch nie in seinem Leben hatte Julien einen Augenblick so vollkommener Seligkeit erlebt.«

In wenigen Zeilen schildert Stendhal die höchste Liebe, die Seligkeit. Und doch übersteigt ihr Erlebnis alles, was der mißhandelte und liebesunfähige Sorel je in seinem Leben hätte erwarten können. Es ist das »Glück des Ausnahmemenschen«, des »homme supérieur« Stendhals. Sorel hat es sich wagemutig durch seine Lebensbegeisterung und Willenstärke erworben – mit dem Tod. Die Selbstverwirklichung in der Liebe Dantes, zynisch wird sie hier rekapituliert. Sie bedarf der Verstellung, der strategischen Berechnung und der äußersten Krise, um noch einmal für Augenblicke ihren Glanz zu entfalten.

Die Liebe, die Sorel sein bürgerliches Leben lang erfährt, ist dem Krieg der Geschlechter verpflichtet. Seine Fraueneroberungen sind strategische Siege, seinem Ideal Napoleon verpflichtet – doch mit welchen Folgen: »Julien lebt nicht mehr, nur ein Leichnam bewegt sich noch.« Der Zwang der ständigen Selbstbestätigung führt unaufhaltsam zu Juliens Selbstzerstörung. Sie endet in seinem Todesurteil, das er gerne akzeptiert. Faktisch begeht er »Selbstmord«; sabotiert geflissentlich alle Versuche seiner Geliebten, ihn zu retten. Innerlich tot, ist ihm der Lebenswille entschwunden. Was für eine Entwicklung! Da ist einer aufgebrochen im Hunger auf das Leben und die Liebe, und der gesellschaftliche Zwang zur Verstellung macht ihn satt im Tod. Sorel hat gegen Windmühlen gekämpft als moderner Don Quichote. Er hat Selbstverwirklichung mit gesellschaftlichem Aufstieg verwechselt und noch mehr: er hat nur Erwartungen gelebt und eine innere Befriedigung vergessen.

Seit Stendhal ist also bekannt: Man kann nach Erwartungen lieben und sich selbst verpassen! Es will gelernt sein, auf der Basis der Selbstliebe zu lieben. Die Gesellschaft erwartet Machtliebe. Aber das persönliche Bedürfnis will mehr, es sucht tiefste innere Zufriedenheit. Wer zu sich hält, muß gegen die Gesellschaft lieben lernen. Die Frühromantik, Charles Baudelaire und Joris-Karl Huysmans in seinem Roman »A rebours« (1884) setzen dafür den wirkungsvollen Ausdruck einer Liebe »gegen den Strich«.

Baudelaire streichelt sogar seine Katzen gegen das Fell. Der skandalumwitterte Autor der »Fleurs du Mal« (1857) beobachtet die Liebe seiner Zeit mit ungeschminktem Realismus und beißender Ironie. Auch in der romantischen Liebe ist jetzt jeder »allein in seinem Paradies«, »in königlicher Einsamkeit« – gemäß der Novelle »La Fanfarlo« (1847): »Wenn er sie betrachtete ..., dann war ihm als erblickte er die Unendlichkeit hinter den hellen Augen dieser Schönheit und als verlören die seinen sich in immer weiteren Himmelsfernen.« In Großaufnahme zeichnet sich im Schwarz der Pupille das Ich ab, der Blick im Blick zeigt das eigene Spiegelbild.

Das Ichbewußtsein ist total, die Wahrnehmung eines Du seine

bloße Kulisse. Die rigide egoistische Liebe herrscht. Aber dennoch, sagt Baudelaire, ist Liebe noch als Erfahrung möglich. Wie Stendhal und die platonische Liebestradition kennt er einen Ausnahmezustand. Doch dieser zeigt etwas Neues auf, mit einer noch nie dagewesenen Vehemenz schlägt die Liebe ein, in gewaltsamer Plötzlichkeit. Baudelaires berühmtes Gedicht »A une passante« handelt davon. Es beschreibt die Erfahrung, plötzlich im Innern eines fremden Menschen zu stehen:

»La rue assourdissante autour de moi hurlait.
Longue, mince, en grand deuil, douleur majestueuse,
Une femme passa, d'une main fastueuse
Soulevant, balançant le feston et l'ourlet;

Agile et noble, avec sa jambe de statue.
Moi, je buvais, crispé comme un extravagant,
Dans son oeil, ciel livide où germe l'ouragan,
La douceur qui fascine et le plaisir qui tue.

Un éclair … puis la nuit! – Fugitive beauté
Dont le regard m'a fait soudainemnet renaître,
Ne te verrai-je plus que dans l'éternité?

Ailleurs, bien loin d'ici! trop tard! *jamais* peut-être!
Car j'ignore où tu fuis, tu ne sais où je vais,
O toi que j'eusse aimée, ô toi qui le savais!«

»Betäubend heulte die Straße rings um mich.
Hochgewachsen, schlank, in tiefer Trauer, hoheitsvoller Schmerz,
ging eine Frau vorüber; üppig hob und wiegte
ihre Hand des Kleides wellenhaften Saum;

Leicht und edel setzte sie wie eine Statue das Bein.
Ich aber trank, im Krampf wie ein Verzückter,
aus ihrem Auge, einem fahlen, unwetterschwangeren Himmel,
die Süße, die betört, die Lust, die tötet.

Ein Blitz … und dann die Nacht! – Flüchtige Schönheit,
von deren Blick ich plötzlich neu geboren war,
soll ich dich in der Ewigkeit erst wiedersehen?

Anderswo, sehr weit von hier! zu spät! *niemals* vielleicht!
Denn ich weiß nicht, wohin du enteilst, du kennst den Weg nicht, den ich gehe,
o du, die ich geliebt hätte, o du, die es wußte!«

In der Menschenmasse der Großstadt ereignet sich ein Blick im Blick und verursacht das Außergewöhnliche, danteske heilige Verzückung. Nicht von dieser Welt ist diese Liebe. Und träfen sie sich wieder, sie würden sich nicht wiedererkennen. Wie ist das doch mit der Liebe? Erkennt man sie, ist sie schon wieder fort. Wenn Liebe aber das Flüchtige ist, das sich nicht fassen läßt, dann ist sie etwas allzeit Präsentes, das nur eines feinen Nervs bedarf, um erlebt zu werden. Wie immer der Mensch in Herz und Intellekt zerrissen sein mag, entscheidend ist sein Sensorium für Genuß, seine Offenheit für das Unvorhergesehene. Deshalb kann der Ausnahmemensch, Baudelaires genußfähiger Dandy, unversehens ins Innerste gelangen und Wege gehen, die einem gewöhnlichen Menschen verschlossen sind. Er kann mehr sehen, mehr hören, erfühlen und schmecken als andere. Geister und Gespenster stehen ihm zu Diensten. Und nichts anderes behauptet Baudelaire frech. Er sagt: der Flaneur auf den Straßen von Paris, der extravagante Dandy, das sind Menschen, denen Geister zur Seite stehen. In »Les paradis artificiels« (1860) stehen sie mit heidnischen Kulten in Berührung, Baudelaire beschreibt ihr satanisches Lachen. Ihr Leben ist Rausch, Liebe und Ekstase, sie fluchen dem Gott des neunzehnten Jahrhunderts und entspringen dem Kult eines Gott-Menschen, der sich täglich neu gebiert.

Baudelaire liefert sogar die Rezepte mit. Er gibt »Die künstlichen Paradiese« als ein Brevier für den Liebesmenschen heraus, verschlüsselt als Abhandlung über Opium, Haschisch und Wein. Der Rausch wird zum Lehrmeister der Liebe, doch mit einer sarkastischen Pointe: dem üblen Kopf am nächsten Morgen. Mit Vorsicht zelebriert Baudelaire die Apotheose des Rausches. Die Botschaft zielt allein auf den Erlebnisgehalt, das beschworene Paradies ist die Erweiterung von Erfahrung. Bewiesen wird, wie eng der Mensch gewöhnlich denkt und fühlt. Es gibt mehr, lautet die Verheißung. Doch gleichwohl nur für den, der auch hier »gegen den Strich« liebt und den Mut hat, heroisch sich selbst zu entwerfen.

Drogen sind für Baudelaire der Beweis, daß der Mensch seine Möglichkeiten versäumt. Durch sie kann er lernen, seine Sinne zu schärfen und verfeinert wahrzunehmen. Sie helfen ihm, lebenswertere Ekstasen schätzenzulernen. Wie die Ekstase in »A une passante« zeigt, sind solche Erlebnisse überall und brauchen nur gesehen, ergriffen, berochen und erlebt zu werden. Möglich ist das, wenn (wie in Baudelaires Gedicht) Offenheit für die Liebe da ist.

Gerade daran aber, so die Diagnose Baudelaires, mangelt es den Zeitgenossen. Der allgegenwärtige Liebesverlust, die Selbstentfremdung und Liebesunfähigkeit bedürfen eines didaktischen Programms, einer Selbstschulung gegen den Strich der Gesellschaft.

Der Schock in dem zitierten Liebesgedicht läßt Rückschlüsse auf den Bewußtseinszustand der Zeitgenossen zu. So abrupt und gewaltsam ist eine Wahrnehmung bis dahin noch nie geschildert worden. Gleich einem explodierenden Feuerwerkskörper erlebt der Spaziergänger die totale Liebe, ohne Vor- oder Nachgeschichte. Die Liebe als organischer Prozeß, mit Vorgeschichte, Wachstum und Erfüllung wird durch eine neue Liebe ersetzt. Sie ist prompt und abrupt, leidenschaftlich und widersprüchlich, larmoyant, selbstmitleidig und allzeit todesbereit. Der momenthafte Lebensrhythmus der Stadt geht auf das Lieben über. Zerstreuung, Langeweile und Erlebnissucht werden prägend. Kultureller Ausdruck dieses Lebensgefühls ist der Ästhetizismus, der die Sinne reizt und überlädt. Baudelaire verkörpert dieses neue Liebesmuster: er liebt gegen den Strich, je stärker der Reiz, desto besser, je größer der Widerstand, desto lebendiger, je aggressiver der Kampf, desto mehr Vitalität. Wo der Henker nicht sein Opfer hat und das Opfer nicht zugleich Henker sein kann, da sind nur noch Gewöhnlichkeit und die Taubheit der materiell ausgerichteten Intelligenz des neunzehnten Jahrhunderts.

Der Ästhetizist sucht ein fremdes Gegenüber in der Liebe. So aktiviert er alle Hilfsmittel, um wenigstens für Augenblicke dem herrschenden Egoismus und der Gruft seines Ichs zu entkommen und Du sagen zu können. Dafür legt er seine Nerven bloß und wird zum verletzlichen, hypersensiblen Ästheten. Der nervöse Liebhaber geht um und steigert sich zur Jahrhundertwende bis zum exzentrischen Nervenbündel. Huysmans hat ihm mit der Figur des Des Esseintes, dem zunehmend neurotischen Protagonisten seines Romans »A rebours«, ein Denkmal gesetzt.

Solch anspruchsvoller männlicher »Projektionsliebe« standzuhalten, dazu ist ein bestimmter Frauentypus prädestiniert: die ›femme fatale‹, das ›Teufelsweib‹, zugleich Faszination und Bedrohung in der männlichen Phantasieprojektion. Wie sie in der Jahrhundertwende auch heißt, Judith, Delila, Salome, Lulu, Satanella oder Venus, immer ist sie die herzlose Verführerin, mit betörendem Lächeln und verachtendem Blick. Sie ist die exklusive Verführerin voller böser Überraschungen, die den Mann um Kopf und Kragen bringt.

Die Suche nach Sinnesreizen, Impressionen und Empfindungen, nach einem voll entfalteten ekstatischen Leben geht um. Das Verbotene lockt, es reizt das Spiel mit dem Bösen. Seine Bedeutung wächst seit dem Beginn des bürgerlichen Zeitalters, vor allem seit der schwarzen Romantik, und gipfelt am Ende des neunzehnten Jahrhunderts in den exemplarischen Figuren von Dr. Jekyll und Mr. Hyde oder in der phantastischen Gestalt des Dorian Gray. Oscar Wilde zeigt, wohin die Lust, das Leben zum Kunstwerk zu machen, geführt hat. Radikal wird in »The Picture of Dorian Gray« (1890/91) der Egoismus des Jahrhunderts angeprangert.

Dorian Gray ist ein begehrenswert schöner junger Mann. Auf einer Abendgesellschaft begegnet er einem Maler, der sich auf den ersten Blick in ihn verliebt. Wie die italienischen Renaissancekünstler hat er in Dorian das Modell seines Lebens gefunden. In einem genialen Wurf schafft er das Portrait seines neuen Freundes. Es gelingt ihm, dessen einmaligen Ausdruck auf die Leinwand zu bannen. Während das Bildnis entsteht, unterhält sich Dorian Gray mit einem Freund des Künstlers. Das Gemälde vor Augen, äußert er seinen innigsten Wunsch: »Wie traurig das ist. Ich soll alt werden, häßlich und abstoßend. Aber dieses Bild wird ewig jung bleiben. Es wird nie älter werden, als es heute, an diesem Junitag, ist … Wenn es doch umgekehrt wäre! Wenn ich ewig jung bliebe

Im Fin de siècle verkehrt sich die Welt des bürgerlichen Jahrhunderts: Sittenstrenge und Prüderie schlagen um in wollüstige, schwüle Dekadenz. Idol dieser Zeit ist die Femme fatale, die männermordende Salome, ihr huldigen Schriftsteller wie Oscar Wilde, Komponisten wie Richard Strauss und Maler wie Lovis Corinth oder, in diesem Bild, Gustave Moreau.

und das Bild altern würde! Ich würde alles – alles dafür hingeben! Ja, es gibt nichts in der ganzen Welt, das ich nicht dafür hingäbe!«

Im Spiegel seines Portraits hat Dorian seine unwiderstehliche Schönheit gesehen und sich in sie verliebt. Er beschließt, von nun an sein Leben zu genießen und seinen Hunger nach Erfahrung zu stillen – maßgeblich beeinflußt von der Lebensphilosophie seines Gesprächspartners, des Kunstkritikers Lord Henry. Er steht gemäß der ästhetizistischen Programmatik für einen neuen Hedonismus und propagiert einen radikalen, moralisch entbundenen, freien Genuß des Gegenwärtigen, des Hier und Jetzt.

Dorians erstes Abenteuer führt in die Londoner Unterwelt, in ein Theater, das so volkstümlich und grobianistisch erscheint, als stammte es noch aus der Zeit Shakespeares. An diesem Abend wird »Romeo und Julia« gespielt, und zu seiner Überraschung erlebt Dorian diese Julia als die Verkörperung seiner Traumfrau. Er verliebt sich in sie. Doch als die Schauspielerin ihre Liebe zu Dorian erkennt, versagt sie auf der Bühne. Ernüchtert verstößt Dorian sie und bricht ihr damit das Herz: Sie vergiftet sich. Nach ihrem Tod zeigt sich Dorians mitleidloses, narzißtisches Verhalten in seinem Portrait. Mit Schaudern begreift er, daß sein sehnlichster Wunsch Wirklichkeit geworden ist: das Bild verändert sich, altert, erlöst ihn von den Spuren der Zeit und der Erfahrungen.

Reich und unwiderstehlich schön, kann Dorian Gray seinen Heißhunger auf das Leben stillen, sich selbst zum Kunstwerk machen. Er hat gleichsam sein Gewissen und seine Seele ›an den Nagel gehängt‹ und frönt rigidem Egoismus. Das Bild seiner Seele aber, das er nicht ertragen kann, versteckt er bald auf dem Speicher, so wie andere Menschen ihr Bewußtsein auszulöschen versuchen.

Dorian verantwortet zerstörte Existenzen, Selbstmorde, Verbrechen. Doch erst als er in einem Anfall den Schöpfer seines Portraits ersticht, verfängt er sich im eigenen Netz. Er beschließt, sich zu ändern, gut zu werden und seiner Vergangenheit zu entsagen. In einem letzten, hoffnungsvollen Akt der Selbstbefreiung greift er zum Messer und zerstört das Portrait. Ein gellender Schrei folgt. Die Bediensteten finden ihren Herrn tot vor seinem Bildnis in der Dachkammer. Er liegt dort mit dem Messer im Herzen und mit einem abscheuerregenden Antlitz, neben ihm das Portrait, das Dorian im »Zauber seiner unvergleichlichen Jugend und Schönheit« zeigt. Erst als Dorian glaubt, über Gut und Böse urteilen zu können, und zum Richter über sein eigenes Leben wird, beginnt sein totaler Verfall. Oscar Wilde hat seinem Jahrhundert formvollendet den Spiegel vorgehalten und seinen Narzißmus seziert.

Wer ist Dorian Gray? Für den abgeklärten Ästheten Lord Henry ist er »das Leitbild, nach dem die Zeit sucht und fürchtet, es gefunden zu haben. Ich bin so froh, daß du niemals etwas getan hast, nie eine Statue gemeißelt oder ein Bild gemalt, nie etwas aus dir herausgestellt hast. Deine Kunst war das Leben. Du hast dich selbst in Musik gesetzt. Deine Tage sind deine Sonette gewesen.«

Als Ästhet, Dandy, Kunst gewordenes Leben verkörpert Dorian die Kunstphilosophie des Fin de siècle zur Vollendung: »Ich liebe schöne Dinge, die man berührt und mit denen man umgehen kann. Alten Brokat, grüne Bronzen, Lackarbeiten, geschnitztes Elfenbein, eine schöne Umgebung, Luxus, Prunk … Aber das künstlerische Temperament, das sie schaffen oder zumindest entwickeln, ist mir noch wichtiger. Der Zuschauer seines eigenen Lebens werden, … das heißt dem Leiden des Lebens entgehen.«

Dorian brilliert nachweisbar in der Rolle als Zuschauer des eigenen Lebens. Er sieht, wie sich sein Bildnis verändert, ohne dem Leiden am Leben ausgeliefert zu sein. Und er huldigt diesem Ichentwurf enthusiastisch. Sein Leben zu beobachten, malt er angesichts des Portraits als einmaligen Genuß aus: »Er würde imstande sein, seinem Geist in die geheimsten Schlupfwinkel zu folgen. Dieses Bildnis würde ein magischer Spiegel für ihn sein. Wie es ihm seinen Körper offenbart hatte, würde es ihm seine Seele offenbaren. Und wenn der Winter noch über das Bild kam, würde er noch stehen, wo der Frühling am Rande des Sommers zittert. Wenn das Blut aus seinen Wangen wich und seine kreidige Larve mit glasigen Augen zurückließ – würde er den Glanz der Jugend um sich bewahren. Nicht eine Blüte seiner Schönheit sollte welken. Nicht ein Pulsschlag seines Lebens schwächer werden. Wie die Götter der Griechen würde er stark sein, geschmeidig und froh. Was ging es ihn an, was dem gemalten Abbild auf der Leinwand widerfuhr? Er würde sicher sein. Darauf kam es an.«

Oscar Wilde hat seinen Roman mit einem genialen Kunstgriff komponiert. Er hat die Rede vom Körper und von der Seele vertauscht. Dorian Gray behält sein jugendliches Aussehen, genauso wie der Mensch sich üblicherweise an das innere Bild von sich klammert, das er in seiner Jugend von sich entworfen hat.

»Du sollst dir kein Bildnis machen«, lautet ein biblisches Gebot. Auch Wilde gibt zu bedenken, daß derjenige, der gegen dieses Gebot verstößt, Gefahr läuft, am Leben vorbeizuleben. Dorian ist der Mensch, der die Verantwortung für sein Leben verweigert. Er trennt Seele und Körper: »Seele und Körper, Körper und Seele – wie geheimnisvoll sie waren. Da gab es etwas Animalisches in der Seele, und der Körper hatte seine Augenblicke der Vergeistigung. Die Sinne können sich verfeinern, und der Geist kann sich erniedrigen. Wer vermag zu sagen, wo das fleischliche Verlangen endet und das seelische beginnt?«

Dorian lebt rücksichtslos, sucht die Befriedigung aller Wünsche und Begierden. Dennoch gesteht Wilde diesem unwiderstehlichen Verführer keinen einzigen erfüllten Liebesaugenblick zu! Auch Dorian leidet an Liebesunfähigkeit.

Nur der Künstler kann nach Wilde noch lieben, und dies auch nur im Augenblick des kreativen Akts. In einer materialistischen Gesellschaft hat sich die Liebe in die Kunst zurückgezogen. Wie oberflächlich der Alltag auch sein mag: der künstlerische Akt, der Form und Inhalt, Körperliches und Seelisches verschmilzt, ist Notaggregat der Liebe.

In der Suche nach der Harmonie von Körper und Seele gleicht der Maler aus »Dorian Gray« dem Autor Wilde, der ein Leben lang – als Kunstkritiker wie als Dichter – um diese Einheit bemüht war. Die Bedeutung, die Dorian Gray für den Maler im Roman besitzt, kommt in Wildes Leben zu dieser Zeit dem jungen Geliebten Bosie zu. Ihre Liebesbeziehung führt 1895, Wilde befindet sich auf dem Gipfel seines Erfolgs, zu einem folgenschweren Prozeß. Der Vater seines Liebhabers, Marquess of Queensberry, läßt ihm in seinem Club eine offene Karte zukommen, auf der Wilde (mit einem Rechtschreibfehler) als »sondomite« bezeichnet wird. Wildes Verleumdungsklage führt schon bald darauf zu einem Prozeß, der nach nur zwei Tagen so endet, wie es Dorian Gray zuvor schon im

Buch erlebt hat: mit einer versehentlichen Selbstliquidierung. Die Parallelen sind unübersehbar. Dorian Gray ersticht sein Bildnis und trifft sich selbst. Oscar Wilde prozessiert um seines Leumunds willen und ruiniert dadurch sein Leben. Er wird zu zwei Jahren Haft mit Zwangsarbeit verurteilt. Die Öffentlichkeit zeigt sich über den homosexuellen Wilde moralisch entrüstet. Seine Theaterstücke werden abgesetzt, seine Bücher aus dem Handel gezogen. Der öffentlichen Auslöschung folgt bald danach die persönliche. Wilde steht zwei Jahre grausamer Haft durch, leidet an ständigem Hunger und Schlaflosigkeit. Als gebrochener Mann stirbt er drei Jahre später, 1900, im französischen Exil.

So also tritt im neunzehnten Jahrhundert die Kunst ins Leben und demonstriert die zeitgenössische Einstellung zur Liebe. In einem Musterprozeß, in dem neben Wilde auch der Ästhetizismus an den Pranger gestellt wird, huldigt der prüde Viktorianismus der Moral. An Wilde wird ein gesellschaftliches Exempel statuiert. Nach seiner Freilassung schreibt er in einem Brief: »Ich habe noch nie einen moralwütigen Menschen getroffen, der nicht herzlos, grausam, rachsüchtig, strohdumm und ohne die geringste Menschenliebe gewesen wäre. Sogenannte moralische Menschen sind wilde Tiere. Lieber hätte ich fünfzig unnatürliche Laster als eine unnatürliche Tugend. Denn die unnatürliche Tugend macht denen, die Leid tragen, die Welt zur vorzeitigen Hölle.«

Wilde bricht hier den Stab über die viktorianische Gesellschaft, die dem neunzehnten Jahrhundert mit seiner Moralideologie die Krone aufgesetzt hat. Ihren »sogenannten moralischen Menschen« verdankt er Gefängnishaft mit einem Brett als Matratze und Unterernährung.

Für die Masse des englischen Stadtproletariats sind hingegen Oscar Wildes Haftbedingungen annähernd Normalität. Die wenigsten besitzen ein Nachtquartier, sie leben auf der Straße, im Winter in üblen Schlafhäusern. Diese Nachtasyle sind bis ins zwanzigste Jahrhundert in allen industriellen Zentren Europas zu finden: »In einem Zimmer war ein starker Strick ausgespannt, auf welchem die Kunden beim Schlafen den Kopf ruhen ließen; dieser Strick vertrat zugleich die Rolle des Hausdieners, denn wenn der dicke Onkel sah, daß seine Kunden sich nicht zum Aufstehen bequemen wollten, so löste er den Strick an der einen Wand und ließ die Schläfer unsanft auf den Boden fallen, wobei er ausrief: ›Auf, bei Gott, auf!‹«

Die Berufung auf Gott in dieser Hölle zeigt es: Im Frühkapitalismus werden Menschenliebe und Gefühl durch religiöse Phrasen und abstrakte Werte ersetzt. Das Zeitalter kennt Wichtigeres als den Menschen. Es betet den Fortschritt an und materiellen Reichtum. Als Lord Ashley die haarsträubenden Zustände in England zur Zeit von Victorias Thronbesteigung im Parlament zur Sprache bringt, erreicht er zwar 1833 eine erste staatliche Regelung von Kinderarbeit, doch sie ist beschränkt auf die Textilindustrie und sieht ab einem Alter von neun Jahren einen dreizehnstündigen Arbeitstag vor. Der Glaube herrscht, daß die Wirtschaft am besten ohne Einmischung des Staates funktioniere – das Laissez faire des Wirtschaftsliberalismus.

Bezeichnend für die menschenverachtenden Zustände sind die ›lodging houses‹, die die Liebesbedingungen für die Masse der Bevölkerung vorgeben. Ein Zeitgenosse aus Edinburgh dokumentiert: »Ich habe nicht geglaubt, daß es in irgendeinem zivilisierten Land so viel Elend und Krankheit geben könne. Zehn, zwölf und manchmal zwanzig Personen beiderlei Geschlechts und jeden Alters schlafen dort auf dem Fußboden in verschiedenen Graden der Entblößung. Ihr Bett ist ein Bündel Stroh, gemischt mit ein paar Hadern.« Den Mädchen, die in diesem Elend aufwachsen, fehlt nach Ashleys Parlamentsbericht jede Erinnerung an körperliche Unberührtheit. Trunksucht, Ausschweifung, Vergewaltigung und Kindesmißhandlung sind an der Tagesordnung, Ehe und eheliche Geburten eher eine Seltenheit.

Im Zuge der Massenabwanderungen in die Städte, der Überbevölkerung und sozialen Katastrophen sind auch Sitte und Moral entgrenzt. Die Prostitution breitet sich stark aus, insbesondere als freies Gewerbe, so daß der Zuhälter an Bedeutung gewinnt – als Beschützer und zugleich Ausbeuter der Prostituierten. Den Unternehmern dienen die Fabrikhallen als Privatbordell, für die Frauen vom Land ist der Körper oft die einzige Einnahmequelle. Die Sitten verrohen unter dem zynischen Egoismus des Zeitalters, dafür wird von Staats wegen die hohe Moral des Viktorianismus proklamiert. Zu Victorias Thronbesteigung ist Großbritannien noch weit vom moralischen und sozialen Standard des ›Empire‹ entfernt.

Zwanzig Jahre später aber erglänzen im Schein der vorbildhaften Ehe von Victoria und Albert das Königreich, Europa und die Welt in einer imperialistischen Prachtmoral. Sie ist die ideologische Voraussetzung für den Führungsanspruch Großbritanniens und äußerst sich auch in einer neuen Körperkultur, die rigorose Selbstdisziplinierung einfordert – eine Selbstbeherrschung, die das Gegenteil der antiken Tugend ist. In der Verleugnung des Körpers, der eigenen Sexualität, wird die Herrenschulung betrieben. Diese Methode prägt auch das zwanzigste Jahrhundert.

Am Ende des neunzehnten Jahrhunderts wird im Abendland das antike Modellpaar Aphrodite und Ares in verkehrten Rollen gefeiert. Auf den altgriechischen Darstellungen schläft der Kriegsgott, und die Göttin wacht. Jetzt hat sich die Ikonographie gewissermaßen umgekehrt. Statt der Urlust der Liebesgöttin herrscht nun die Zerstörungssucht des Ares. Der Wahlspruch abendländischer Zivilisation, »Der Krieg ist der Vater aller Dinge«, lehrt nicht mehr den Respekt vor Krieg, Tod und unabwendbarem Schicksal. Er verherrlicht sie. Die Weltkriege des zwanzigsten Jahrhunderts warten – und der Ausbruch aus allen Traditionen.

Nietzsche, Freud und die Liebe in der Moderne

»Also spielen wir Theater,
Spielen unsre eignen Stücke,
Frühgereift und zart und traurig,
Die Komödie unsrer Seele,
Unsres Fühlens Heut und Gestern,
Böser Dinge hübsche Formel,
Glatte Worte, bunte Bilder,
Halbes, heimliches Empfinden,
Agonien, Episoden ...
Manche hören zu, nicht alle ...
Manche träumen, manche lachen,
Manche essen Eis ... und manche
Sprechen sehr galante Dinge ...
... Nelken wiegen sich im Winde,
Hochgestielte, weiße Nelken,
Wie ein Schwarm von weißen Faltern ...
Und ein Bologneserhündchen
Bellt verwundert einen Pfau an ...«

Diese Verse des Wiener Dichters Hugo von Hofmannsthal (aus Arthur Schnitzlers Stück »Anatol«) lesen sich wie ein Prolog zum zwanzigsten Jahrhundert. Wie zur Dämmerstunde morgens, wenn noch verschlafene Ruhe herrscht, beginnt hier eine Welt, die bald von den Phantasien, Leidenschaften, Potentialen und der Geschwindigkeit der neuen Zeit bestimmt sein wird. Lebenssteigerung, Hier und Jetzt, Lust am Augenblick, Märchen des Lebens charakterisieren das Lebensgefühl der Jahrhundertwende. Es ist die Zeit der beginnenden Höhenflüge der abendländischen Kultur,

Wie 150 Jahre zuvor Rousseau ist auch Paul Gauguin auf der Suche nach dem Naturzustand, nach der ursprünglichen Liebe. In der Südsee, am anderen Ende der Welt glaubt er sie noch finden zu können. Mit seinen Frauengestalten in paradiesischer Landschaft hat er den Mythos vom ›edlen Wilden‹ neu erschaffen. Die Flucht vor dem modernen Leben, die Sehnsucht nach dem Exotischen ist seither zu einem Massenphänomen geworden.

der Rekorde auf allen Gebieten. 1894 fliegt Otto Lilienthal sein Gleitflugzeug, die Gebrüder Wright heben 1903 zum ersten Motorflug ab. In der Wiener Moderne hat die sexuelle Revolution schon angefangen. In Schnitzlers Dramen leben die Offiziere ihre Leidenschaften freizügig aus, in Wedekinds »Frühlings Erwachen« wird die entfesselte pubertäre Sexualität offen auf der Bühne dargestellt. Tabus werden gebrochen; Sozialverhalten, Verhältnis der Geschlechter und der Generationen werden neu bestimmt; Liebeskonventionen, die Segnungen des Christentums und Traditionen verworfen. Die Flüge der enthemmten Liebe beginnen. Zu fassen sind diese Entwicklungen für den Zeitgenossen sowenig wie für das Bologneserhündchen der Pfau, den es verwundert anbellt. Erwartungen und Enttäuschungen, Verunsicherungen und Überforderungen: das Theater des Ichs beginnt zu spielen, mit seinen Träumen von individueller Entfaltung, lockenden Freiheiten, märchenhaften Weiten und exotischen Welten.

Der Maler Paul Gauguin erfüllt sich seinen Traum. Er reist nach Tahiti und lebt das Leben eines Königs der Liebe. »Diesen Frauen von Tahiti«, schreibt Gaugin, »liegt allen die Liebe so sehr im Blut, ist so sehr Teil ihres Wesens, daß sie, eigennützig oder uneigennützig, immer Liebe ist.« Die Veränderungen auf der Insel seit ihrer Entdeckung durch Cook sind ernüchternd, die Bevölkerung ist missioniert und trägt europäische Kleidung. Gauguin weiß, »es war das Tahiti der Vergangenheit, das ich liebte«. Doch seine Faszination durch die exotische Frau bleibt davon unberührt. Als sanft und grausam beschreibt er sie, als stolz und lüstern, als begierig, nach Art der Maori von der Leidenschaft des Mannes überwältigt zu werden. Gaugin gesteht seine Schüchernheit, sein Versagen in der geforderten Rolle. Seine Frau wird ihm als Geschenk des Stammes übergeben.

Auch der literarisch gebildete Schotte Robert James Fletcher sucht das Südseeparadies und verbringt die Jahre von 1912 bis 1920 auf den Neuen Hebriden. Er liebt eine »kleine, nußbraune, nicht mal fünf Fuß große Wilde. Ihr Körper allerdings ist schön in seiner puppenhaften Zerbrechlichkeit. Ihr Gesicht und ihr Haar sind sonderbar. Mir gegenüber verhält sie sich wie ein nettes Angorakätzchen oder ein junger Terrier. Sie setzt sich nicht auf einen Stuhl, sondern sitzt immer zu meinen Füßen und schmiegt sich an mich. Dabei schnurrt sie und singt ein Liedchen, gleichgültig, was ich gerade tue.«

Gauguin und Fletcher leben einen der Liebesträume des Mannes in diesem Jahrhundert. Was daraus geworden ist? Gauguin verstirbt auf Tahiti mit einem Bild bretonischer Schneeberge auf der Staffelei. Und Fletcher ist neben seiner Traumgeliebten dem Wahnsinn nahe. Aus den barocken Schäferszenen mit ihrer Sehnsucht nach dem Natürlichen, aus Gessnerschen Idyllen und rousseauistischen Träumereien wird im zwanzigsten Jahrhundert ernüchternde Wirklichkeit. Gauguin und Fletcher sind die Pioniere, auf deren Spuren später Tausende ins thailändische Glück aufbrechen. Sie bringen kleine, fragile Kindfrauen nach Hause, fasziniert von einer anscheinend unverdorbenen Natürlichkeit. Oft genug endet der wahrgewordene Traum in persönlichen Katastrophen.

Der Epochenmythos von der Naturliebe ist auch wissenschaftlicher Akribie zu verdanken. Margret Mead hat als Ethnologin in der Südsee die Manu'a besucht und in aufwendigen Feldstudien Gesellschaftstruktur und Liebesgewohnheiten im angeblichen Naturzustand untersucht. Sie erbringt den mutmaßlichen Beweis, daß die Vorstellungen von freier Liebe in Nordamerika und Europa realistisch seien. Ihr Buch »Coming of Age in Samoa« (1928) ist Weltbestseller und intellektueller Motor für die sexuellen Revolutionen im zwanzigsten Jahrhundert. Lange Zeit gilt als gesichert, daß unter matriarchalen Bedingungen sexuelle Zwänge fehlen. Gegolten hat das bis 1983, bis zum fachwissenschaftlichen Nachweis, daß Margret Mead erwünschte Ergebnisse entdeckt und mit schlechten Sprachkenntnissen Hochschul- und Wissenschaftspolitik gemacht hat.

Arkadien, Atlantis, Liebesparadiese, das zwanzigste Jahrhundert macht mit den Illusionen tabula rasa. Die Erde wird vermessen, verzeichnet, archiviert und aller Illusionen beraubt. Weltweit werden fremde Kulturen zu Naherholungszielen der Industriegesellschaften. Die Träume gehören der Vergangenheit an.

Die Höhenflüge in verwunschene Welten, Visionen, Freiheiten lösen in der abendländischen Gefühlskultur das Gegenteil der Erwartungen ein. Mit den neuen Denkweisen und aufgerissenen

Himmeln entsteht eine unsägliche Verlorenheit, Verlassenheit und Grausamkeit: »Ich bin verzweifelt vor Einsamkeit«, schreibt Antonin Artaud und bekennt in seinen Aufzeichnungen »Die Nervenwaage« (1925) in einem fiktiven Ehebrief: »Ich kann nicht abends nach Hause kommen in ein Zimmer, allein, ohne eine der Bequemlichkeiten des Lebens in Reichweite zu haben. Ich brauche Häuslichkeit und brauche sie sofort und eine Frau, die sich ununterbrochen mit mir beschäftigt, mit mir, der ich unfähig bin, mich mit irgend etwas zu beschäftigen, die sich mit mir wegen der kleinsten Dinge beschäftigt. Eine Künstlerin wie du hat ihr eigenes Leben und kann das nicht. Alles was ich dir sage, zeugt von einem maßlosen Egoismus, aber so ist es nun einmal. Es ist auch gar nicht nötig, daß diese Frau sehr hübsch ist, ich möchte nicht einmal, daß sie unmäßig intelligent ist oder daß sie gar nachdenkt. Es genügt mir, daß sie an mir hängt.«

Das Lieben wird zum Klammern. Der Pantoffelheld in seinem »maßlosen Egoismus« braucht die Frau, die an ihm hängt. Bei Artaud sind die innere Leere, Verzweiflung und Einsamkeit gewalttätig und verlangen die im Brief geschilderte Lebensstrategie: unablässig beschäftigt, abgelenkt und unterhalten zu werden. Der Mensch hat kein eigenes Leben mehr, er ist sich selbst radikal fremd geworden. Ersatz schafft ein funktionelles Gegenüber.

Camus erzählt in einer Episode seiner Erzählung »Der Fremde« (1942) die Liebesparabel vom Mann und seinem Hund. Sie scheinen unzertrennlich zu sein, der alte Mann und sein Hund. Nach dem Tod seiner Frau ist sich Salamono »sehr verlassen vorgekommen« und hat sich deshalb einen Hund angeschafft. Sowenig er sich mit seiner Frau verstanden hat, sowenig versteht er sich nun mit seinem Hund, doch an beide hat er sich gewöhnt. Die Frau und der Hund sind Salamonos Überlebensprogramm, sie sind austauschbar. Die Liebe ist wahrhaft ›auf den Hund‹ gekommen. Der alte Salamono beschimpft und tyrannisiert seinen Hund, den er zärtlich mit der Flasche selber aufgezogen hat. Ein wahres Hundeleben hat der Spaniel bei seinem Herrn verbracht und ist darüber so alt wie dieser geworden – und so krank wie die Liebe des alten Mannes. »Der Spaniel hat eine Hautkrankheit, ich glaube den Brand; er verliert dabei fast alle Haare und ist voll brauner Flecken und Schorf. Weil die beiden dauernd in einem kleinen Zimmer zusammenhausen, sieht der alte Salamono aus wie sein Hund. Er hat rötliche Flechten im Gesicht und schütteres gelbliches Haar. Der Hund wiederum hat von seinem Herrn dessen gebeugte Haltung angenommen, indem er Schnauze und Hals nach vorne streckt. Sie scheinen ein und derselben Rasse anzugehören und können doch einander nicht ausstehen.« Eines Tages allerdings ist der alte, kranke Hund weg, er hat sich von der Leine losgemacht, um wenigstens in Freiheit zu sterben.

Camus' absurde Beziehungsgeschichte vom alten Salamono und seinem Spaniel ist salomonisches Gleichnis einer neuen Liebesgrausamkeit: der hündischen Liebe beim Menschen. Die innere Einsamkeit und Verlassenheit führt zur verzweifelten Abhängigkeit und zum Aneinanderkleben. Ein maßloser Hunger nach Nähe herrscht, nach Umsorgung, steter Präsenz des anderen.

Das Klammern und Kleben in der Liebe verletzt, weil es gefühllos und mechanisch ist, die Intimsphäre des anderen und ist daher verwundend, aggressiv und böse. Wer, wie Artaud darlegt, »unfähig ist, sich mit irgend etwas zu beschäftigen« und seiner Existenzangst ausgeliefert ist, dem sind die ständigen Liebesbeweise letzte Rettung vor Einsamkeit und Verzweiflung. Artaud geht noch einen Schritt weiter und sagt: »Man schlägt sich, ja ich glaube, daß man sich in Wirklichkeit schlägt.« In der Geschichte von dem Mann und seinem Hund äußert sich der Ekel vor dem, was immerzu da ist. »Du Aas, du Schweinehund«, schreit der alte Salamono seinen Hund an und gesteht »in verhaltener Wut: ›Immerfort ist er da!‹« Der Kampf der Geschlechter ist im zwanzigsten Jahrhundert zum Klammerkampf geworden. Er ist ein geläufiges Symptom in modernen Ehen, ebenso die Scheidung im Alter, um wenigstens – so wie Salamonos Hund – den Lebensabend in Freiheit zu verbringen.

Das Fortschrittsprogramm des Jahrhunderts führt zu Höhenflügen, Höchstleistungen, Rekorden, Überschallwünschen und Extrembefriedigungen. Der Sex hebt ab. Nur im Lieben geht nichts aufwärts. Ausgerechnet im ureigensten Triebgeschehen hebt der Mensch nicht ab. Der Liebesrausch trägt nicht mehr, das

Hochgefühl endet allzu rasch, anstatt ein Leben an der Seite des Du zu beflügeln.

An der Liebe liegt es nicht. »Die Liebe«, so Franz Kafka, »ist so unproblematisch wie ein Fahrzeug. Problematisch sind nur die Lenker, die Fahrgäste und die Straße.« Die Verhältnisse taugen nicht für die Liebe. Bei aller Lust am Mehr, an Verbesserungen, Steigerungen, Optimierungen ist das Automobil der Seele auf der Strecke geblieben.

Die Hochgeschwindigkeiten in den modernen Zeiten, das rasante Tempo beim Versuch, neue Handlungsspielräume zu erschließen, hat seine Konsequenz: den Rückstoßeffekt. Die Passagiere werden beim Start ins zwanzigste Jahrhundert in ihre Sitze zurückgedrängt, Trägheitsgesetze wirken. Die Gefühle hängen dem Geschehen weit hinterher. Unter den Ansprüchen des Möglichen sind sie unter Druck geraten, Steine liegen dem Menschen auf der Brust, der Atem ist abgeschnürt, Enge und Ängste folgen. Das Lieben hält nicht Schritt mit der Rekordgeschwindigkeit des Fortschritts. Es braucht Zeit, braucht viel länger als das entgrenzende Denken.

Wie ist der Mensch, der aus dem neunzehnten Jahrhundert kommt, erzogen, und wohin bricht er auf? Was wird aus Moral, Prüderie, Sittenzwängen, bürgerlicher Normierung und Kanalisierung der Gefühle? Man muß sich den raketenhaften Aufstieg der Emanzipationsgedanken vor Augen halten, um die Chancen im neuen Lieben ermessen zu können. Ekstase, Rausch, Exzeß und orgiastische Weitung: sie prallen auf Panzercharaktere, verkrüppelte Militaristen, Preußenbegeisterte. Wie wahnwitzig der Umbruch ist, zeigt am eindrücklichsten die zeitgenössische Verteufelung der Onanie und die Sprengung aller Tabus in der ersten sexuellen Revolution.

Um die Jahrhundertwende wird in Aufklärungsbüchern wie dem »Ratgeber für Eheleute und Erwachsene beiderlei Geschlechts« von Dr. med. J. F. Albrecht aufschlußreich vor der sogenannten Selbstbefleckung gewarnt: »Die furchtbaren Folgen der Onanie sind zunächst Erbleichen der Gesichtsfarbe, blaue Ringe um die Augen, Ermatten, Schwinden der Kräfte im allgemeinen, Schwäche in Schenkeln und Füßen und in den späteren Jah-

Egon Schiele: »Liebespaar« (1914/15):
Zwei Verzweifelte umklammern sich, blicklos. Diese ›klebrige‹ Liebe entsteht aus der Unfähigkeit des modernen Menschen, allein mit sich zu sein, sie ist die Flucht vor seiner existentiellen Einsamkeit.

ren mancherlei Lähmungen, bedeutende Ernährungsstörungen, Schwindsucht der verschied. Organe.«

Die Verdammung der Onanie ist bezeichnenderweise eine Errungenschaft der bürgerlichen Liebe. Der gefeierte Arzt Tissot hat zum ersten Mal einen angeblich medizinischen Fall von Onanie beschrieben. Er berichtet von einem Pariser Uhrmacher, der im Alter von siebzehn zu onanieren begann und zum eigenen, immer schneller laufenden Uhrwerk seiner Wollust wurde, bis er – auf Stroh darbend, ein einziger Ausfluß – mit zweiundzwanzig Jahren verstarb. Rousseau hat Tissot zu seiner Diagnose beglückwünscht, und sogar der libertine Comte de Mirabeau bekleidet seine Stieftochter, die er zu seiner Geliebten erzieht, in der Pubertät mit einem Keuschheitsgürtel, um ihr die Masturbation zu vereiteln. Vor allem die philanthropische Erziehung (Pestalozzi, Salzmann, Campe) nimmt sich damals des Tabus der ›masturbatio‹ an und verankert sie in der Erziehung. Um diese einschneidende Zäsur in der Geschichte der Gefühlskultur in Erinnerung zu rufen: Eltern werden damals angeleitet, die Geschlechtsorgane mit »Bah«, »Pfui« und anderen pejorativen Ausdrücken zur Vorbeugung gegen Selbstbefriedigung zu besetzen. Betroffen davon sind die nachgoetheschen Generationen, vor allem die Frühromantiker, die nicht umsonst die Einheit von Körper und Geist neu proklamieren und die philanthropische Erziehung in Grund und Boden verdammen. Um 1800 hat sich die Erziehungsmethode noch verschärft. Von nun an herrscht die Ignoranz dem Geschlechtlichen gegenüber, schweigend sieht man in der Erziehung über die Geschlechtsorgane hinweg und verhängt über sie das Tabu.

Verwurzelt im radikalen Protestantismus, bildet sich also im achtzehnten Jahrhundert ein neuer Umgang mit dem Körper heraus, der sich bis ins zwanzigste Jahrhundert hinein weiterentwickelt: es entsteht eine »sexuelle Mentalität«. Der Befreiungsschlag im Lieben fordert – angesichts der Bedingungen – die sexuelle Revolution geradezu heraus. Welche Höchstleistungen sie in kürzester Zeit vollbracht hat, beschreibt der Romancier Franz Werfel in seinem Roman »Barbara oder die Frömmigkeit« (1929). Er spielt am Ende des Ersten Weltkriegs und schildert einen historisch verbrieften Sexrevolutionär: »Der Priester Astaroths, der Verkünder eines Tausendjährigen Reiches der erlösten Lust, lebte in Zimmer und Küche, soweit man ein luftloses Loch mit zerbrochenen Hoffenstern Küche nennen kann. Aber nicht die Armut war es, die … abstieß … Es war der Schmutz, die Verwahrlosung, das Hoffnungslos-Unmenschliche, das sich in dieser Wohnhöhle überall kundtat: Zerstörte Betten, ungescheuerter Fußboden, umherliegende Kleider, Wäschestücke, Stiefel, ein Chaos von Tassen, Gläsern, Flaschen, Büchern und Papieren. Hier hauste Gebhart mit Lisa. Dieses ›mit‹ darf aber nicht zu hoch genommen werden, denn die verdrossene schwerbelastete Person spielte nur den Vorstand der übrigen weiblichen Klientel. Bis auf Angelika und Lisas Schwester, ein sechzehnjähriges, von uralter Traurigkeit gebeugtes Mädchen, wechselte die Gesellschaft häufig. Fast allnächtlich herbergte hier eine neue Erscheinung, die sich auf den Fußboden hinlegte. Die Mitglieder dieses Frauenordens glichen einander alle aufs Haar in ihrer Reizlosigkeit und Vernachlässigung. … Wer aber in dieser Wohnung babylonische Vorgänge gewittert hätte, wäre sehr im Irrtum gewesen. Ein merkwürdiges Sodom und Gomorrha war hier aufgeschlagen. Es erschöpfte sich in einem endlosen Geschwätze. Weit vorgebeugt, verklärt, saß der Raubhahn unter seinen Hennen und warf ihnen Worte wie Körner zu. ›Beziehungen‹ wurden untersucht, verfolgt, ergründet, anerkannt und verworfen. Ernsthafte Sitzungen galten der Frage, ob das neue Verhältnis Angelikas zu diesem oder jenem der inneren Wahrheit gemäß abgelaufen sei, ob ein Liebeswechsel einzusetzen habe oder nicht. … Gebharts tiefschürfendes Urteil galt … diesen armen, aus dem Nest gefallenen Wesen als unwiderrufliche Offenbarung. Er regelte den Ablauf der Liebe, damit sich in keine Beziehung Lüge und Gewalt einschleiche.«

Unter dem Namen Gebhart ist hier Otto Gross portraitiert, Paradefigur der ersten sexuellen Revolution und Schöpfer des neuen Schlüsselbegriffs ›Beziehung‹. Seine Lehre und Lebensweise wiederholt sich in der zweiten sexuellen Revolution der sechziger und siebziger Jahre bis ins Detail; sei es in der Demontage bürgerlichen Ordnungssinns oder der Selbststilisierung revolutionärer Gurus. Verändern wird sich nur der heilsgeschichtliche Hintergrund. Das beginnende Jahrhundert ereifert sich in religiösen oder pseudoreligiösen Erlösungsangeboten. Ihre sozialrevolutionäre Untermalung wird fünfzig Jahre später die Studentenbewegung in Berkeley, Berlin und Paris prägen. In beiden Phasen aber geht es um Projekte neuer Gesellschaften, um Aufbruch in konkrete Utopien, um Ichentwürfe und Fluchtwege der Menschen im technischen Zeitalter.

Der Grazer Otto Gross, Sohn des Begründers der modernen Kriminalistik Hans Gross, wächst auf als ein bestauntes Wunderkind und wird durch Privatlehrer und -schulen zur Entfaltung seiner Persönlichkeit angeregt. Nach Medizinstudium, Promotion, Habilitation und intensiver Auseinandersetzung mit der Psychoanalyse Freuds wird er Schriftsteller. In Theorie und Praxis vertritt Gross eine Ethik zur Befreiung des Menschen, die auf ungebundener und freier Liebe basiert. Die Schranken von Treue und Eifersucht sollen eingerissen und autoritäre Bevormundungen abgeschafft werden. Orgiastisches Erleben, Sexualität ohne Besitzrecht, Bewußtseinssteigerung, Befreiung aus Vaterrechtszwängen, rauschhaft-ekstatische Erhebung sind kennzeichnend für sein Denken. Diese Ethik religiöser Sexualität ist an rituelle Traditionen wie den Astartekult im alten Babylon zurückgebunden und zugleich durch die Zukunft der Wissenschaften begründet. Als Psychiater ist Gross auf dem wissenschaftlichen Stand seiner Zeit. Zwischen Schwabing und Ascona, den damaligen Zentren der Alternativkultur, wird er nicht nur von den sogenannten »Kunstweibchen« gefeiert. Auch Sigmund Freud, der ihm an sich ablehnend gegenübersteht, behauptet einmal, unter seinen Schülern und Freunden seien nur C. G. Jung und Otto Gross wirklich originelle Denker.

Gross hat seine ekstatischen Höhenflüge nicht überlebt. Orgien werden ihm nachgesagt, Drogenmißbrauch, rituelle Zusammenkünfte, Kommuneleben und Sympathie für den Kommunismus. Anarchisch hat er Mehrfachbeziehungen gelebt, eine Ehe und alle Formen verbindlicher und unverbindlicher Liebe. Seine Geliebten Lotte Hatemer und Sophie Benz begehen in Ascona Selbstmord, Frieda Weekly trennt sich unter seinem Einfluß von ihren Mann, um mit D. H. Lawrence zusammenzuleben. Mit der Dichterin Regina Ullmann hat er ein Kind, ein weiteres, im Geburtsjahr seines ehelichen Sohnes, von Else Jaffé – der Gattin des Nationalökonomen Edgar Jaffé, kurzzeitig Finanzminister und ein Freund von Max Weber. In dem Roman »Links, wo das Herz ist« nennt der Schriftsteller Leonhard Frank den Revolutionär in seiner Lebenstragik Doktor Otto Kreuz. 1913 wird Gross in Berlin als ›gemeingefährlicher Geisteskranker‹ interniert und entmündigt, auf Veranlassung seines ihm verhaßten Vaters. Pressekampagnen werden zu seiner Verteidigung inszeniert, Schriftsteller und Linksintellektuelle feiern ihn als einzigartigen Psychoanalytiker und Philosophen. Doch in seiner Revolte gegen die Väter unterliegt er, an ihm tobt sich die herrschende Moral aus. Gross wird von Irrenhaus zu Irrenhaus verschickt, sein Fall geht bis vor den deutschen Reichstag. 1920 findet man ihn auf dem Lagergelände in Berlin-Pankow halbverhungert mit einer Lungenentzündung und Entzugserscheinungen. Wenige Tage darauf stirbt er.

Das Wagnis von Otto Gross übertrifft alle damaligen ›Flugversuche‹. Aus der Prüderie der Väter direkt in die Welt der Söhne abzuheben, aus den gesellschaftlichen Tabus geradlinig auf eine offene Gesellschaft zuzusteuern, rigoros den freien Flug des Ichs zu versuchen: das bricht alle Rekorde. Doch kein Ehrenmal hat dieser Wahnsinnige, weil Waghalsige erhalten. Solche Gräber sind den Söhnen vorbehalten, die damals auf Geheiß der Väter in Kriegsjubel ausbrechen. Der Aufstand gegen die Väter führt zu stets neuen Bruchlandungen in diesem Jahrhundert: zum Faschismus, zur Adenauer- und Ulbrichtgesellschaft, zum weltweiten Konservatismus der achtziger und neunziger Jahre.

Die heutige Mediengesellschaft vertritt die Potentiale der Jugend: Abenteuerlust und Risikobereitschaft, triebhaftes Verlangen und Kauflust. Seit der elektronischen Revolution feiert sich das Erneuernde, stets andere, Ekstatische. Sind die Superrekorde und Megaleistungen der Informationsgesellschaft die realistische Einlösung der Befreiungschläge der Moderne und ihrer entfesselten Liebe?

Wann erlebt die moderne Gesellschaft den Tanz Zarathustras und feiert das Leichtlebendige, Schwerelose und Fliegende? Ist Ikarus im Medienzeitalter unterwegs? Der Sohn, der Berauschte, der die Flügel ausbreitet, vor Lust schreit und losfliegt, ekstatisch den Raum genießt und den Rausch von Sommerwärme, Sonne und Himmeln. Die Väter sagen, daß er in seinem Übermut die Sonne fast berührt habe und mit geschmolzenen Flügeln abgestürzt sei. Sie halten seinen Vater Daedalus dagegen, der die Wärmeströme der Luft genau beobachtet und sich überlegt in der kühlen Luftschicht gehalten habe, das Mittelmaß wählte und wohlbehalten ankam. Im Leben mag das so zugehen, aber in der Liebe? Was sagt der Übersetzer der Antike in die Moderne, Friedrich Nietzsche, dazu?

Die Geschichte des zwanzigsten Jahrhunderts ist von drei geistigen Entwürfen bestimmt worden: Kommunismus, Faschismus und Reformbewegung. In allen drei Denkrichtungen geschieht irgendwann die Begegnung mit Friedrich Nietzsche. So viele blendende Denker das Jahrhundert hervorgebracht hat: die Faszination von Zarathustras Tanz, dem Tanz der Lebensleichtigkeit, ist einmalig – so einmalig, wie die Liebe selbst, der Nietzsche sein Denken abgeschaut hat, in wechselnder Ergänzung von Selbst- und Leseerfahrung.

Nietzsches Wirkung setzt nach seinem Tod im Jahr 1900 ein. Sie breitet sich schlagartig aus und ist nicht hoch genug einzuschätzen, trotz der bösartigen Entstellungen seines Werks. Sie gehen bekanntlich zu Lasten seiner Schwester Elisabeth, verheiratete Förster, deren Gatte in Paraguay eine völkisch deutschblütige Rassezucht organisiert hat. Als sie 1935 stirbt, läßt Hitler ihr zu Ehren die Räder der Nation stillstehen, befiehlt Volkstrauer und bestattet sie mit Pomp. Sein Dank ist angemessen. Sie hat ihm Schützenhilfe gegeben und die Schriften ihres Bruders derart demontiert und ummontieren lassen, daß Zarathustra plötzlich zur Erziehung von Kanonenfutter und als Kriegsfeldlektüre taugt. Aus dem Persönlichkeitsentwurf des Übermenschen im Menschen ist der Rassegermane geworden, daraus abgeleitet die Legitimation technokratischer Menschenmassenschlachtung.

Was hier völkisch verkrüppelt wird, ist ein neuartiger Entwurf vom Umgang des Menschen mit sich selbst. In der klassisch-humanistischen Bildung verwurzelt, konzipiert Nietzsche eine Vision von individueller Entfaltung. Er befreit das Denken von goethisch-hegelianischen Verschönerungen eines Daseinsschmerzes, den zu analysieren er in einer lebenslangen Krankheit genügend Gelegenheit hat. Radikal revidiert er das beschönigte Bild der Natur, die damals noch mit dem der Antike identifiziert wird. Mit Nietzsche und Bachofen wird die schöngeredete heile Welt der Antike eingesargt. Entworfen wird die Lebenskunst, mit einem furchtbaren Dasein umzugehen.

Nietzsche legt die kulturell verheimlichte Grausamkeit der Natur offen und zeigt, wie in der Kunst der Griechen der Schrecken gebannt und ein Unaussprechliches ästhetisiert wird. Dasein erscheint damit als Kampf, aber an erster Stelle als Kampf eines jeden mit sich selbst, als der Schrecken der eigenen Existenz. Als Philosophie des Schmerzes und seiner Überwindung ist Nietzsches Denken für das zwanzigste Jahrhundert und seine Leistungsrekorde wie maßgeschneidert. Er erkennt den Kraftakt, sich auch im Schmerz anzunehmen. Wer es sich aber zur Aufgabe macht, diesen existentiellen Zustand nicht zu verdrängen, sondern zu bejahen und in Selbstliebe zu leben, den nennt Nietzsche Übermensch. Er ist nicht mehr als jedes hinfällige Menschenwesen und eine der Natur ausgelieferte Kreatur, doch er erträgt dieses Wissen. Der Übermensch unterscheidet sich allein darin vom Durchschnittsmenschen, daß sein Horizont weiter, sein Erleben tiefer, sein Sehen intensiver ist. Zarathustra heißt der Mensch, der das Heilige in sich lebt und den innersten, existentiellen Bedürfnissen frönt, anstatt sich der Oberflächlichkeit philiströser Scheinlebendiger anzupassen. Auch hat dieser Übermensch seine existentielle Lebenstiefe nicht als Besitz, er erwirbt sie immer wieder neu. Er ist der Wiederkehr eines immer Gleichen ausgeliefert und der ewig neuen Erschaffung seiner selbst. Zarathustra steht für einen Zustand, ist keine geistige Immobilie mit Wertzuwachs. Doch die Mühe, seine ›Lust am Ich‹ immer wieder anders zu verwirklichen, lohnt nach Nietzsche. Möglich wird so ein lebensleichtes Dasein.

So bekannt diese Überlegungen seit Platon und Dante sind, Nietzsche liefert eine völlig neue Übersetzung dieser traditionellen Inhalte. Die Diagnose, die er der Moderne stellt, ist zwar die berühmte Feststellung, daß Gott tot sei. Nietzsche meint aber damit kein Programm und keine Attacke gegen religiöses Denken, er schildert einfach, wie es um das Bewußtsein seiner Zeitgenossen bestellt ist. Der Glaube an einen waltenden Weltregisseur fehlt in der innersten Gewißheit und damit auch der Trost über die Verletzungen, die der Mensch tagtäglich in seinem Lebenskreis erfährt. Das ist der Zustand, aus dem heraus Artaud schreit: »Ich bin verzweifelt vor Einsamkeit! Ich bin einer Frau bedürftig, die mich meiner selbst enthebt!« Wo der Mensch so allein einem Nichts gegenübersteht, keinen Vater, keine Mutter und keinen lieben Gott mehr hat, da bleibt ihm nur zweierlei: Entweder er stürzt in die Arme eines Gegenübers, um sich und sein Alleinsein zu vergessen. Oder er hält die Leere aus, erträgt seine furchtbare Verlassenheit und wird dadurch sein eigener Übermensch in einer Selbstliebe, die erst zur Liebe erzieht.

Nietzsche unterscheidet also zwei Arten von Liebe. Die eine verhilft zur Flucht vor sich selbst und vor seinem Da-sein. Die andere dagegen ermöglicht es, seinen Konflikten standzuhalten und mehr vom Leben zu haben. Das eine ist eine Liebe aus dem persönlichen Mangel heraus, das andere eine Liebe aus dem persönlichen Überfluß.

Wenn »sich ein Heiliger und eine Gans miteinander paaren« und »eine kleine geputzte Lüge« zeugen, die als Ehe bezeichnet wird, spricht daraus nicht, fragt Zarathustra, »die Notdurft? Oder Vereinsamung? Oder Unfriede mit dir?« »Viele kurze Torheiten – das heißt bei euch Liebe. Und eure Ehe macht vielen kurzen Torheiten ein Ende, als *eine* lange Dummheit.«

Empört ist Zarathustra über solche Ehen, die der Sarg der Liebe sind: »Das, was die Viel-zu-vielen Ehe nennen, diese Überflüssigen – ach, wie nenne ich das? Ach, diese Armut der Seele zu zweien! Ach, dieser Schmutz der Seele zu zweien! Ach, dies erbärmliche Behagen zu zweien!« Wer diesem ehelichen Liebesschmutz nicht sein Leben weihen will, der beachte nach Nietzsche zweierlei: Erstens, die Reife des andern: »Allzulange war im Weibe ein Sklave und ein Tyrann versteckt. Deshalb ist das Weib noch nicht der Freundschaft fähig: es kennt nur die Liebe« der »Viel-zu-vielen«, jene kleine geputzte Lüge Ehe. Die Frau muß mehr als eine »Gans« sein und sich emanzipieren, bevor sie »Lust am Ich« erfahren kann. Zweitens, die eigene Reife: »Der Umgang mit Menschen verdirbt den Charakter, sonderlich wenn man keinen hat.« Schlußfolgerung daraus ist »die kleine Wahrheit«, die zum geflügelten Wort geworden ist. Nietzsche legt sie bezeichnenderweise nicht Zarathustra in den Mund sondern einem alten Weiblein: »Du gehst zu Frauen? Vergiß die Peitsche nicht!« Im Kontext erschließt sich also ein völlig anderer Sinn, als der, der dem vermeintlichen Herrenreiter Nietzsche unterschoben worden ist. Er meint: Wenn du zu einer Frau gehst, die hündisch und klammerhaft liebt, dann vergiß die Peitsche nicht!

Es ist äußerst aufschlußreich, sich Nietzsches Formulierungen hier genauer zu betrachten. Die unemanzipierte Frau, die »Gans«, lehnt er ab, weil in ihr »ein Sklave und ein Tyrann versteckt« seien. Nietzsche verurteilt also zwischenmenschliche Beziehungen nach dem Muster Henker und Opfer, Herr und Knecht. Gerade solches wird ihm aber gewöhnlich unterstellt und damit der Herrenmensch des zwanzigsten Jahrhunderts begründet, der Elitegedanke. Zumindest bis zu seiner mittleren Schaffensperiode und dem Buch »Also sprach Zarathustra. Ein Buch für alle und keinen« (1883–85) tritt Nietzsche für gleichberechtigte Beziehungen zwischen selbständigen Individuen ein; er verachtet die »Viel-zu-vielen«, »Überflüssigen« und »Mittelmäßigen«, die Liebe als Flucht vor dem Eigenen. Es gibt für Nietzsche keine andere wirkliche Liebe als den Lebenstrieb, der eine Individuation ermöglicht. Deshalb will er auch den Liebenden als einen Krieger, der sich gegen jenes »erbärmliche Behagen zu zweien« auflehnt.

Aus diesem Gedanken der Überwindung folgt Nietzsches zweite, eigentliche Auffassung von Liebe. Zarathustra nennt die Liebe eine »Fackel ..., die euch zu höheren Wegen leuchten soll«. »Über euch hinaus sollt ihr einst lieben! So *lernt* erst lieben! Und darum mußtet ihr den bittern Kelch eurer Liebe trinken. Bitternis ist im Kelch auch der besten Liebe: so macht sie Sehnsucht zum Übermenschen, so macht sie Durst dir, dem Schaffenden!«

Lieben, befriedigender Art, will also gelernt und geschaffen werden. Zuerst muß man die Bitternis kennen, bevor man sie übersteigen kann, zu denken ist an die Selbstquälereien von Liebenden, auch an die bittere Liebe von Salamono und seinem aussätzigen Hund. Doch auch sich selbst muß man kennen, um in der Liebe nicht zu fallen. Beides lehrt der »Garten der Ehe«, er prägt eine grundlegende Tugend aus: den Egoismus. Nietzsche hält es für einen »schauderhaften Unsinn, daß die Liebe etwas ›Unegoistisches‹ sein soll ... Man muß fest auf *sich* sitzen, man muß tapfer auf seinen beiden Beinen stehn, sonst *kann* man gar nicht lieben!« Ein Ehestreit wirkt demnach Wunder, zwingt, sich auf sich selber zu besinnen, zu seinen eigenen Bedürfnissen zu stehen und sich als ganze Person zu entwerfen. Nur wer mit sich selbst zufrieden ist, kann dem andern das schenken, was Nietzsche die Liebe heißt.

Echte Liebe setzt zwei selbständige Personen voraus, die beide gelernt haben, ihre Einsamkeit auszuhalten, Alltag und Ärger in ein bejahendes Lebensgefühl umzuwandeln. Voraussetzung dafür ist die Selbstliebe: »Man muß sich selber lieben lernen – also lehre ich – mit einer heilen und gesunden Liebe: daß man es bei sich selber aushalte und nicht umherschweife.« Diese Selbstliebe bedarf jedoch immer auch eines Gegenübers, denn, so Nietzsche in einem Brief, »man hört auf, sich selber *recht* zu lieben, wenn man *aufhört* sich in der Liebe zu andern zu üben: weshalb dies letztere (das Aufhören) sehr zu widerraten ist. (Aus meiner Erfahrung.)« Nur wer liebt, kann sich als Übermenschen erfahren und den Tanz Zarathustras tanzen. Aus sich herausgehen, sich entgrenzen kann nur, wer Grenzen kennt. Nur er kennt »die Leichte«.

Die Peitsche, mit der Nietzsche denkt, gilt allen Verächtern der Selbstliebe und echten Liebe. Und warum sollte man ihnen gegenüber nicht als Herrenreiter auftreten? Warum sollte man nicht »kriegstüchtig« gegen Verlogenheit, Speichelleckerei und gegen die »Überflüssigen« angehen, die mit gebrochenem Rückgrat schon im Leben tot und »selbstgerecht« in ihrem Stumpfsinn sind, wie Nietzsche sagt?

Der Rausch, den die materiellen Werte ermöglichen, ist ein anderer als der des tanzenden Zarathustra und seines Höhenflugs. Im günstigen Fall machen sie die Langeweile erträglich. Das Schlagwort, das Nietzsche berühmt gemacht hat, das Dionysische, ist kein Zustand von dieser Welt. Abgeleitet von Dionysos, dem Gott des Weines und Rausches, steht dieser Begriff für das Ekstatische, Orgiastische. Aber wie ist Nietzsches Differenzierung zu verstehen, die Unterscheidung zwischen dem Tanz Zarathustras und der Weinseligkeit der »Mittelmäßigen«, zwischen »Leichte« und »Schwere« im Rausch?

Für Nietzsche ist Rausch nicht Rausch, Fliegen nicht Fliegen. Ein gewisses Etwas, ein unerklärlicher Rest und ein Funken anderes trennt die Höhenflüge des Menschen von dem, was möglich wäre. Die Liebe meistert diesen Unterschied. Sie macht aus trägen Körpern Menschen, die im Hochgefühl unterwegs sind und vor Anmut sprühen. Jeglichen Scheinlebendigen verzückt die Liebe zum Kunstwerk. Sie haucht noch Monströsem Atem ein und erschafft eine göttliche Welt: das Leichte und den Lebensflug. Ist erst Leichte im Lieben, könnte ein neues, menschengemäßes Zeitalter beginnen. Die Liebe und die unerträgliche Leichtigkeit des Seins lösten das Projekt der Moderne im Alltag ein und machten aus einer Erlebniswirklichkeit Wirklichkeit.

Ist die Moderne nicht ausgezogen, das Mögliche zu erreichen? Was ist möglich auf dem Gebiet der Liebe? Und was ist die Wirklichkeit? Nietzsche, der Philosoph, ist in traditioneller Spekulation verblieben. Wo aber führt die Neugierde auf Lebenstrieb, auf Phantasien, Träume und das Irrationale naturwissenschaftlich hin? Eine Generation nach Nietzsche stellt sich Sigmund Freud diesen Fragen und entwirft die Jahrhundertwissenschaft der Psychoanalyse.

Als Mediziner, der sich auf Nervenkrankheiten spezialisiert, wird Freud mit einem Symptom konfrontiert, das den medizinischen Begriff ›Nervosität‹ erhält und breit diskutiert wird. Konstatiert werden Überreizungen, auf die der einzelne mit inneren Widerständen antwortet, gesteigert durch die Anforderungen der Selbstkontrolle und der uniformen Rollenzwänge. Die Symptome drücken sich modellhaft bei Frauen aus, die in ihrer bürgerlichen Rolle als passiv Ertragende besonderen Zwängen unterliegen. Eingeschnürt in Mieder und Korsett, fehlt ihnen auch seelisch die freie Luft zum Atmen. In ihrer Unterdrückung rebellieren sie durch eine erst seither berüchtigte Frauenkrankheit, die die Ärzte damals unter dem neuen Terminus ›Hysterie‹ diagnostizieren. Vor allem durch Hypnose ist versucht worden, Kontakt zu jenem Bereich in der Psyche aufzunehmen, der diese Anfälle auslöst. Der ›Napoleon der Neurosen‹, der Psychiater und Neurologe an der Pariser Salpêtrière, Jean Charcot, legt bereits Mitte des neunzehnten Jahrhunderts sexuellen Störungen wesentliches Gewicht bei. Doch erst sein Schüler und Übersetzer Freud geht damit an die Öffentlichkeit.

Unbeirrt von allen prüden Anfeindungen, hält Freud seinen fortschrittsbegeisterten Zeitgenossen das Ergebnis seiner praktischen Erfahrungen als Arzt entgegen: Der Mensch ist keineswegs Herr im eigenen Haus. Es gibt eine Triebenergie, Libido genannt, die mächtiger ist als sein überschätztes Ich. Seit Freuds Erkenntnis ist der Geist des Menschen mit dem Dampf über einem siedenden Kochtopf vergleichbar. Im Hexenkessel brodelt ein magischer Saft, regt sich das Triebhafte, die Natur ungebändigter Lüsternheit. Freud sagt, diese Triebbewegungen sind »die des Inzests, des Kannibalismus und der Mordlust«: des Archaischen. Nur eine Dunstglocke darüber bilden Zivilisation und Kultur. Darunter kocht die »Hölle«, die Freud als das Prinzip der Sexualität begreift. Erst in seinen Spätschriften wird er den Schrecken der Sexualität relativieren zugunsten eines Lustprinzips, das nach Vereinigung und Verschmelzungen strebt und der Garant gesellschaftlichen Gemeinwohls ist.

In Freuds bahnbrechenden »Drei Abhandlungen zur Sexualtheorie« von 1905 wird der Sexualität eine weit umfassendere Bedeutung für das Leben des Menschen zugeschrieben als bisher. Die Sexualentwicklung wird durch unterschiedliche Stufen gekennzeichnet, »sexuelle Organisationsstufen«. Entsprechend den Körperzonen Mund, After und Geschlechtsteile werden die Phasen als oral, anal und genital bezeichnet. Die Erfahrungen des Menschen während dieser Phasen entscheiden nach Freud über die Liebesfähigkeit des Erwachsenen. Ausgehend von der engen Bindung an die Mutter oder eine andere erste Bezugsperson durchlebt der Mensch im Idealfall diese Phasen derart, daß er sie bewältigt und sich von den Fixierungen auf die jeweiligen Körperzonen befreit. Da dies kaum je in einer Sozialisation gelingt, ist der Liebende von seinen frühkindlichen Erfahrungen geprägt. Er trägt die Geschichte seiner Sexualität immer mit sich, erscheint als Opfer seiner Sexualität. Ihre Vorgeschichte prägt die Wahl des Partners genauso wie die Formen seiner Liebe und seinen Alltag. Befreiung von dieser Last des Vergangenen ermöglicht allein die psychotherapeutische Behandlung, die das Unbewältigte in den frühkindlichen Phasen zum Vorschein bringt, ihre Überwindung ermöglicht und dem Menschen in diesem Reinigungsakt in Aussicht stellt, seine Gegenwart unbelastet vom Vergangenen, realitätsgerecht, zu leben.

Ausschlaggebend in diesem Prozeß der »Menschwerdung« ist die Bewältigung des Ödipuskomplexes, der frühkindlichen Bindung des Jungen an die Mutter und des Mädchens an den Vater. Da diese Bindungen nach Freud sexuell besetzt sind, stellt die Überführung des sexuellen Wunsches in eine zärtliche Identifikation mit dem jeweiligen andersgeschlechtlichen Elternteil eine entscheidende Krisensituation dar. Gelingt die Bewältigung, besteht die Chance einer vollständigen Ablösung von den Eltern. Andernfalls wird, wie üblich, der Sohn seinen Mutter- und die Tochter ihren Vaterersatz suchen. Ihre Liebesfähigkeit bleibt dann begrenzt, eine besetzte Liebe.

Wie aber gestaltet sich nach Freud die Liebe einer unabhängigen Persönlichkeit, einer starken Ich-Identität? In »Massenpsychologie und Ich-Analyse« legt Freud sein Konzept des Eros dar und schreibt: »Den Kern des von uns Liebe Geheißenen bildet natürlich, was man gemeinhin Liebe nennt und was die Dichter besingen, die Geschlechtsliebe mit dem Ziel der geschlechtlichen Vereinigung. Aber wir trennen davon nicht ab, was auch sonst an dem Namen Liebe Anteil hat, einerseits die Selbstliebe, andererseits die Eltern- und Kindesliebe, die Freundschaft und die allgemeine Menschenliebe, auch nicht die Hingebung an konkrete Gegenstände und an abstrakte Ideen.«

Eros heißt für Freud die Liebe in Form einer befriedeten und zivilisierten Sexualität. Die archaischen Triebgelüste sind hier weitgehend umgeformt und auf die Erhaltung des Lebens ausgerichtet. Doch für diesen Prozeß ist geistige Schwerstarbeit nötig: Die ursprüngliche, archaisch-infantile Sexualität folgt dem ungebändigten Lustprinzip und bedroht das psychische Gleichgewicht. Erst durch die Zielhemmung, die von der Erziehung geleistet wird, entsteht Zärtlichkeit und jene Bindungsfähigkeit, die den Lustmoment überdauert und sich sowohl an Menschen wie an Gegenstände oder an Ideen richtet, also Liebe ist.

Für Freud ist der Mensch demnach von Natur aus archaisches Triebwesen, das erst zur Liebe erzogen werden muß. Liebe ist ein Artefakt der Kultur, wie die Kunst oder wie die Religion. Von Natur aus sind wir Tiere, die sich aufeinanderstürzen und den sexuellen Akt ohne Vorstufen von Verliebtheit vollziehen, gesucht wird nur die körpermechanische Befriedigung, Sättigung in der Lust. Und doch sollen wir, obwohl wir triebhaft sind, freundlich, hingebend, rücksichtsvoll und voller Achtung sogar noch dann sein, wenn wir nicht einmal den Wunsch nach Befriedigung spüren. Ungeachtet unserer biologischen Bedürfnisse fordert der Umstand, daß wir in Gruppen leben und sozial organisiert sind, diese sexuellen Opfer. Die Menschheit hat sich äußere und innere Widerstände gegen die Lust geschaffen, die uns gleichzeitig ermöglichen, diese Widerstände hin und wieder zu brechen: Die Menschheit ist zur Zärtlichkeit erzogen worden, die Zärtlichkeit hat sich perfektioniert als Liebe, die Liebe wiederum schafft Gelegenheiten, der allgegenwärtigen Kontrolle und dauernden Einmischung der Gesellschaft in die Triebbefriedigung in ausgesuchten Momenten zu entgehen. Doch was für ein waghalsiges Spiel ist unter diesen Umständen der Orgasmus! Vom höchstorganisierten Zivilisationsstand stürzt der Liebende in archaische Brunsttiefen. Und sogleich soll er wieder aus dem Schlund der Natur auftauchen und der Gesellschaft mit ihren Zwängen freundlichst zu Diensten sein! Wie stark muß ein Mensch sein, um diese Gegensätze auszuhalten; wie verankert in der Gesellschaft, wie fest seine Persönlichkeit, um sich den Sprung in die Natur leisten zu können und die Angst vor der Tiefe zu ertragen?

Vor diesem Hintergund der Freudschen Konzeption des Eros drängt sich eine Analyse des Orgasmus auf. Sie wird von dem Freud-Schüler Wilhelm Reich unternommen, der vor allem während der sexuellen Revolutionen im zwanzigsten Jahrhundert intensiv gelesen und diskutiert worden ist. Reich und Freud ist immer wieder entgegengehalten worden, daß die Psychoanalyse die Vielschichtigkeit des Lebenstriebes auf den sexuellen Akt hin reduziere, schließlich seien auch Neurotiker zur sexuellen Befriedigung fähig. So treffend der Vorwurf des Reduktionismus insgesamt sein mag, die weitere Geschichte der Psychoanalyse hat hier selbst ent-

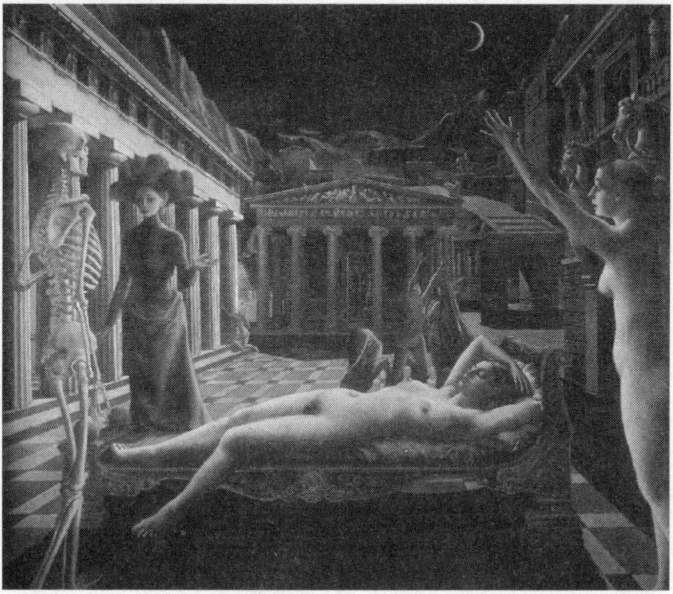

Paul Delvaux, »Schlafende Venus«, 1944
Venus tanzt nicht mehr, sie wacht nicht mehr über den Schlaf des Mars – seit Freud das Unbewußte entdeckt hat, lebt sie nur noch in den Träumen. Und weder Psychoanalyse noch sexuelle Revolution konnten dem Menschen die natürliche Unbefangenheit im Lieben zurückgeben.

scheidende Korrekturen angebracht (schon durch Reich, C.G. Jung und Erich Fromm).

Reich unterscheidet zwei Orgasmen, die er empirisch nachweist und seit dem Geburtsjahr seiner Orgasmustheorie 1923 ausdifferenziert. Der Orgasmus, so Reich in »Die Funktion des Orgasmus« (1942), ist im Idealfall, wie er hervorhebt, »die *Fähigkeit zur Hingabe an das Strömen der biologischen Energie ohne jede Hemmung, die Fähigkeit zur Entladung der hochgestauten sexuellen Erregung durch unwillkürliche lustvolle Körperzuckung*. Kein einziger Neurotiker hat diese Fähigkeit, und die überwiegende Mehrzahl der Menschen ist charakterneurotisch krank.«

Orgasmus im eigentlichen Sinn heißt demnach: sich dem Strömen des Begehrens hinzugeben und in der Lust zu fließen. »Das Genitale der Frau«, so Reich zur physiologischen Grundbestimmung, »wird blutreich und durch reichliche Sekretion der genitalen Drüsen in typischer Weise feucht.« Beim Mann ist die »Erektion … nicht schmerzhaft, sondern an sich lustvoll«. Dagegen ist beim durchschnittlichen Orgasmus des Europäers und Nordamerikaners die Luststeigung abrupt, reißend und schmerzhaft gedrückt.

Die Unterscheidung erinnert deutlich an Nietzsches Darlegungen über das Dionysische und Rauschhafte. Auch er unterscheidet im ekstatischen Erleben zwischen einer »Leichte« und einer »Schwere«. Ebenso spricht Freud in seiner Triebtheorie von einem Lebens- und einem Todestrieb als verneinendem und bejahendem Prinzip. Das verneinende Triebprinzip hat seinen Ausdruck vor allem im Krieg. Landsergeschichten sind hier aufschlußreich. Sie verkürzen in den Schützengräben des Ersten Weltkriegs das Warten auf den Tod. In Franz Schauweckers »Aufbruch der Nation« ist die Liebe so gegenwärtig:

»Das Zimmer ist ganz hell von ihrer weißen Haut, ein bleiches, sammetweiches Licht mit einem Duft von Linden und Holunder mit einem sachten Regen darüber, in welchem ihre Stimme raschelt und flüstert auf den Blättern. Bienen summen dazwischen und tragen ihre Lasten von Honig und Blütenstaub zu ihnen. Es klingt ununterbrochen das ferne Surren der Front, ein unablässiges Trommelfeuer mit seinen Zentnerlasten von Eisen und

Sprengstoff, die sie bei uns abladen mit Rauch und Gepolter. Sie stürzen zusammen und flüstern noch und bewegen die Hände und Augen, stöhnend und umhertastend, und dann sind sie mit einem Male tot und liegen still – eben waren sie noch lebendig und schrien: ›Komm … komm …‹, seufzt sie an seinem Ohr. ›Du bist nur bei mir, nur an mir …‹… bevor sie ihn sieht, biegt er sie sacht und unwiderstehlich zurück; sie fühlt diese sanfte Gewalt wie einen Dolchstich aus Süßigkeit und Schauer, sie wehrt sich, aber sie kann nicht, sie gleitet mit einem zärtlichen Schwindel in eine purpurne Betäubung, die zu kreisen beginnt, rascher, immer rascher. Sie will sich festhalten, aber sie greift an glatte, kristallene Wände, an denen sie keinen Halt findet. Doch diese schwindelnde Bewegung trägt sie, sie braucht sich nicht zu halten. Und da läßt sie sich fallen mit einem langen rinnenden Seufzer, mitten hinein in den kreiselnden Strudel läßt sie sich gleiten. er hebt sie und reißt sie fort in einer Sekunde.

Er fühlt etwas Übermächtiges, es ist wie ein Krampf, ein flammendes Wesen aus Körper und Seele wie in den Trichtern da draußen unmittelbar unter dem verbrennenden Einschlag der Geschosse ringsum. Und da bricht es über ihm zusammen und fährt in ihm hoch, die glühende Explosion, ein feuriger Keim, mitten in sein Herz hineingesetzt, der Stern, der sich öffnet.«

Der Orgasmus beginnt hier als »Dolchstoß aus Süßigkeit und Schauder« und kippt dann in die Phantasie einer Auflösung über, in »kreiselndem Strudel« und »glühender Explosion« ist der Vorgang identisch mit dem Kriegserlebnis »in den Trichtern da draußen unmittelbar unter dem brennenden Einschlag von Geschossen ringsum«. Orgasmus ist hier Kriegsfeuerwerk. Ausführlich hat die Todespropaganda in Landsergeschichten Klaus Theweleit analysiert, in den »Männerphantasien« (1977) kommentiert er zu Schauweckers Schilderung: »Das ist *keine* Orgasmusmetaphorik. Hier ist kein Durchgang, hier ist ein Ende; nicht Spannung-Entspannung, sondern Spannung-Explosion. Furcht vor und Sehnsucht nach diesem Ende halten sich die Waage.« Hier ist kein orgiastisches Schweben ins Paradies, hier ereignet sich ein Sturz in einen Abgrund und ein gewaltsames Geschehen, eine zerreißende Explosion und kein befriedigendes Strömen.

Was für ein todessüchtiger Monumentalorgasmus! Ein Beispiel für den bejahenden Lebenstrieb im Lieben gibt James Joyce. Statt der Bruchlandung des Landsers wird in »Ulysses« (1922) abgehoben: »wenn ich mich bloß noch an die Hälfte der Sachen erinnern könnte … sie ist aber auch soviel weicher dann die Haut eine gute Stunde war er dran das weiß ich bestimmt weil ich auf die Uhr wie ein ganz großes Kind was ich an mir hatte sie müssen unbedingt alles in den Mund haben die Männer die ganze Lust die sie aus einer Frau rausholen ich kann seinen Mund jetzt direkt wieder fühlen o mein Gott ich muß mich strecken ich wollte er wäre da jetzt oder irgendwer mit dem ich mich gehen lassen könnte und nochmal so kommen ganz wie Feuer ist mir innerlich oder wenn ich träumen könnte wie er mich das 2temal hochgebracht hat indem daß er mich hinten in einer Tour mit dem Finger gekitzelt ich bin glatt 5 Minuten lang gekommen meine Beine um ihn geschlungen ich mußte ihn mit der Hand hinterher o mein Gott ich wollte immerzu alle möglichen Sachen schreien Ficken oder Scheiße oder sonst so was bloß daß ich ja nicht häßlich aussehe mal oder die Falten von der Anstrengung wer weiß wie er das aufnehmen würde man will sich ja doch einfühlen mit einem Mann nicht alle sind so wie er Gott sei Dank paar von ihnen wollen daß man ganz zart und lieb dabei ist ich hab den Unterschied gemerkt er macht seine Sache und redet kein Wort dabei und ich hab den bestimmten Blick in meine Augen gebracht und das Haar bißchen aufgelöst von der Wälzerei und die Zunge zwischen den Lippen hoch zu ihm der wilde Kerl Donnerstag Freitag eins Samstag zwei Sonntag drei o mein Gott ich kann nicht mehr warten bis Montag«.

In fließender Rede, gegen den Strich von Syntax und Regeldenken, strömt hier ein Lustlauf des Begehrens. Keine große Sache wie im Landserroman ist der Orgasmus. Er ist selbstverständlicher Teil des Lebensverlaufs, wirkt im Spiel der Erinnerung recht freundlich. Molly, erdmütterliche Lebensinkarnation in »Ulysses«, nimmt das Leben, wie es ihr einfällt, im Denken und Tun, ohne Beschönigung, ohne Mystifikation. In Distanz gegenüber dem andern während des Geschlechtsakts, kann sie sich »gehenlassen« und schweben.

Auch Erich Fromm unterscheidet zwischen diesen Lebens-

und Liebesarten, er faßt den anthropologischen Sachverhalt unter dem Begriffsgegensatz biophil – nekrophil zusammen: »Es gibt psychologisch und moralisch keinen schärferen Gegensatz als den zwischen den Menschen, die das Tote, und denen, die das Lebendige lieben, zwischen den *Nekrophilen* und den *Biophilen*. ... Wörtlich bedeutet ›Nekrophilie‹ ›Liebe zum Toten‹ (so wie ›Biophilie‹ ›Liebe zum Lebendigen‹ oder ›Liebe zum Leben‹ bedeutet). Der Begriff bezeichnet gewöhnlich eine sexuelle Perversion, nämlich den Wunsch, den toten Körper (einer Frau) zum Geschlechtsverkehr zu besitzen, oder den krankhaften Wunsch, sich in der Nähe eines Leichnams aufzuhalten. ... Aber – wie dies oft der Fall ist – vermittelt auch eine solche sexuelle Perversion nur ein unverhüllteres und deutlicheres Bild von einer Orientierung, wie man sie ohne sexuelle Beimischung bei vielen Menschen findet.«

Nach Fromm enthält auch die Anbetung von Höchstleistungsmaschinen, Superfightern oder allgemein Monumentalem einen starken nekrophilen Einschlag. Im zwanzigsten Jahrhundert findet dieser Hang in den Begeisterungsausbrüchen für zwei Weltkriege und in der Verherrlichung der Kernkraft sein Ventil.

Diese Nekrophilie ist die Spitze eines geistigen Eisbergs in der modernen Liebe. Lakonisch inszeniert sie Georges Bataille in seinem Roman »Le bleu du ciel« (1957). Bis auf den Lebensnerv legt er die nekrophilen Lebenslüste frei und läßt Henri und Dorothea-Dirty auf ihrer Reise durch Europa schließlich zu einem Höhepunkt an geschichtsträchtigem Ort gelangen. In Trier, dem römisch-germanischen Zentrum und faschistischen Wallfahrtsort, der Geburtsstätte von Karl Marx und dem Panoptikum eines Zeitgeistes, dessen Anomalien Bataille im Spiegel innerer Erfahrung nachzeichnet, in dieser Stadt also kommt es an Allerseelen auf dem Friedhof zur Liebesverklärung: »Dorothea schmiegte sich an mich. Lange Zeit küßte sie mich inbrünstig. Sie umschlang mich und preßte mich mit Gewalt an sich: das war seit langem das erste Mal, daß sie sich gehenließ. Hastig entfernten wir uns jene zehn Schritte der Liebenden vom Wege auf den gepflügten Acker. Wir waren noch immer oberhalb der Gräber. Dorothea knüpfte den Mantel auf, ich entblößte sie bis zum Geschlecht. Sie entblößte mich ebenfalls. Wir fielen auf den lockeren Boden, und ich bohrte mich in ihren feuchten Körper, wie sich eine sicher gelenkte Pflugschar in die Erde bohrt. Unter diesem Körper war die Erde offen wie ein Grab, ihr nackter Körper öffnete sich mir wie ein frisches Grab.« Dorothea, wörtlich ›das Geschenk Gottes‹ und die Liebe pur, wird hier zur »Leere des Himmels«. Ineinander verklammert zittern diese Liebenden vor Kälte: »unsere Körper bebten wie zwei aufeinanderschlagende Zahnreihen«, wie »Skelette«.

Eiskalt ist es in der Liebe geworden. Leidenschaft, Hitze und Glut einer hingebungsvollen Liebesbegeisterung sind entschwunden. Der Schriftsteller und Philosoph José Ortega y Gasset bezeichnet als höchste Aufgabe der Liebe in diesem Jahrhundert die Wiederentdeckung des Körpers. In allen seinen Facetten wird er wiederentdeckt, doch so, als ob es nur ihn in der Liebe gäbe. Es herrscht das Lieben, wie es eine intime Freundin von Bertolt Brecht, Ruth Berlau, alias Maria Sten, in ihrem Buchtitel ausdrückt: »Jedes Tier kann es« (1940).

Das Theatergenie des Jahrhunderts, Bertolt Brecht, macht keinen Hehl daraus, daß er (nach einem Zitat seiner langjährigen Geliebten und Mitautorin Grete Steffin) in der Liebe »das Gewissen eines Eisklumpens« habe. Wenn er auch nur in intimen Situationen so wahrhaftig ist: die Frauen kümmern sich ihrerseits gewissenhaft um die Befriedigung seiner Bedürfnisse. Sie verfassen seine Stücke mit, tippen nächtelang Manuskripte ab und beten ihn als Liebesgott an. Brecht beherrscht brillant das »Muster von Herrschaft und Unterwerfung«, seine Annährungsversuche sollen sich zu der minimalistischen Einladung »Sag ja« verdichtet haben.

Dem Liebeskonsumenten Brecht steht in der Dichtergalerie des Jahrhunderts der Inbegriff der Sehnsuchtsliebe, Thomas Mann, gegenüber. Hat Brecht die Ehe als bürgerliches Relikt vor dem Hintergrund der sexuellen Revolution der zwanziger Jahre, längst zu Grabe getragen, kapriziert sich Thomas Mann in seinen Werken besonders gerne auf die Brautthematik. Bei aller Ironie über Vor- und Probeverlobung, Triebdomestizierung und Gattenverwechslungen, Thomas Mann hält es auch hier mit dem bürgerlichen Pragmatismus. Auch in seiner Zeit noch betrachtet er die Ehe als sozial notwendig. In einem Beitrag zum Ehebuch von Hermann Graf Keyserling wiederholt er die Sittlichkeitpostulate Hegels: »Der sittlichste Weg zur Ehe sei der, bei dem zuerst die Entscheidung zur Verehelichung stehe und dieser dann schließlich die Neigung zur Folge habe ... es war mein Fall, und zweifellos ist es sehr häufig.« In seinen vielgerühmten Brautbriefen bekennt er seiner künftigen Gattin Katja Pringsheim: »Sehnen – Sehnsucht! Du weißt nicht, wie ich das Wort liebe! Es ist mein Lieblingswort, mein heiliges Wort, meine Zauberformel, mein Schlüssel zum Geheimnis der Welt.« Das Wort reicht Thomas Mann für sein ganzes Leben; gepolstert durch den Reichtum der großbürgerlichen Pringsheims, fühlt er sich nicht bemüßigt, aufzubrechen und sich seinen Sehnsüchten in Leidenschaft hinzugeben oder aber sich ihrer Unerreichbarkeit zu stellen.

Der Verfasser der homoerotischen Liebesnovelle »Der Tod in Venedig« (1912) hat seine Homosexualität seiner Existenz als Schwiegersohn geopfert und sich damit begnügt, in seinem Arbeitszimmer unter dem Bild angebeteter Traummänner amüsante Romane zu schreiben. Thomas Mann hat seine Leidenschaften literarisch bewältigt. »Ich muß anerkennen«, so schreibt er am 17. Januar 1906 an seinen Bruder Heinrich, »daß ich menschlich-gesellschaftlich nicht mehr frei bin ... Du nennst mich gewiß einen freien Bürger. Aber du hast leicht reden. Du bist absolut. Ich dagegen habe geruht, mir eine Verfassung zu geben.« ›Seine Hoheit‹ Thomas Mann hat die wirksamste Form des Liebesverlusts gewählt, er hat sich wie sein Faustus verkauft und persönlich zur Ware gemacht. Über Liebe läßt sich dabei wenig mehr erfahren, als daß es eine moderne Variante ihrer Tabuisierung gibt: ihre Verweigerung um der Selbstmonumentalisierung willen, die auch Thomas Mann sich zu geben »geruhte«.

Das typische Muster der erkalteten Liebesleidenschaft im zwanzigsten Jahrhundert verkörpert der Lebemann Ernest Hemingway. Er bewährt sich im Lieben vor allem in der Verstellung. Hemingway kennt nur zwei gegensätzliche Frauentypen, die beherrschende, erdrückende Frau wie Brett Ashley (in »Fiesta«) und Margot Macomber (»Schnee auf dem Kilimandscharo«) oder den heiligen Opfertyp wie Catherine (»In einem anderen Land«) und Maria (»Wem die Stunde schlägt«). Der Schriftsteller der schlichten Worte und Taten entzieht sich im Privaten den Krisen, denen er im politischen Zeitgeschehen medienwirksam als männlicher Held standhält. Hemingway lebt seine Launen in der Ehe aus. Als er im Frühjahr 1944 keine Zeile zu Papier bringt und seine (dritte) Frau, die Kriegskorrespondentin Martha Gellhorn-Hemingway, völlig erschöpft nach Hause kommt, fällt er ihren Worten nach »wie ein Rasender« über sie her. Es kommt zum ehelichen Eklat. Hemingway löst ihn auf seine Weise, ohne Bezug zur eigentlichen Konfliktsituation. Er wirft Martha beruflichen Ehrgeiz und Egoismus vor und rächt sich als berühmtester Schriftsteller der USA entsprechend: Ausgerechnet dem Arbeitgeber seiner Gattin bietet er seine Dienste an und läßt sich als Kriegskorrespondent exklusiv unter Vertrag nehmen. Martha verweist er auf den zweiten Platz, und das heißt konkret: der einzige Platz von »Collier's« im Flugzeug nach Europa fällt Hemingway zu. Martha muß auf einem Schiff über den Atlantik schaukeln. Statt den ehelichen Konflikt privat zu lösen, betont Hemingway seine Dominanz und sprengt damit auch seine Ehe. »Bist Du Kriegskorrespondentin oder Ehefrau in meinem Bett?« lautet für ihn die Alternative. Wo die Selbstsucht ohne Befriedigung bleibt, platzt die sogenannte Liebe in eiskalter Machtdemonstration.

Am meisten beeindruckt die Leidenschaft im zwanzigsten Jahrhundert noch dort, wo sie »nur aus ewigem Schnee bestehend« akzeptiert wird. Mit dieser Formulierung charakterisiert Leonard Woolf die sexuelle Kälte seiner Frau, der Schriftstellerin Virginia Woolf. Schon am Anfang ihrer Liebe, 1909, gesteht sie ihrem künftigen Mann: »Wie ich Dir neulich brutal gesagt habe, übst Du auf mich keine körperliche Anziehungskraft aus. Es gibt Augenblicke – als Du mich neulich geküßt hast, war ein solcher –, wo ich nicht mehr als ein Felsen empfinde.« Und doch gesteht sie ihm gleichzeitig: »Deine Art, mich gern zu haben, überwältigt mich geradezu.« Überempfindlich und dem Wahnsinn nahe, hütet sich Virginia Woolf vor den Abgründen des Leidenschaftlichen. Dazu mag ihre Sozialisation im viktorianischen England beigetragen haben, auch litt sie nach dem frühen Tod der Mutter jahrelang unter den plumpen Annäherungen, den erotischen Spielen des Halbbruders George.

Wie heftig Virginia Woolfs »Affäre des Herzens« mit Vita

Sackville-West gewesen ist, sei dahingestellt. Ihr Biograph und Neffe Quentin Bell sieht darin nicht mehr als unbefriedigende sexuelle Versuche. Familiäre Beschwichtigungen mögen hier mitwirken; unbestritten ist zumindest das heftige Entflammen beider Frauen füreinander. Vita bewundert Virginias »kindhaftes Wesen«; sie liebt die Frau, die die kleine Tochter einer Bekannten auf der Straße fragt: »Kommst du mit mir zu Woolworth, einen ganz dicken Radiergummi kaufen? Ich will alle meine Romane ausradieren.« Und Virginia liebt in Vita die gesellschaftlich hochstehende, eigenwillige Schönheit, die die Selbstsicherheit alten Adels ausstrahlt und mit Smaragden glänzt, mit denen Virginia auch ihre Romanfigur Orlando behängt. Orlando wird ihr zur mythischen Figur ihrer unentschiedenen Liebe: der Mann, der sich in den Jahrhunderten seines Lebens in eine Frau verwandelt, ein moderner Hermaphrodit. »Was ist Liebe?« überlegt sie in ihrem Buch »Night and Day« (1919). Ist sie »eine humorvolle Art von Zärtlichkeit«, ein »eifriges Eingehen« auf den andern, wie sie es von ihrem Mann Leonard kennt. Ist Liebe gar »nur eine Geschichte, die man sich über einen andern Menschen ausdenkt«, so wie sie Vita in »Orlando« (1928) ein Denkmal gesetzt hat? Oder ist die Liebe für jeden einzelnen etwas ganz anderes? Ist sie für sie selbst das Glück, sagen zu können: »Du hast meiner Einsamkeit ein Ende bereitet.« Doch selbst die hingebungsvolle Liebe des Schriftstellers Leonhard Woolf kann dies nicht ein Leben lang bewirken. Im März 1941 scheidet Virginia Woolf freiwillig aus dem Leben.

Brecht, Thomas Mann, Hemingway, Virginia Woolf sind exemplarische Vertreter kalter Leidenschaft im zwanzigsten Jahrhundert. Noch nie war in einer Epoche solche Kälte bis zum Ekel in einem solchen Ausmaß zu finden. In der Schilderung des Geschlechtsaktes mit der Geliebten findet sich bei Peter Handke dieser Kriegszustand bis zum Erbrechen zugespitzt:

»Das Die-Hose-über-den-Stuhl-Legen; das Sich-nebeneinander-ins-Bett-Legen; das Das-Glied-in-die-Scheide-Aufnehmen. Als sie mit dem Fingernagel seinen Penis streifte, hatte er das Gefühl, daß sie ihn mit einer widerwärtigen Krankheit ansteckte. Dazwischen, wenn ihr Bauch ihn leicht berührte, glaubte er, wieder beschützt zu sein, aber beim Orgasmus kam statt etwas Heißem ein

Kälteschauer aus ihm, der auch sofort den ganzen Körper überzog. Er wünschte, ihr sofort gewaschen und in seinen Kleidern in einiger Entfernung gegenüberzusitzen.«

Der Ekel vor dem Lieben wird diesem Herrn Keuschnig in der Erzählung »Die Stunde der wahren Empfindung« (1975) zu einem Rundumschlag. Er zielt gegen alles, was sich ohne seine Verantwortlichkeit zu dem zusammengefügt hat, was er sein bürgerliches Leben nennt. Keuschnig sieht sich als Produkt bloßer Zufälle, wenn sich auch seine Katastrophenstimmung gegen Ende sichtlich bessert – aufgrund kleiner persönlicher Entscheidungen. Die Suche nach der wahren Empfindung heißt hier: »Er schaute alles, was ihm begegnete, an, als ob auch etwas für ihn dabei sein müßte.« In dieser Haltung eines Käufers geht Keuschnig dann auch am Schluß der Erzählung in einen Laden, kauft sich einen modischen Anzug, weiße Socken und gelbe Schuhe. Herausgeputzt und verwandelt, erwacht er wie zu einem neuen Leben.

Einmal ein ganz anderer sein: Keuschnig läßt sich darauf ein und zeigt damit, was auf den Wühltischen der Moderne auch möglich ist. Seine »wahre Empfindung« ist eine Warenempfindung. Und die Ironie der Geschichte will, daß dieser Warenliebhaber durch seine Kaufkraft seine Depressionen los wird. Hier wird auf mehr als eine Ersatzhandlung und einen sogenannten Frustkauf angespielt. Handke und andere zeitgenössische Erzähler sagen, der moderne Käufer hat eine Gemeinsamkeit mit einem ›erlösten‹ und liebesfähigen Menschen.

Der heutige Käufer beschaut sich Angebotspaletten, kramt in Sonderposten und sucht aufs Geratewohl. Er passiert die Warenhäuser, oft ohne zu ahnen, was er schließlich kaufen wird. Selbst wenn er mit einer festumrissenen Vorstellung das Warenhaus betreten hat, überläßt er sich früher oder später der Masse des Angebots. Er geht im Zauber einer Vielheitlichkeit auf, die ihn selbst das Denken vergessen läßt. Getragen von Sirenengesängen und anregenden Gerüchen, schwebt er, verliert sein Ichgefühl und ist doch ganz Interesse, nimmt neugierig an den Angeboten um sich herum Anteil und überlegt, ob für ihn etwas dabei sein könnte. Eine Folge davon ist, daß dem Menschen seine Persönlichkeit entschwindet, sein Einheitsbewußtsein. Er teilt sich in seine vielen Ichs auf, dezentralisiert sich. Er ist jeweils das Ich, das der Zufall gerade aktualisiert. Der Warenhausbesucher ist eine vielheitliche Person, ohne Zentrum und Ich-Identität. Und womöglich fällt ihm durch Zufall zu, was nach seinen Bedürfnissen fällig ist.

Dieses Psychogramm des Warenhausbesuchers verdeutlicht, wie in der gegenwärtigen Gesellschaft der Mensch sich verändert und damit auch sein Verständnis von Liebe. »Wir sind füreinander bestimmt«: das Märchen hat seinen Zauber verloren, wer wollte daran noch glauben, wenn er nicht einmal eine Bestimmung für sich selbst erkennen kann? Der Zufall macht heute den Menschen und seine Liebe.

Die Vorstellung von der Liebe als Verschmelzung zweier Einheiten, die füreinander bestimmt sind, wird immer unwirklicher. Der Glaube an eine Seelenverwandtschaft entschwindet. Dennoch wird weiter von der lebenswerten Liebe erzählt, im ›postmodernen Liebesroman‹ – zum Beispiel von Dagmar Leupold in »Edmond: Geschichte einer Sehnsucht« (1992).

Die zwei, die der Zufall hier zusammenführt, wissen von der ersten Annäherung an um ihre künftige Trennung. Hier werden keine flammenden Herzen verschenkt und im nächsten Desaster dem andern wieder herausgerissen, hier gibt es keine Verschmelzung. Zwei finden sich, und jeder lebt sein selbständiges Leben weiter. Über Kontinente hinweg halten sie ihre Beziehung aufrecht, doch sie verlieren sich nie aneinander. Immer bleibt zwischen ihnen eine Fremdheit, unter der sie leiden, doch ohne Kälte, Ekel oder erdrückende Schwere. Noch dem Schmerz begegnen sie ironisch. Sehnsucht kann diesen beiden wenig anhaben. Ihr Gefühlsbarometer schlägt nur geringfügig aus, Höhe- und Tiefpunkte entfallen zugunsten eines ausgewogenen Stimmungspegels, zugunsten nivellierter Bewußtseinswerte. Nicht einmal das gemeinsame Kind spiegelt ihre Vereinigung. »Es gleicht niemandem«, ist nur ein anderes, eigenständiges Individuum.

Am Ende des zwanzigsten Jahrhunderts verbreitet sich eine ironische Liebe, die spielerisch den Sehnsüchten gegenübersteht. Der Mann des Lebens, die alleinseligmachende Frau, sie entmystifizieren sich, werden ersetzt durch zufällige Bekanntschaften aufgrund zeitweilig übereinstimmender Bedürfnisse. Diese neue,

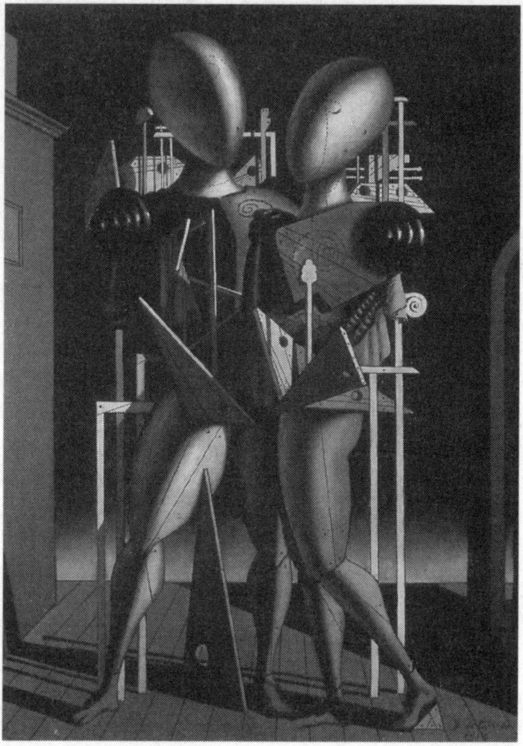

Hektor und Andromache, das antike Paar, dessen Abschied zu den bewegendsten Stellen in Homers Epik gehört, wird von de Chirico in surrealer Erhabenheit gezeichnet. Im zwanzigsten Jahrhundert eröffnen sich dem Menschen in der Liebe unendliche Möglichkeiten. Doch von seinen Erinnerungen kann er nicht lassen. Immer wieder greift er auf jahrtausendealte Modelle und Mythen zurück, entstaubt sie und kleidet sie in neue Gewänder.

postmoderne Liebe umfaßt spielerisch das Spektrum der kulturell gewachsenen Liebesformen, reicht von Einsamkeit, Ekel, Kälte bis in danteske Höhen.

Die Klammerliebe des Bürgers, der um seinen Mittelpunkt und sein Ich bangt, löst sich auf. Die Leichenliebe dieses Jahrhunderts ist für jüngere Generationen unerträglich oder wird zum Spiel mit den persönlichen Grenzen um ihrer Überschreitung willen. Gerade der heutige Hang zum Sadomasochismus hat deutliche Züge der Aufarbeitung von Klammer- und Abhängigkeitszwängen.

Zum Bausatz der Klammerliebe gehören, neben dem Syndrom der Hörigkeit, vor allem versteinerte Leidenschaft, Gefühlskälte, Schwere. Drückend ist sie, weil alle Lebenslust fehlt: die Kraft eines Vitaltriebs, der die Dinge leicht von der Hand gehen läßt. George Bataille verweist in seinem angesprochenen Roman exemplarisch auf diese Dimension und stellt sie als epochalen Mangel klar. »Das Blau des Himmels«, so der Titel, steht für eine »wunderbare Unbeschwertheit«. Anvisiert wird der Horizont des Möglichen und der Flug in die Leichtigkeit des Daseins.

Verwirklicht hat die moderne Gesellschaft bisher – im Gegensatz zu den avantgardistischen Liebesentwürfen – nur die »unerträgliche Leichtigkeit des Seins«. Das Lieben als existentielle Bereicherung des Menschen, als Erweiterung des beschränkten Ichs, ist nach wie vor Projekt. Hat es in der heutigen Informations- und Mediengesellschaft neue Chancen?

Werbung, Feuilletons, Nachrichten, auch die Politik pflegen das Image eines dynamischen Lebensprinzips. Nicht nur in den Werbespots sind die Berufsjugendlichen gefragt. Gleichzeitig steigt die gesellschaftliche Akzeptanz des vormals regelwidrigen Liebesverhaltens immens. Daß immer noch mehr möglich ist, läßt sich in Spezialmagazinen erkunden, in öffentlichen Diskussionen, Reporten aus der Intimsphäre. Nichts wäre unmöglich, die Vorstellungen in Liebesdingen erweitern sich mit dem medialen Zusammenschrumpfen der Welt ins Unermeßliche. Noch nie ist der Mensch so ›aufgeklärt‹ gewesen. Er könnte die Konsequenzen daraus ziehen und – aufgeklärt in der Liebe handeln.

Nachwort

»– *fliegen* allein will mein ganzer Wille, in dich hinein fliegen!«, »daß alles Schwere leicht, aller Leib Tänzer, aller Geist Vogel werde ...« Werden die Träume Zarathustras heute wahr? Die offene Gesellschaft hat tabula rasa mit den bürgerlichen Werten gemacht und die Todessehnsucht der Vorkriegsgesellschaften aufgehoben. Die Erotisierung des Alltags feiert den Kehraus der Schwermut. Wo einmal Tabus und Autoritäten die Triebe unterdrückt haben, pulsieren heute Gefühlssteigerungen, Lebensintensivierungen, Jonglier- und Lebenstanzkünste. Es herrscht das Jasagen, Multibefriedigung und Megaspaß, je undenkbarer, desto brillanter. Die schiere Freiheit scheint zur Sportart geworden zu sein.

Auch die Liebe ist nur eine Ware, gesellschaftlich hergestellt, am Fließband der Geschichte. Und auch in der Liebe herrscht der Ausverkauf, in Gesprächsrunden, Talkshows, Magazinsendungen und Kolumnen werden heute die überkommenen Normen des Liebens verramscht.

Gerade vor dem Hintergrund der klammernden Liebe des zwanzigsten Jahrhunderts sprechen die aktuellen Liebespraktiken für sich. Sie sind Formen der Erlösung von Zwang. Sei es die perfekte Anonymität beim Telefonsex, das Spiel von Nähe und Distanz beim Partnertausch oder die beinahe mittelalterliche Erlösungsmystik in Sadomasochismus, Piercing und Fetischismus.

Noch nie war das Lieben so offen wie heute. Das Problem ist nur, die Wahl zu treffen. Die Unendlichkeit der Angebote stößt auf einen Widerstand: den der Entscheidung. Die Autonomie des Menschen hat sich, wie Hannah Arendt es ausdrückt, in die Tyrannei der Möglichkeiten verwandelt.

Ein Ahnherr dieser Überlegungen ist Ulrich, der Prototyp des modernen Menschen nach Robert Musils Roman »Der Mann ohne Eigenschaften«. Dieser Ulrich hat sich im Vollbesitz seiner unendlichen Möglichkeiten überlegt, wie er denn nun sein neues

Haus einrichte. Er hat hin und her gedacht, das historische Arsenal von Stilen und die Chancen seiner Wohlbefindlichkeit darin erwogen, er hat geplant und konzipiert, und schließlich hatte er es satt. Er übertrug die Angelegenheit einem Innenarchitekten.

Entscheidungen sind die Kunst, alle Teile des Ichs miteinander auszubalancieren. Entscheidungslosigkeit führt dazu, daß man über das Denken nicht hinauskommt und schließlich die Sache entscheiden läßt – mit dem Ergebnis, daß man sich der Konvention, dem Unpersönlichen und der Eigenschaftslosigkeit ausliefert. Das Leben läuft dann nach Muster, am Menschen vorbei.

Die Möglichkeiten, das Leben zu intensivieren und zu lieben, waren in vergangenen Epochen durch Konventionen geregelt. Jeder wußte, woran er sich zu halten hatte, und, wenn er es nicht tat, um die eigene Schuld an seinem Unglück. Heute enthält das kulturelle Liebesangebot unüberschaubare Produktpaletten, individuelle Entscheidung ist gefordert. Ein absurder Umstand: Obwohl Liebe ein Pfeil vom Himmel oder ein faszinierender Zufall ist, soll man sich dafür entscheiden!

Es gilt heute das Klischee, daß man nichts für die Liebe zu tun braucht, da sie schließlich ein Geschenk sei. Mehr noch. Sobald das Verliebtsein verebbt und der Verstand sich wieder meldet, glaubt man schon ein drohendes Ende erkennen zu können und ist auf dem Sprung zum nächsten Abenteuer. Kommt nach dem Verliebtsein der trostlose Liebesalltag? Was ist möglich in der Liebe, wenn die Projektionen verblassen und unter den Wunschbildern die ernüchternde Physiognomie des Du erscheint?

Um diese Begegnung von Du und Ich zu organisieren und vielleicht mehr zu erleben als im Illusionspiel des Verliebtseins, gibt es die Liebesformen. Die Moderne hält unbegrenzte Möglichkeiten bereit. Heute ist eine der seltenen Perioden in der abendländischen Geschichte, in der geschlossene Liebessysteme fehlen und gesellschaftlich nicht einklagbar sind. Jeder könnte sein Lieben seinen Bedürfnissen gemäß einrichten. Eine Auswahl der möglichen Formen sind die angesprochenen Modelle, vor allem der Grundtyp jeder Epoche. Die meisten von ihnen sind im heutigen Alltag in diversen Schnipseln und Collagen gängig, mehr oder weniger populär in bestimmten Perioden der Zeitgeschichte.

Wer dächte nicht, wenn er über die sentimentale, romantische Liebe liest, an die Träne im Auge von Ingrid Bergman? Humphrey Bogart spricht auf die Liebe der Seele an, wenn er ihr jenes »Schau mir in die Augen, Kleines« sagt. So wie das wahre Schöne dieser Wiederbegegnung durch keine Anzüglichkeit getrübt ist und aus der Zeitdistanz lebt, formuliert Amand Berghofer anno 1783 gleichsam die Moral dazu: »Das Phisische verliehrt durch die Zeit; das sittlich Schöne wächst.« Michael Curtiz' »Casablanca« vertritt das Ideal der empfindsam romantischen Liebe und propagiert: Schwärmen Sie, verhimmeln Sie die Tugend, selbst dann, wenn sie nicht zur Heirat frei und einem andern versprochen sein sollte. Leben ist Liebe, aber neben den individuellen Bedürfnissen gibt es die höhere Liebe zum Gemeinwohl und das, wofür Werther zu schwach war: Pflichterfüllung. Dafür leben Sie gesellig und mit Ihresgleichen in Freiheit, Gleichheit und Brüderlichkeit.

Der agitatorische Schwung, den der Kultfilm »Casablanca« im Rückgriff auf die revolutionären Werte bürgerlichen Liebessinns entwickelt, ist eine Ausnahme im Hollywoodkino. Herkömmlich herrscht dort die Traumfabrik der großen Pionierzeit vor, die Ideale des neunzehnten Jahrhunderts. Das Schema ist der Konflikt zwischen dem einzelnen, dem Outlaw, und der Gesellschaft. Ihr Gegensatz entfällt im vereinigenden Dritten, der Frau und der Familie. In weichen Farben werden Heim und Herd als die Liebessehnsucht inszeniert, in der der Abenteurer Vertrautheit findet. Denn, so die Moral, der Mann muß hinaus ins Leben, und drinnen waltet die züchtige Hausfrau. In der Nachkriegszeit, als die heimgekehrten Soldaten Stube und Küche glorifizieren, hat dieses idyllische Liebesmodell Hochkonjunktur. Man heiratet nach Sympathie einen Partner, der zufällig in besseren oder zumindest gleichgestellten Verhältnissen lebt. Der Gatte bemüht sich, eine reife Persönlichkeit im gesellschaftlichen Leben vorzustellen, die Gattin hat ordentlich gestopfte Socken im Wäscheschrank. Wer sich diese Hausfrau und ihre gutmütige, doch pflichtbewußte Autorität vorstellt, ist in die Welt des Biedermeier zurückversetzt. Die fünfziger und noch die sechziger Jahre sind geprägt von diesem Liebesentwurf. Bestimmend ist die egoistische Liebe aus dem neunzehnten Jahrhundert.

Die kulturelle Revolution der sechziger und siebziger Jahre räumt mit diesen Konventionen auf. Ein härterer Rhythmus kommt nicht nur in der Popmusik auf. Die Beatles personifizieren eine neue Vitalität. Eine Verrücktheit geht um; seien es schreiende Groupies, Feste auf Londoner Friedhöfen oder der absurde Alltag. John Lennon und Yoko Ono machen die sexuelle Revolution zum ›Bed-in‹, sie verbringen – von den Medien umgeben und zum Happening stilisiert – eine Woche im Amsterdamer Hilton öffentlich im Liebesbett. Ausgelassener könnte das frühromantische Liebesmodell nicht Furore machen. In ihrem Film No. 5, »Smile«, macht Yoko Ono aus einem Lächeln von John Lennon ein fast einstündiges Fluxus-Erlebnis. In dieser Zeit verändert sich Lennons ernsthafte Miene zu einem Lächeln, mehr nicht. Der Film zeigt eine immense Spannung und meditative Kraftregulierung, das Lächeln der Liebe. Entworfen wird damit auch ein Programm: liebesleichtes Dasein, ein heilsgeschichtliches Liebesmodell. Der Lebensentwurf heißt: Suche ein Du, das gleichermaßen körperlich wie seelisch fasziniert, arbeite mit ihm deine Lebensgeschichte auf und lerne, über deine Erfahrungen zu lächeln. Doch nur wenn du dir selbst und deinem Du erträglich, ein magisch faszinierendes Wesen bleibst, kann dieser Liebesentwurf gelingen. Er fordert die Anstrengung, persönlich in Bewegung zu bleiben und sich stets neu zu entwerfen, immer wieder den Ernst im Lächeln aufzuheben.

Eine kulturelle Wende, breit diskutiert im Begriff der Postmoderne, bringen die achtziger Jahre. Wie in der Kleidermode vieles gleichzeitig en vogue wird, Maxi, Midi, Mini oder Hosenrock, herrscht auch in den Liebesformen eine neue, postmoderne Stilvielfalt. Populär wird die Rede von bi-, homo-, hetero- oder transsexuell. Bisherige Randgruppen werden von den Medien zur Liebesavantgarde erklärt und gesellschaftlich aufgewertet. Die Vermarkter der neuen Offenheit agieren unter einem Losungswort, das den abendländischen Pflichtethos auf den Kopf stellt: ›Spaß haben‹ lautet der ›Zeitgeist‹, ob in Sex, Freizeit, Museumsbesuch oder ›Ego-Zertrümmerung‹. Der Repräsentationskult der achtziger Jahre, der ›Lifestyle‹, erfaßt auch die Liebeskonventionen. Galante Gesten und Formen bestimmen. Frau und Mann haben einen Lebenspartner und Geliebte, erzählen Kollegen ihre Affären und stilisieren sich selbst. Liebesformen der Galanterie blühen auf, gefeiert in Filmserien von herrschenden Clanfamilien wie »Dallas« und »Denver«. Mätressen und Magnaten ersetzen den barocken Herrschaftsapparat. Der Pater familias, der Einflußreiche und Beziehungsreichste, hat Konjunktur. Es gilt die berechnende und rücksichtslose Liebe, die Machtliebe.

Weit verbreitet ist auch der danteske Liebestyp, der sich sein Leben feinsinnig einrichtet. Er ist ständig verliebt, schwebend und auf kulturellem Niveau. Der entzückte Fan verkörpert trivialisiert dieses Ideal, er verhimmelt in unerreichbarer Liebe seinen Star, ob Luciano Pavarotti oder Madonna. Die Lebenskunst des Fans besteht darin, im Entwurf eines Ideals aus der Selbstbegrenztheit herauszufinden. Verblichen lebt Dantes geistreiche Trennung von Liebe und Sexualität weiter. Man gestattet sich seine Körperfreiheit und gönnt sich zusätzlich einen höheren Genuß: die Liebesandacht des Idealischen. Idole sind um der Unerreichbarkeit willen da, sie sind der Reiz, der erregt und belebt.

Eine Alternative zu dieser strikten Trennung von Körper- und Seelenliebe ist das Tristanmodell. In verblaßten Varianten ist es immer noch anzutreffen. Der Zufall, der hier einen Triebstau zum Einbruch bringt, ist sogar im Heiratsbrauch konventionalisiert: wenn in der Hochzeitsnacht die Liebenden einander ›zufallen‹, werden sie wie von einer Flutwelle hingerissen. Nach dem Tristanmodell enthemmt ein Zufall – eine unerwartete Begegnung, ein steckengebliebender Fahrstuhl – die angestaute Wollust und versetzt den Menschen in das Paradies. Dieses Modell bietet die Chance, doppelt auf seine Kosten zu kommen, Karriere und heiße Liebe zu vereinen. Tristan hat einerseits seine Ambitionen und sein gesellschaftliches Streben, andererseits seine Sehnsucht und seinen Exzeß. Der Liebende ist hier so sehr Höfling wie Individuum, selbstdiszipliniert und begeistert.

Wenn diese Trieborganisation auch heute weit verbreitet ist, so bleibt doch die Erlebnisqualität der Tristanliebe unerreichbar. Sie enthält ein Maß an Spannkraft, das dem modernen Menschen, der die unmittelbare Befriedigung seiner Bedürfnisse bevorzugt, ungewohnt ist. Ebenso energiegeladen ist die antike Liebesform. Ihre

Relikte zeigen den Liebenden als einen Felsen in der Brandung seiner selbst. Er beherrscht die Triebdynamik in extenso. Das Postulat der griechischen Antike lautet: Liebe souverän, selbstkontrolliert, aber so unbändig, daß du sogar deine Grenzen kontrolliert überschreitest. Liebe auf die antike Art des »Auf-der-Welt-Seins und Bei-sich-Seins«: Genieße, dich loszulassen und ohne innere Hemmungen im anderen bei dir zu sein.

Die Faszination des griechischen Liebesentwurfs macht es verständlich, daß in allen Epochen versucht wurde, dieses Ideal wiederzufinden. Entstanden sind bei diesen Rekonstruktionen charakteristische Abweichungen, bedingt durch die jeweiligen historischen Bedingungen. Ob Tristanliebe, Dantes Sehnsucht, die romantische Liebe oder Zarathustras Höhenflug, sie und viele andere Entwürfe sind ursprünglich nur der Versuch, das Ideal des Altertums wiederzubeleben oder unter Berufung darauf Interessenpolitik zu machen. Geblieben ist heute von der antiken Tradition, die der Leitfaden dieses Buches ist, vor allem das Axiom der Selbständigkeit: die Abkehr von der ehemals mächtigen Vorstellung der symbiotischen Liebe.

Bei einem solchen Liebesentwurf, der auf Selbständigkeit und persönliche Entfaltung abzielt, besteht das Dilemma darin, daß Liebende sich nur selten im Verbund weiterentwickeln. An entscheidenden Lebensumbrüchen finden in der Regel auch Ehebrüche, Trennungen und Neuorientierungen statt. Eine Möglichkeit ist, eine gewisse Verbindlichkeit mit seinen vergangenen Familien auch in einer neuen aufrechtzuerhalten. Die Schwierigkeiten, sich in einer Liebesbeziehung selbständig weiterzuentwickeln, zeigen sich beispielsweise in der Verbindung zwischen Max Frisch und Ingeborg Bachmann. In Frischs Selbstbekenntnis lautet Ingeborg Bachmanns Fazit: »daß ich in zehn Jahren nichts zu ihrer Selbstverwirklichung beigetragen habe ... Ich habe sie auf Händen getragen: die bequemste Art, umzugehen mit einer Frau, und die schlimmste Art.«

Implizit sagt Frisch damit auch: in einer Liebe, in der selbständige Personen sich persönlich entwickeln können, ist nicht Anbetung, nicht Glorifizierung, nicht einmal Harmonie gefragt. Entscheidend ist vielmehr eine Potenz zum Konfliktverhalten und zur

Fähigkeit, trotz gegensätzlicher Positionen miteinander im Gespräch zu bleiben. Das allerdings erfordert, Spannung auszuhalten. Wieder gefragt ist also die Spannkraft, die der antiken Liebe eingeschrieben ist. Historisch betrachtet, hat sich ihre Ausrichtung allerdings verkehrt. War sie in Attika zum Lustgewinn da, dient sie heute der puren Bestandssicherung: Die Liebe zerfällt sonst in die endlosen Versuche zu lieben.

Was war, geht bekanntlich nicht verloren, ist im kollektiven Bewußtsein gespeichert. Die historischen Liebesmodelle lassen uns an diesen oder jenen im Bekanntenkreis denken und überlegen, wer mit wem annähernd in welcher Epochenmischung seine Liebe lebt. Peinlich – das macht diese holzschnittartige Liebestypisierung deutlich – wird das Lieben, wenn Vertreter unterschiedlicher Modelle aufeinandertreffen und es viel zu spät merken. Das prominente Beispiel dafür ist das englische Königshaus.

Stellt man sich die Liebesmodelle als Muster vor, das manche Überschneidungen, Vertauschungen, Verzerrungen und Umschichtungen aufweist, nähert man sich vielleicht den tatsächlichen Begebenheiten in der Geschichte der Liebe an. Vermutlich verhält es sich mit ihr nach dem Baukastenprinzip. Aus gleichen Elementen entsteht immer wieder Abweichendes, Sichwiederholendes, Variierendes und Neues. Ist etwas historisch überholt, zerfallen die Konstruktionen und ergeben nicht mehr und nicht weniger als alles Vergangene: Schichten, die sich im Querschnitt betrachten lassen, Palimpseste. Sie zeigen im Vergangenen die Möglichkeiten des Zukünftigen, unser Liebesbewußtsein.

Von diesen Bewußtseinsschichten hat schon Orpheus, die mythische Gestalt des Liebenden, erzählt. Als seine Eurydike stirbt, trauert er in einer Musik, die Bäume und Tiere und sogar die Götter rührt. Orpheus, der Zaubermusiker, erhält daher die Erlaubnis, seine Geliebte aus dem Reich des Todes in das Leben zurückzuführen. Nur eine einzige Bedingung hat er zu erfüllen: daß er sich auf dem Weg zurück ans Tageslicht nicht umdrehe und sich seines Gelingens nicht versichere. Orpheus hat bekanntlich versagt. Nicht einmal in der Urliebe herrschte blindes Vertrauen. Die Angst vor dem Lieben, dem Loslassen und dem Weg in die eigenen Tiefen ist mythisch. Orpheus hat zwar allen Wächtern, Gesetzen und

Schrecken getrotzt. Aber eine ewige Liebe hat nicht einmal er besiegeln können.

Liebe ist eine Erfahrung anderer Art und nicht von dieser Welt. Sie führt in die Zonen eines Jenseits, sei es der Hades, der Rosengarten oder Dantes Kosmos. Die Zivilisation dagegen ist bestrebt, das Leben kalkulierbar und sicher zu machen. Es gelingt ihr durch fortschreitende Selbstkontrolle und durch triebregulierende Liebesformen. Das Lieben selbst hat trotzdem Potenz genug, in jeder Form es selbst zu sein und Zwänge gelegentlich zu sprengen. Die historische Entwicklung ist deutlich genug. Der Mensch in der Antike hat gemacht, was er gedacht hat, sein Denken und Handeln sind eins auf der Grundlage der Selbstliebe. Doch diese Spontaneität wird im Laufe der Geschichte von zunehmender Selbstdistanzierung unterlaufen. Über den Aufbau von Instanzen wie Gewissen, Vernunft, Identität und Ich trennen sich das Lieben und die Liebe. Gedachtes und Gemachtes werden im Zivilisationsprozeß zweierlei. Heute sind Denken und Handeln eigenständige Gebilde, schwer miteinander zu vereinen. Es herrscht Entscheidungslosigkeit als gesellschaftlich neuralgischer Punkt. Sie läßt im Lieben den Eindruck entstehen, heimatlos und einsam zu sein. Die weitverbreiteten Symptome sind Langeweile, Abstumpfung, Gefühllosigkeit und die Lust, im spontanen Sex mit andern wieder zu Gefühl zu kommen.

Ein geheimes Mittel, um nicht vor Langeweile beim Warten auf die Liebe zu vergehen, verbirgt sich vermutlich im Mythos vom Kampf der Geschlechter. Homosexuelle werden bestätigen, daß auch sie seine Symptome kennen. Der sogenannte Geschlechterkampf gehört zu jeder Liebesbegegnung. Liebe lebt von Spannung, Vitalität und Auseinandersetzung. Liebe ist daher nicht das bequeme Himmelbett, in dem man sich auf Dauer einrichten kann. Wer liebt, betritt gleichsam eine Kampfarena, in der es nicht um Tod oder Leben geht, sondern um ein gleichberechtigtes, kämpferisches Miteinander und zugleich um den Genuß, sich in der gemeinsamen Verschmelzung zu erholen. Ohne Spannung, Widersprüche, Konflikte wäre Lieben unmöglich und das Leben flach. Zum Dasein gehört eine Portion Aggressivität. Und genau an diesem Punkt beginnen Zivilisation, Kultur und das Dilemma der Liebe.

Literaturhinweise

ALLGEMEINES

(mit der Literatur aus Einleitung und Nachwort)

Ariès, Philippe/Chartier, Roger (Hgg.): Geschichte des privaten Lebens, 5 Bde., Frankfurt/M. 1989–93.

Ariès, Philippe/Béjin, André (Hgg.): Die Masken des Begehrens und die Metamorphosen der Sinnlichkeit. Zur Geschichte der Sexualität im Abendland, Frankfurt/M. 1984.

Anders, Günther: Lieben gestern. Notizen zur Geschichte des Fühlens, München 1986.

Andreas-Salomé, Lou: Die Erotik. Vier Aufsätze, hg. von Ernst Pfeiffer, Frankfurt/M. – Berlin 1991.

Bassermann, Lujo: Das älteste Gewerbe. Eine Kulturgeschichte, Frankfurt/M. 1992.

Beck, Ulrich/Beck-Gernsheim, Elisabeth: Das ganz normale Chaos der Liebe, Frankfurt/M. 1990.

Berghofer, Amand: Briefe an Cleis, Werke, Bd. 2, Wien 1783.

Bredow, Wilfried von/Noetzel, Thomas: Befreite Sexualität? Streifzüge durch die Sittengeschichte seit der Aufklärung, Hamburg 1990.

Burguière, André u. a. (Hgg.): Geschichte der Familie, 3 Bde., Frankfurt/M. – New York 1996/97.

Duerr, Hans Peter: Der Mythos vom Zivilisationsprozeß, 4 Bde., Frankfurt/M. 1990–97 (Bd. 1: Über Nacktheit und Scham, ^{4}1992, Bd. 2: Intimität, 1990, Bd. 3: Obszönität und Gewalt, ^{2}1993, Bd. 4: Die erotische Liebe, 1997).

Dux, Günther: Geschlecht und Gesellschaft. Warum wir lieben. Die romantische Liebe nach dem Verlust der Welt, Frankfurt/M. 1994.

Elias, Norbert: Über den Prozeß der Zivilisation. Soziogenetische und psychogenetische Untersuchungen, 2 Bde., Frankfurt/M. 1976.

Finkielkraut, Alain: Die Weisheit der Liebe, München – Wien 1987.

Foucault, Michel: Sexualität und Wahrheit, 3 Bde., Frankfurt/M. 1987–89.

Freud, Sigmund: Schriften über Liebe und Sexualität, Frankfurt/M. 1994.

Frisch, Max: Tagebuch 1946–1949, Werke, Bd. 4, hg. von Hans Mayer, Frankfurt/M. 1976.

ders.: Montauk, Werke, Bd. 12, Frankfurt/M. 1976.

Fromm, Erich: Die Kunst des Liebens, Frankfurt/M. – Berlin ^{48}1994.

Fuchs, Eduard: Illustrierte Sittengeschichte vom Mittelalter bis zur Gegenwart, 6 Bde., Frankfurt/M. 1988.

Hofstadter, Dan: Die Liebesaffäre als Kunstwerk, Berlin 1996.

Laqueur, Thomas: Auf den Leib geschrieben. Die Inszenierung der Geschlechter von der Antike bis Freud, Frankfurt/M. 1992.

Leibbrand, Annemarie und Werner: Formen des Eros. Kultur- und Geistesgeschichte der Liebe, 2 Bde., Freiburg – München 1972.

Musil, Robert: Der Mann ohne Eigenschaften (1930–52), hg. von Adolf Frisé, 2 Bde., Reinbek 1986.

Paz, Octavio: Die doppelte Flamme. Liebe und Erotik (La llama doble. Amor y erotisme), Frankfurt/M. 1995.

Ricoeur, Paul: Liebe und Gerechtigkeit (Amour et justice), dt. von Matthias Raden, Tübingen 1990.

Rougemont, Denis de: Die Liebe und das Abendland, Köln – Berlin 1966.

Schmölders, Claudia (Hg.): Die Erfindung der Liebe. Berühmte Zeugnisse aus drei Jahrtausenden, München 1996.

Schneider, Manfred: Liebe und Betrug. Die Sprachen des Verlangens, München u. a. 1992.

1. ANTIKE

Aischylos: Die Tragödien und Fragmente, dt. von Johann Gustav Droysen und Franz Stoessl, Zürich 1952.

Blumenberg, Hans: Arbeit am Mythos, Frankfurt/M. ^{5}1990.

Giardina, Andrea (Hg.): Der Mensch der römischen Antike, Frankfurt/M. u.a. 1991.

Grimal, Pierre: Liebe im Alten Rom, Frankfurt/M. 1981.

Heraklit: Fragmente, griech. und dt. hg. von Bruno Snell, München – Zürich ^{9}1986.

Homer: Ilias. Odyssee, dt. von Johann Heinrich Voß, München 1971.

Kerényi, Károly: Die Mythologie der Griechen, 2 Bde., München ^{4}1994.

Ovid: Liebeskunst. Heilmittel gegen die Liebe (Ars amatoria. Remedia amoris), lat. und dt. hg. von Niklas Holzberg, Darmstadt u.a. ^{3}1992.

Platon: Das Gastmahl (Symposion), dt. von Friedrich Schleiermacher, in: Werke, Bd. 2, Reinbek 1994.

Plutarch: Alkibiades, in: Fünf Doppelbiographien, griech. und dt. hg. von Konrat Ziegler, Bd. 2, Zürich – München 1994.

Ranke-Graves, Robert von: Griechische Mythologie. Quellen und Deutung, 2 Bde., Reinbek 1960.

Reinsberg, Carola: Ehe, Hetärentum und Knabenliebe im antiken Griechenland, München 1989.

Siems, Andreas Karsten (Hg.): Sexualität und Erotik in der Antike, Darmstadt 1988.

Snell, Bruno: Die Entdeckung des Geistes. Studien zur Entstehung des europäischen Denkens bei den Griechen, Göttingen [5]1980.

Vernant, Jean-Pierre (Hg.): Der Mensch der griechischen Antike, Frankfurt/M. u. a. 1993.

2. MITTELALTER

Augustinus: Bekenntnisse (Confessiones, um 400), dt. von Herman Hefele, Düsseldorf – Köln 1958.

Borst, Otto: Alltagsleben im Mittelalter, Frankfurt/M. 1983.

Duby, Georges: Die Zeit der Kathedralen. Kunst und Gesellschaft 980–1420, Frankfurt/M. [3]1996.

Eco, Umberto: Der Name der Rose (Il Nome della rosa, 1980), dt. von Burkhart Kroeber, München [15]1991.

Ertzdorff, Xenja von/Wynn, Marianne (Hgg.): Liebe – Ehe – Ehebruch in der Literatur des Mittelalters, Gießen 1984.

Gottfried von Straßburg: Tristan, hg. von Rüdiger Krohn, 3 Bde., Stuttgart [3]1984–1991.

Haubrichs, Wolfgang (Hg.): Konzepte der Liebe im Mittelalter, Göttingen 1990.

Köhler, Erich: Trobadorlyrik und höfischer Roman. Aufsätze zur französischen und provenzalischen Literatur des Mittelalters, Berlin 1962.

LeGoff, Jacques (Hg.): Der Mensch des Mittelalters, Frankfurt/M. u.a. [3]1994.

Nygren, Anders: Eros und Agape. Gestaltwandlungen der christlichen Liebe, Gütersloh 1930.

Rossiaud, Jacques: Prostitution im Mittelalter, München 1994.

Schnell, Rüdiger: Causa amoris. Liebeskonzeption und Liebesdarstellung in der mittelalterlichen Literatur, Bern u.a. 1985.

Sprenger, Jakob/Institoris, Heinrich: Der Hexenhammer (Malleus maleficarum, 1478), dt. von J.W.R. Schmidt, Berlin 1906.

Suso (Heinrich Seuse): Deutsche Schriften, hg. von Karl Bihlmeyer, Frankfurt/M. 1961.

Timm, Hermann (Hg.): Das Hohe Lied Salomos. Nachdichtungen und Übersetzungen aus sieben Jahrhunderten, Frankfurt/M. 1982.

Weiss, Gerlinde (Hg.): Deutsche Gedichte des Mittelalters, Stuttgart 1993.

3. RENAISSANCE

Aretino, Pietro: Gespräche (Ragionamenti, 1533–1536), dt. von Heinrich Conrad, Leipzig 1980.

Ariosto, Ludovico: Der rasende Roland (Orlando Furioso), dt. von Johann Dietrich Gries, 2 Bde., München 1980.

Brock, Bazon: Petrarca gibt das Beispiel, in: Petrarca-Preis 1975–1979, München 1979, S. 19–51.

Burckhardt, Jacob: Die Kultur der Renaissance in Italien, Leipzig [18]1928.

Dante Alighieri: Die göttliche Komödie (La divina commedia), ital. und dt. hg. von Hermann Gmelin, 3 Bde., Stuttgart 1949.

ders.: Das neue Leben (La vita nuova), dt. von Hannelise Hinderberger, Zürich [2]1995.

Eppelsheimer, Hanns Wilhelm: Petrarca, Frankfurt/M. [2]1971.

Fischer, Caroline: Obszöne Töne. Pietro Aretinos geschwänzte Sonette (Sonetti lussuriosi, 1524), in: Glaser, Horst Albert (Hg.), Annäherungsversuche. Zur Geschichte und Ästhetik des Erotischen in der Literatur, Bern u. a. 1993, S. 81–109.

Garin, Eugenio (Hg.): Der Mensch der Renaissance, Frankfurt/M. u.a. 1990.

Kesten, Hermann: Die Lust am Leben. Boccaccio, Aretino, Casanova, München u.a. 1968.

Kurzel-Runtscheiner, Monica: Töchter der Venus. Die Kurtisanen Roms im 16. Jahrhundert, München 1995.

Montaigne, Michel de: Essais, dt. von Johann Daniel Tietz, 3 Bde., Zürich 1992.

Petrarca, Francesco: Canzoniere, ital. und dt. hg. von Geraldine Gabor und Ernst-Jürgen Dreyer, Basel – Frankfurt/M. [2]1990.

ders.: Die Besteigung des Mont Ventoux, lat. und dt. hg. von Kurt Steinmann, Stuttgart 1995.

Spoerri, Theophil: Einführung in die Göttliche Komödie, Zürich 1946.

Wehle, Winfried: Dichtung über Dichtung. Dantes Vita Nuova: die Aufhebung des Minnesangs im Epos, München 1986.

4. BAROCK

Bachtin, Michail: Rabelais und seine Welt. Volkskultur als Gegenkultur, hg. von Renate Lachmann, Franfurt/M. 1987.

Bataille, Georges: Das theoretische Werk in Einzelbänden, hg. von Gerd Bergfleth, München 1993/94 (Bd. 1: Die Tränen des Eros, 1993, Bd. 2: Die Erotik, 1994).

Berent, Eberhard: Die Auffassung der Liebe bei Opitz und Weckherlin und ihre geschichtlichen Vorstufen, Paris 1970.

Böhme, Jacob: Aurora oder Morgenröte im Aufgang (1612/1634), Werke, Bd. 1, hg. von Will-Erich Peukert, Stuttgart 1955.

ders.: Psychologia vera oder Viertzig Fragen von der Seelen (1620), Werke, Bd. 3, Stuttgart 1960.

Bömer, Aloys: Die deutschen Humanisten und das weibliche Geschlecht, Zeitschrift für Kulturgeschichte 4, 1897, S. 95ff. und 177ff.

Elias, Norbert: Die höfische Gesellschaft. Untersuchungen zur Soziologie des Königtums und der höfischen Aristokratie, hg. von Heinz Maus und Friedrich Fürstenberg, Berlin – Neuwied 1969.

Grimmelshausen, Hans Jakob Christoffel von: Der abenteuerliche Simplicissimus (1669), hg. von Alfred Kelletat, München [10]1988.

Grunsky, Hans: Jacob Böhme, Stuttgart 1956.

Gryphius, Andreas: Gedichte. Eine Auswahl, hg. von Adalbert Elschenbroich, Stuttgart 1996.

Hanken, Caroline: Vom König geküßt. Das Leben der großen Mätressen, Berlin 1996.

Historia von D. Johann Fausten (1587), in: Romane des 15. und 16. Jahrhunderts, hg. von Jan-Dirk Müller, Frankfurt/M. 1990, S. 829–985.

Lohenstein, Daniel Casper von: Römische Trauerspiele. Agrippina, Epicharis, hg. von Klaus Günther Just, Stuttgart 1955.

ders.: Agrippina, bearbeitet von Hubert Fichte, Köln 1978.

Luther, Martin: Vom ehelichen Leben (1522), in: Weimarer Ausgabe, Bd. 10.2, S. 275–304.

Meyer-Kalkus, Reinhard: Wollust und Grausamkeit. Affektenlehre und Affektdarstellung in Lohensteins Dramatik am Beispiel von ›Agrippina‹, Göttingen 1986.

Richelieu, Armand du Plessis Duc de: Die Amouren des Marschalls von Richelieu (Mémoires), dt. von Jacob Meno Valett, Frankfurt/M. 1990.

Spellerberg, Gerhard: Daniel Caspar von Lohenstein, in: Deutsche Dichter des 17. Jahrhunderts. Ihr Leben und Werk, hg. von Harald Steinhagen und Benno von Wiese, Berlin 1984, S. 640–689.

Spinoza, Benedikt von: Ethica (1677), hg. von Lothar Kleine, Leipzig ⁴1987.

Trilling, Lionel: Das Ende der Aufrichtigkeit, München – Wien 1980.

Trunz, Erich: Weltbild und Dichtung im deutschen Barock. Sechs Studien, München 1992.

Vovelle, Michel (Hg.): Der Mensch der Aufklärung, Frankfurt/M. u. a. 1996.

Weckherlin, Georg Rudolf: Gedichte, hg. von Herrmann Fischer (Bibliothek des Litterarischen Vereins in Stuttgart 99/100), Stuttgart 1894/95.

5. DAS ACHTZEHNTE JAHRHUNDERT

Barthes, Roland: Fragmente einer Sprache der Liebe (Fragments d'un discours amoureux), dt. von Hans-Horst Henschen, Frankfurt/M. 1984.

Degen, Johann Friedrich: Gedichte, Ansbach 1786.

Dühren, Eugen: Der Marquis de Sade und seine Zeit. Ein Beitrag zur Kultur- und Sittengeschichte des 18. Jahrhunderts, Berlin [6]1917.

ders.: Neue Forschungen über den Marquis de Sade und seine Zeit. Berlin 1904.

Dunker, Balthasar Anton: Ein Intermezzo mit einigen Vignetten von B. A. D., o. O. 1785.

Garve, Christian: Ueber die Maxime Rochefoucaulds: das bürgerliche Air verliert sich zuweilen bey der Armee, niemahls am Hofe, in: Versuche über verschiedene Gegenstände aus der Moral, der Litteratur und dem gesellschaftlichen Leben, 5 Bde., 1792 (Breslau [2]1800–1804).

Gleim, Johann Wilhelm Ludwig: Werke, hg. von Wilhelm Körte, 8 Bde., Halberstadt 1811–41.

Goethe, Johann Wolfgang von: Die Leiden des jungen Werther (1774), hg. von Erich Trunz, München [13]1994.

ders.: Wilhelm Meisters Lehrjahre, hg. von Hannelore Schlaffer, München [3]1990.

Greiner, Martin: Die Entstehung der modernen Unterhaltungsliteratur. Studien zum Trivialroman des 18. Jahrhunderts, hg. von Theres Poser, Reinbek 1964.

Laclos, Pierre Ambroise François Choderlos de: Die gefährlichen Liebschaften (Les Liaisons dangereuses, 1782), dt. von Hans Kauders, München 1959.

Lely, Gilbert: Leben und Werk des Marquis de Sade, Düsseldorf 1961.

Lessing, Gotthold Ephraim: Miss Sara Sampson (1755), in: Werke, Bd. 1, München – Zürich [3]1994.

Miller, Johann Martin: Siegwart. Eine Klostergeschichte (1776), 2 Bde., Stuttgart 1971.

Lehmann, Christine: Das Modell Clarissa. Liebe, Verführung, Sexualität und Tod der Romanheldinnen des 18. und 19. Jahrhunderts, Stuttgart 1991.

Mirabeau, Honoré-Gabriel Riquetti, Comte de: Der gelüftete Vorhang oder Lauras Erziehung (Le rideau levé ou l'éducation de Laure, 1786), dt. von Eva Moldenhauer, Frankfurt/M. 1971.

Pikulik, Lothar: Leistungsethik contra Gefühlskult. Über das Verhältnis von Bürgerlichkeit und Empfindsamkeit in Deutschland, Göttingen 1984.

Richardson, Samuel: Pamela or Virtue rewarded (1740), The novels, Bd. 1–4, London 1902.

ders.: Clarissa oder Die Geschichte einer jungen Dame (Clarissa or The History of a Young Lady, 1748), dt. von Wilhelm und Fritz Mießner, Frankfurt/M. – Berlin 1994.

Sade, Donatien-Alphonse-François Marquis de: Juliette oder Die Wonnen des Lasters (Histoire de Juliette ou les prospérités du vice), Werke, Bd. 3, hg. von Bettina Hesse, Köln 1995.

Sauder, Gerhard: Empfindsamkeit, Bd. 1: Voraussetzungen und Elemente, Stuttgart 1974.

Stolberg, Christian und Friedrich Leopold, Grafen zu: Gedichte, hg. von Heinrich Christian Boie, Leipzig 1779.

Wieland, Christoph Martin: Der Sieg der Natur über die Schwärmerei oder Die Abenteuer des Don Sylvio von Rosalva (1764), Werke, Bd. 1, hg. von Fritz Martini und Hans Werner Seiffert, München 1964.

6. UM 1800

Bobsin, Julia: Von der Werther-Krise zur Lucinde-Liebe. Studien zur Liebessemantik in der deutschen Erzählliteratur 1770–1800, Tübingen 1994.

Drewitz, Ingeborg: Berliner Salons. Gesellschaft und Literatur zwischen Aufklärung und Industriezeitalter, Berlin 1979.

Gay, Peter: Die zarte Leidenschaft. Liebe im bürgerlichen Zeitalter, München 1987.

Hinderer, Walter (Hg.): Codierungen von Liebe in der Kunstperiode, Würzburg 1997.

Horn, Gisela: Romantische Frauen. Sophie Mereau. Caroline Schlegel. Dorothea Veit, Rudolstadt 1996.

Kluckhohn, Paul: Die Auffassung der Liebe in der Literatur des 18. Jahrhunderts und in der deutschen Romantik, Tübingen ^{3}1966.

Mangold, Elisabeth: Caroline. Ihr Leben, ihre Zeit, ihre Briefe, Kassel 1973.

Novalis (Friedrich von Hardenberg): Werke, hg. von Paul Kluckhohn und Richard Samuel, 4 Bde., Stuttgart ^{2}1960–1975.

Praz, Mario: Liebe, Tod und Teufel. Die schwarze Romantik, München 1963.

Schiller, Friedrich: Sämtliche Gedichte, hg. von Jochen Golz, Frankfurt/M. u.a. ^{3}1994.

Schlegel, Friedrich: Lucinde (1799), hg. von Karl Konrad Polheim, Stuttgart 1963.

ders.: Gespräch über die Poesie (1800), Stuttgart 1968.

Schmidt, Erich: Caroline. Briefe aus der Frühromantik, 2 Bde., Bern 1970.

Tieck, Ludwig: William Lovell (1795/96), hg. von Walter Münz, Stuttgart 1986.

ders.: Franz Sternbalds Wanderungen. Eine altdeutsche Geschichte (1798), hg. von Alfred Anger, Stuttgart 1966.

Wackenroder, Wilhelm Heinrich/Tieck, Ludwig: Die Herzensergießungen eines kunstliebenden Klosterbruders (1797), Stuttgart 1955.

Wägenbauer, Birgit: Die Pathologie der Liebe. Literarische Wirklichkeitsentwürfe um 1800, Berlin 1996.

7. DAS NEUNZEHNTE JAHRHUNDERT

Balzac, Honoré de: Physiologie der Ehe. Eklektisch-philosophische Betrachtungen über Glück und Unglück in der Ehe (Physiologie du mariage ou méditations de philosophie éclectique sur le bonheur et le malheur conjugal, 1829), Leipzig 1920.

Baudelaire, Charles: Die Fanfarlo (La Fanfarlo, 1847), in: Werke, Bd. 2, hg. von Friedhelm Kemp und Claude Pichois, Darmstadt 1983, S. 83–116.

ders.: Die Blumen des Bösen (Les Fleurs du Mal, 1857), Werke, Bd. 3, München 1975.

ders.: Die künstlichen Paradiese (Les paradis artificiels, 1860), Werke, Bd. 6, Darmstadt 1991.

Benjamin, Walter: Charles Baudelaire. Ein Lyriker im Zeitalter des Hochkapitalismus, hg. von Rolf Tiedemann, Franfurt/M. ^{3}1974.

Biedermann, Karl: Die junge Literatur und ihr Princip des Geschlechtsverhältnisses (1838), in: Alfred Estermann (Hg.): Politische Avantgarde 1830–1840. Eine Dokumentation zum »Jungen Deutschland«, Bd. 1, S. 282–294.

Flaubert, Gustave: Madame Bovary, dt. von René Schickele und Irene Riesen, Zürich 1979.

Freytag, Gustav: Soll und Haben (1855), Werke, Ser. 1, Bd. 1/2, Leipzig – Berlin 1920.

Friedrich, Hugo: Drei Klassiker des französischen Romans. Stendhal, Balzac, Flaubert, Frankfurt/M. 1961.

Gutzkow, Karl: Wally, die Zweiflerin (1835), Göttingen 1965.

Heine, Heinrich: Werke, hg. von Klaus Briegleb, Frankfurt/M. u.a. 1981.

Hilmes, Carola: Die Femme fatale. Ein Weiblichkeitstypus in der nachromantischen Literatur, Stuttgart 1990.

Horkheimer, Max: Autorität und Familie, Graz 1971.

Huysmans, Joris-Karl: Gegen den Strich (A rebours, 1884), dt. von Walter Münz, Stuttgart 1992.

Immermann, Karl Leberecht: Die Epigonen. Familienmemoiren in 9 Büchern (1823–36), hg. von Peter Hasubek, München 1981.

Stendhal (Henri Beyle): Über die Liebe (De l'amour, 1822), dt. von Walter Hoyer, Berlin u.a. 1971.

ders.: Rot und Schwarz (Le rouge et le noir, 1830), dt. von Walter Widmer, München 1953.

Stieglitz, Charlotte: Geschichte eines Denkmals, hg. von Susanne Ledanff, Frankfurt/M. – Berlin 1986.

Wilde, Oscar: Das Bildnis des Dorian Gray (The Picture of Dorian Gray, 1890/91), dt. von Ingrid Rein, Stuttgart 1992.

ders.: Briefe, Werke, Bd. 8/9, hg. von Norbert Kohl, Frankfurt/M. 1982.

8. DAS ZWANZIGSTE JAHRHUNDERT

Albrecht, Josef Friedrich: Das Geschlechtsleben des Menschen. Ratgeber für Eheleute und Erwachsene beiderlei Geschlechts, 37. Aufl., Leipzig o. J.

Artaud, Antonin: Die Nervenwaage (Le pèse-nerfs, 1925), dt. von Gerd Henniger, Berlin 1961.

Balint, Michael: Die Urformen der Liebe und die Technik der Psychoanalyse, München 1988.

Bataille, Georges: Das Blau des Himmels (Le bleu du ciel, 1957), dt. von Sigrid von Massenbach und Hans Naumann, Frankfurt/M u. a. 1975.

Bell, Quentin: Virginia Woolf. Eine Biographie, Frankfurt/M. 1977.

Berg der Wahrheit (Monte Verità). Lokale Anthropologie als Beitrag zur Wiederentdeckung einer neuzeitlichen sakralen Topographie, Katalog zur Ausstellung im Museum Villa Stuck, 24.10.–21.12. 1980, München 1980.

Braun, Karl: Die Krankheit Onania. Körperangst und die Anfänge moderner Sexualität im 18. Jahrhundert, Frankfurt – New York 1995.

Camus, Albert: Der Fremde (L'Étranger, 1942), dt. von Georg Goyert und Hans Georg Brenner, Düsseldorf 1957.

Duerr, Hans Peter (Hg.): Authentizität und Betrug in der Ethnologie, Frankfurt/M. 1987.

Fletcher, Robert James: Inseln der Illusion. Briefe aus der Südsee, Frankfurt/M. 1986.

Frank, Leonhard: Links, wo das Herz ist (1952), Frankfurt/M. 1991.

Freud, Sigmund: Massenpsychologie und Ich-Analyse (1921), in: Kulturtheoretische Schriften, Frankfurt/M. 1988.

Fromm, Erich: Die Seele des Menschen. Ihre Fähigkeit zum Guten und zum Bösen, München 1988.

Fuegi, John: Brecht & Co. Biographie, Hamburg 1997.

Gross, Otto: Von geschlechtlicher Not zur sozialen Katastrophe, hg. von Kurt Kreiler, Frankfurt/M. 1980.

Gross, Peter: Die Multioptionsgesellschaft, Frankfurt/M. 1994.

Handke, Peter: Die Stunde der wahren Empfindung, Frankfurt/M. 1975.

Hemingway, Ernest: Werke, 6 Bde., Reinbek 1977.

Hofmannsthal, Hugo von (alias Loris): Einleitung zu Arthur Schnitzler: Anatol, in: Schnitzler, Werke, Bd. 1, Frankfurt/M. 1962, S. 28f.

Ingold, Felix Philipp: Der Autor am Werk. Versuche über literarische Kreativität, München – Wien 1992.

Joyce, James: Ulysses (1922), dt. von Hans Wollschläger, Frankfurt/M. 1975.

Jung, C. G.: Symbol und Libido, Olten 1985.

ders.: Von Sexualität und Liebe. Einsichten und Weisheiten, ausgewählt von Franz Alt, Olten 1988.

Leupold, Dagmar: Edmond. Geschichte einer Sehnsucht, Frankfurt/M. 1992.

Mann, Thomas: Briefe, hg. von Hans-Otto Mayer, Frankfurt/M. 1977–87.

ders.: Der Tod in Venedig (1912), Frankfurt/M. 1973.

Mead, Margret: Kindheit und Jugend in Samoa (Coming of Age in Samoa, 1928), München 1970.

Nietzsche, Friedrich: Also sprach Zarathustra. Ein Buch für alle und keinen (1883–85), Werke, Abt. 6, Bd. 1, hg. von Giorgio Colli und Mazzino Montinari, Berlin 1968.

Ortega y Gasset, José: Über die Liebe. Meditationen (Estudios sobre el Amor, 1941), dt. von Helene Weyl, Stuttgart 1949.

Prahm, Gabriela: Sex, Schluß, aus? Die Liebe in den Zeiten der Pornographie, Frankfurt/M. – Berlin 1992.

Reich, Wilhelm: Die Funktion des Orgasmus. Sexualökonomische Grundprobleme der biologischen Energie (1942), Köln 1969.

Spater, George/Parsons, Ian: Porträt einer ungewöhnlichen Ehe. Virginia & Leonard Woolf, Frankfurt/M. 1980.

Theweleit, Klaus: Männerphantasien, 2 Bde., Frankfurt/M. 1977/78.

Tissot, Samuel André: Von der Onanie oder Abhandlung über die Krankheiten, die von der Selbstbefleckung herrühren, Eisenach 1785.

Werfel, Franz: Barbara oder die Frömmigkeit, Berlin u. a. 1929.

Woolf, Virginia: Nacht und Tag (Night and Day, 1919), dt. von Michael Walter, Frankfurt/M. 1983.

dies.: Orlando (1928), dt. von Herbert und Marlys Herlitschka, Frankfurt/M. 1987.

Personenregister

Abbildungsnachweis

Archiv für Kunst und Geschichte, Berlin: 15, 22, 33, 39, 73, 82, 98, 99, 114, 124, 151, 189, 229, 249, 260

Bayerische Staatsgemäldesammlungen, München: 97

Bildarchiv Photo Marburg: 25

Bildarchiv Preußischer Kulturbesitz, Berlin: 45,161

Herzog-Anton-Ulrich-Museum, Braunschweig: 100

Leopold Museum, Wien: 235

Musée du Louvre, Paris: 156

Musée G. Moreau, Paris: 221

Musée Rolin, Autun: 51

Privatbesitz: 162

Sammlung Schäfer, Schweinfurt: 198

Scala, Antella: 87

Stadtmuseum Linz: 211

Universitätsbibliothek Heidelberg: 54

Die Abbildung auf Seite 136 wurde dem Buch: Angela und Andreas Hopf, Schattenbilder – Silhouettes, München 1986, entnommen.